당신이 알아야 할 케이팝의 거의 전부

당신이 알아야 할 케이팝의 거의 전부

일러두기

- 이 책의 내용은 작가가 확인 가능한 범위에서 쓴 것입니다. 공개된 정보를 중심으로 썼기 때문에 사실과 다른 부분이 있을 수 있습니다. 너그러운 이해를 바랍니다.
- 세계관, 가사, 춤, 뮤직 비디오에 대한 해석은 작가의 주관적인 견해이며 어떠한 공식적 해석이 아닙니다. K-POP 엔터테인먼트 회사에서는 대부분 공식적 해석을 공개하지 않고 청중과 팬들에게 해석의 여지를 줍니다.

당신이 알아야 할 케이팝의 거의 전부

최정규 지음

—— 본격 K-POP 덕질 가이드북

이 책에 쏟아진
업계 탑티어들의 리스펙!

Sean Park

전 카카오M CEO, 전 넷마블 CEO 및 전 CJ그룹 미래전략실장

———

"한류가 도대체 얼마나 갈 것 같냐?", "K-POP은 인스턴트 음식 같은 '후크 송'에 불과해 하나의 장르로 거듭나기 어렵다." 수십 년간 들었던 이 회의론에도 불구하고, K-POP은 새로운 역사를 써 나가고 있습니다. 2015년 텐센트 QQ뮤직에서 20년 된 K-POP의 점유율은 9%를 기록하며 모든 영미권 팝 음악(11%)과 대등하게 겨루었고, 싸이, BTS, 블랙핑크 등의 눈부신 성과로 유튜브에서만 2억 2천만 명의 K-POP 팬덤을 형성했습니다. 그리고 2025년, 드디어 'K-POP Demon Hunters'의 전 세계적인 열풍이 시작되었습니다.

이 책은 가장 뛰어난 컨설턴트이자 학자인 최정규 박사가, 그 어떤 팬보다도 뜨거운 열정과 사랑을 담아 K-POP이 어떻게 세계적인 장르로 성장해나갔는지 분석한 기록입니다. 가장 컨설턴트다우면서도 흥미진진하게 정리된 K-POP의 역사서라 할 수 있습니다.

이미 K-POP 팬이시거나, 혹은 별다른 생각 없이 '헌트릭스'와 '사자보이스'의 노래와 춤을 따라 추고 계신다면 반드시 이 책을 읽어보시길 추천해 드립니다.

김형순

로커스/싸이더스 창업주 및 전 대표

———————

이 책은 단순한 팬심을 넘어, K-POP이 어떻게 전 세계를 매료시켰는지 그 본질을 꿰뚫어 봅니다. 저자는 K-POP에 대한 뜨거운 애정을 바탕으로 깊이 있는 역사적, 사업적, 문화적 분석을 아우르며 우리 모두가 궁금해했던 질문들에 명쾌한 답을 제시합니다. 특히 K-POP을 한국의 기술 혁신과 연결 지어 설명하는 부분은, 수많은 콘텐츠 산업을 경험한 저에게도 신선한 충격으로 다가왔습니다.

K-POP 팬부터 현업 종사자, 그리고 이 거대한 문화 현상을 이해하고 싶은 모든 이들에게 이 책을 강력히 추천합니다. 당신이 알고 있는 K-POP을 다시 한번 완전히 새롭게 보게 될 것입니다.

홍민영

전 카카오 엔터테인먼트 CVO, 전 카카오 페이지 CIPO, CJ E&M 전략 담당 부사장, 현 데브시스터즈 GSO

———————

90년대 중반부터 현재까지 한국은 IMF와 글로벌 금융 위기를 극복하며 세계에서 가장 빠른 디지털 전환을 통해 초고속 성장을 이뤄냈습니다. 지난 30년간 한국의 경제 성장 스토리는 한국인에게는 상식이, 글로벌 비즈니스에 관심 있는 세계인들에게는 필수 교양이 되었습니다. 같은 시기, 케이팝은 국내 음반 산업의 축소와 한한령이라는 두 차례 위기를 극복하고 유튜브와 틱톡의 성장을 견인했습니다. 팬과 아티스트가 함께 만드는 '팬더스트리(Fandustry)'를 촉발했으며, 무엇보다 'K-'를 글로벌 팝컬처 브랜드로, 한국을 글로벌 팝컬처의 중심으로 도약시켰습니다. 케이팝이 글로벌 팝컬처 역사의 새로운 챕터를 열고 있는 지금, 향후 10년은 케이팝 영향권 아래에 있을 것입니다. 케이팝은 이제 한국인에게는 상식이, 팝컬처에 관심 있는 세계인들에게는 교양 과목이 되었습니다.

하지만 글로벌 팬들이 주도하여 만드는 넓고 깊은 세계가 된 케이팝은, 본격적인 '덕질' 없이는 제대로 알기 어렵습니다. 이를 위해 지난 30년간 한국 경제 성장 스토리를 글로벌에 전파해 온 저자가, 케이팝 입문자들을 위해 30년간의 덕후 경험을 밀도 높은 케이팝 상식으로 정리했습니다. 빠르고 친절한 입문서가 필요한 분들에게 일독을 권합니다.

케이팝 덕후가 쓴
재미있는 케이팝 이야기

안녕하세요! 저는 평범한 K-POP 덕후입니다. 사실 제 덕질의 역사는 꽤 길다고 할 수 있죠. 저와 동년배이거나 저보다 나이가 많은 분들은 아마 '소방차'나 '박남정', '김완선' 같은 이름이 익숙하실 텐데, 제가 딱 그 시절부터 한국 대중가요에 푹 빠지기 시작했어요. 그전엔 ABBA나 퀸의 팝송을 주로 들었지만, 어느 순간부터는 한국 노래만 찾아 들었죠. 그러다 보니 자연스럽게 좋아하는 가수들이 생기고, 저도 모르게 '덕질'의 세계로 발을 들여놓게 됐답니다.

덕질하다가 문득 생긴 궁금증! K-POP, 왜 이리 독창적이야?

와, K-POP이 정말 대단해요. 덕질하면서 순간순간 계속 드는 생각이었죠. 그러다 문득 이런 궁금증이 들었습니다. '한국은 원래 좀 엄격한 문화권이지 않나? 그런데 어떻게 이렇게 창의적인 K-POP이 나올 수 있었을까?'

경영학에서는 오래전부터 '엄격한 문화에서는 창의력이 떨어진다.'는 얘기가 있습니다. 그런데 K-POP은 정말 독창적이고 새로운 것들을 계속 만들어 내죠. 그러니 뭔가 이상하다 싶었습니다. 그래서 여기저기 논문도 찾아보고, 박사 과정 때 배웠던 내용들도 다시 들여다봤어요. 그런데 딱히 시원한 답을 찾기가 힘들었죠. 그런 호기심에서 이 책을 쓰게 되었습니다. 제가 그동안 팬으로서 보고 느낀 것들, 그리고 공부하면서 알게 된 지식들을 한데 모아서 K-POP의 성공 비결을 저만의 방식으로 풀어 보고 싶었기 때문이죠.

K-POP이 한국의 위상을 높였다니까! 리얼 덕후의 증언!

저는 컨설팅 회사, 은행에서 일했기 때문에 여러 나라를 돌아다닐 기회가 많았어요. 그렇게 해외에 나갈 때마다 K-POP이 한국의 위상을 얼마나 높였는지 온몸으로 느끼곤 했답니다.

예를 들어 볼까요? 중국 내몽고에 있는 은행 지점에 갔을 때였어요. 거기 직원들 대부분이 슈퍼주니어 팬이었습니다. '쏘리쏘리' 춤을 같이 추면서 동질감을 느꼈는데, 정말 신기하고 뿌듯했죠. 이정현 노래는 중국 노래방에서 엄청나게 불리는 애창곡이라니까요! 인도네시아에서는 K-POP의 인기가 너무 좋아서 한국 음식까지 덩달아 유명해졌고요. 그런 것들을 체감하면서 정말 깜짝 놀랐답니다. 이 모든 경험이 K-POP이 단순한 음악이 아니구나. 예술을 넘어선 문화 그 이상의 의미구나 하는 걸 깨닫게 해 줬지요.

그래서 이 책은 어떤 책이냐면!

이 책은 제가 오랜 시간 K-POP을 '덕질'하면서 얻은 즐거움과 깨달음, 그리고 궁금증을 해결하기 위해 찾아본 지식들을 총망라한 결과물이에요. K-POP 덕분에 정말 많은 분들이 한국을 좋게 봐주시고, 한국 문화에 관심을 가져 주시잖아요? 그동안 K-POP 산업을 이렇게 멋지게 만들어 준 모든 분들께 감사하는 마음도 담고 싶었어요. 그러니까 이 책은 딱딱한 분석 보고서가 아니에요. K-POP 덕후가 K-POP에 대해 재미있게 수다 떨듯이 풀어낸 이야기라고 생각하시면 돼요. 저와 함께 K-POP의 매력 속으로 푹 빠져 볼 준비, 되셨나요?

이 책을 소개합니다!

이 책은 어떻게 구성되어 있냐면요! 총 7개의 챕터로 나뉘어 있어요. 중간에 좀 딱딱한 이야기가 나오긴 하지만, 걱정 마세요! K-POP 덕후라면 쉽게 읽을 수 있도록 쉽게 쓰려 노력했답니다.

이 책, 대체 무슨 이야기를 하는 건가요?

이 책은 크게 세 가지 질문에 대한 답을 찾아가는 여정이라고 보시면 돼요. 첫째, K-POP은 도대체 어디서 왔고, 어떻게 여기까지 왔을까요? 둘째, 이렇게 대단한 K-POP은 어떻게 성공할 수 있었을까요? 셋째, 앞으로 K-POP은 또 어떻게 변해 갈까요? 이 질문들에 대한 답을 찾으면서, 여러분이 미처 몰랐던 K-POP의 숨겨진 이야기들을 재미있게 풀어낼 거예요.

각 챕터에서는 어떤 내용을 다루나요?

'제1장 K-POP, 넌 도대체 누구니?'에서는 K-POP이 언제부터 시작되었는지, 그리고 지금 우리가 말하는 5세대 K-POP은 어떻게 탄생했는지 시간 여행을 떠나볼 예정입니다. 한국의 IT 발전이 K-POP에 얼마나 큰 영향을 줬는지도 살짝 엿볼 수 있을 거예요.

'제2장 학자들이 바라보는 K-POP 이야기'에서는 다소 학술적인 내용을 다루었어요. 그래서 좀 딱딱할 수 있습니다. K-POP에 대한 논문이 3만 개나 된다는 거, 아시나요? 그중에서도 가장 많이 인용된 논문들을 직접 분석해서, K-POP의 성공 요인이 뭔지, 또 어떤 영향을 미쳤는지 정리해 봤어요.

'제3장 K-POP 성공 비밀 I: 천재적 사업가들이 만든 시스템'에서는 K-POP 성공의 첫 번째 비밀을 파헤쳤죠. 그건 바로 '시스템'이라 할 수 있어요. 천재적인 사업가들이 만들어 내고 수많은 사람들이 계속 발전시켜 온 독보적인 창작 시스템과 확산 시스템이 있지요. 세계관, 앨범, 안무, 뮤직비디오, 연습생 시스템 등등 K-POP을 특별하게 만드는 여러 요소들을 파헤쳐 보겠습니다. 심지어 방탄소년단의 노래에 칼 융의 철학이 담겨 있고, 제니의 노래 '젠'에 선종의 이야기가 있다는 것. 아셨나요? K-POP이 단순히 눈과 귀만 즐거운 게 아니라는 걸 알게 될 거예요!

'제4장 K-POP 성공 비밀 II: 정부의 정책적 지원'은 정부의 지원과 관련된 이야기입니다. K-POP이 잘 되도록 정부가 뒤에서 어떤 도움을 줬는지 살펴볼 거예요. 인재 양성부터 사업의 자유도, 문화 상품권 이야기까지, 우리가 몰랐던 정부의 지원에는 어떤 것이 있었는지 알아봅시다.

'제5장 K-POP 성공 비밀 III: 너와 나, 우리 팬들'에서는 팬에 대한 이야기를 다루었어요. K-POP 성공의 마지막이자 가장 중요한 비밀은 바로 '팬'입니다. 단순한 소비자가 아니라, K-POP을 함께 만들고 퍼뜨리는 우리 팬들의 엄청난 힘을 이야기할 거예요.

'제6장 K-POP의 확장: 드라마, 영화도 같이 떴다니'에서는 다른 문화로 확장되는 K-POP의 모습을 다루었어요. K-POP만 잘된 게 아니지요! 드라마, 영화 같은 다른 K-컬처들이 K-POP과 어떻게 시너지를 냈는지 알아보겠습니다. 한국 화장품 사업도 K-POP 덕분에 크게 성공했다는 사실!

'**제7장 K-POP의 미래: 그래서 어떻게 될까**'에서는 K-POP의 미래에 대해 이야기해 보았어요. 지금 K-POP이 가진 고민들은 무엇일까요? 앞으로 어떻게 더 발전해 나갈지 살펴보고, K-POP 시스템을 다른 나라에 수출하는 이야기도 나눠 보겠습니다.

'**제8장 보너스 트랙, 작가의 덕심 폭발**'에서는 제 개인적인 덕심을 마음껏 발산해 봤답니다. K-POP을 이만큼 성장시켜 준 많은 분들께 감사하는 마음을 담아, 제가 특히 더 좋아하는 분들에 대한 이야기를 해 보려고 합니다.

이런 분들이 읽어 주시면 좋겠어요!

이 책이 K-POP에 관심 있는 팬분들께는 또 다른 팬의 시각을 알아보는 이해의 과정으로, K-POP에 종사하시는 분들께는 감사의 헌정으로, K-POP에 관련된 정책 담당자에게는 추가적 견해로서 도움이 되기를 바라요.

마지막으로, 이건 꼭 알아 주세요!

책 내용 중에 혹시나 잘못된 부분이 있다면 언제든 알려 주세요. 여러분의 의견을 듣고 더 좋은 책으로 만들 수 있도록 노력하겠습니다!

앞으로도 K-POP이 한국 문화를 알리는 민간 외교관으로서, 많은 사람들에게 일자리를 주고 국가 총생산에 기여하는 산업으로서, 그리고 전 세계 수많은 팬들에게는 더 많은 기쁨을 주는 엔터로 계속해서 더더욱 성장 발전하길 한 사람의 팬이자 덕후로서 간절히 기원합니다! 자, 그럼 이제 저와 함께 K-POP의 재미있는 세계로 떠나 볼까요?

차례

제1장 K-POP, 넌 도대체 누구니?

제2장 학자들이 바라보는 K-POP 이야기

K-POP,
넌 도대체 누구니?

우리 덕후들의 심장을 매번 '쿵!' 하고 뛰게 하는 K-POP! 그냥 '한국 노래'라고 하기엔 뭔가 부족하지요? 맞아요. K-POP은 단순한 음악을 넘어선 거대한 '세계관'이자, 우리 삶을 뒤흔드는 엄청난 현상이라고 할 수 있어요. 자, 이제 덕후의 시선으로 그 정체를 속속들이 파헤쳐 보겠습니다.

Q1. K-POP은 그냥 한국 노래? No, 종합 예술!

K-POP은 사전적으로는 '한국에서 만든 대중음악'을 뜻합니다. 하지만 우리 덕후들은 다 알잖아요? 그냥 음악이 아니라는 걸! 한국만의 특별한 문화와 트렌드가 꾹꾹 눌러 담긴, 세상 어디에도 없는 **독보적인 아이돌 시스템**이 만들어 낸 작품이라는 걸요!

칼군무는 기본이고, 한 편의 영화 같은 뮤직비디오, 공항 패션부터 무대 의상까지 이어지는 완벽한 비주얼, 그리고 우리 팬덤 문화까지! 이 모든 게 합쳐져, 그야말로 **'종합 예술'**이 된 것입니다. 노래만 좋다고 다 성공하느냐? 절대 그렇지 않죠. 이 디테일한 차이를 누구보다 잘 알고 있는 자들이 바로 우리 덕후들이지 않겠습니까!

Q2. 전문가들은 K-POP을 뭐라고 부를까요?

K-POP에 대한 전문가들의 정의는 다소 딱딱하게 들립니다. 하지만 결국 우리가 이미 느끼고 있던 것들을 좀 더 거창하게 표현하는 것이나 마찬가지 죠. **"K-POP 덕분에 한국이 큰 경제적 이익을 얻고 있다."**는 분석은, 결국 우리가 사랑하는 아이돌들이 나라 경제에 도움이 되고 있다는 뜻이죠. 어떤 분들은 **"글 로벌 시장을 위한 기획!"**이라고도 하는데, 우리 아이돌들이 아무렇게나 데뷔하 는 게 아니라 철저한 기획과 준비 속에서 탄생한다는 뜻이고요! 또 어떤 분들 은 **"팬덤과 소통하는 스토리텔링!"**이라고도 하죠. 완전 공감! 앨범마다 숨겨진 세계관을 해석하는 즐거움, 브이앱으로 소통하는 재미가 또 얼마나 큰데요.

결국 전문가들도 K-POP이 음악을 넘어 **한국 문화를 대표하는 엄청난 현상**이 라는 점을 인정하고 있답니다. 그러니까 우리 덕후들은 사실, 이미 오래전부 터 그 진실을 체감하고 있었던 거죠. 무려 시대를 앞서가고 있었던 겁니다!

Q3. 외국 언론은 K-POP을 어떻게 평가할까요?

해외 언론들도 K-POP에 푹 빠져 있습니다. 뉴스를 보아도 쉽게 알 수 있 죠. 어떤 곳에서는 K-POP을 **"세련되고 영리한 혼합체"**라고 표현했습니다. 중독 성 있는 노래, 정교한 안무, 끝내주는 뮤직비디오, 카리스마 넘치는 아티스트! K-POP의 이런 특징들을 생각하면, 이보다 정확한 표현이 있을까요?

또 다른 곳에서는 K-POP이 **"한국 문화를 재편하는 글로벌 영향력"**을 가지고 있다고 강조했습니다. 맞아요. K-POP 덕분에 한국이 더 멋진 나라로 알려지 고 있으니! 해외에서도 우리 K-POP의 매력을 제대로 알아봐 준다니, 어깨가 으쓱해지죠?

K-POP, 언제부터 시작된 걸까?

우리 심장을 뛰게 하는 K-POP! 대체 언제부터 시작된 건지 궁금하지 않아요? 그냥 '뿅!' 하고 나타난 건 당연히 아니죠! K-POP은 여러 요소가 복합되어 만들어진 **종합 선물 세트** 같은 존재입니다. 어디서부터 K-POP이라고 불러야 할지, 그 시작점을 파헤쳐 볼까요?

Q1. 'K-POP의 시작'에 대한 의견이 여러 개라고요?

맞아요! K-POP의 시작을 딱 "이때다!" 하고 못 박기는 어려워요. 여러 중요한 순간들이 합쳐져서 지금의 K-POP이 탄생했거든요. 크게 두 가지 시점을 이야기해 볼 수 있어요.

첫째는 1992년 '서태지와 아이들 데뷔'로 K-POP의 씨앗이 심어진 때이고, 둘째는 1996년 'H.O.T. 데뷔'로 아이돌 시스템이 시작된 때입니다.

이 두 시점이 특히 중요한데요, 각각 왜 중요한지 자세히 알아볼게요!

<u>**Q2. 서태지와 아이들이 K-POP의 시작이라고요? 왜요?**</u>

전문가들도, 덕후들도 서태지와 아이들을 K-POP의 진정한 시작점으로 봅니다. 왜냐면 1990년대 초반, 다들 발라드나 트로트에 푹 빠져 있을 때, 그들이 랩, 댄스, 록 같은 **힙한 서양 음악 장르**를 과감하게 들고 나왔거든요!

그냥 음악만 바꾼 게 아니었죠. 파격적인 패션, 쌈박한 퍼포먼스, 심지어 사회 비판적인 메시지까지! 그야말로 문화 전반에 **혁신**을 일으켰습니다. 젊은 세대들이 난리 났던 건 말할 것도 없고요! 한국 대중음악의 지평을 크게 넓히고, 지금 아이돌 그룹의 기본 틀을 닦았다는 점에서 서태지와 아이들은 **K-POP의 선구자**라고 불릴 만해요.

<u>**Q3. 그럼 H.O.T.는 왜 K-POP의 시작이라고 하는 거죠?**</u>

K-PCP의 핵심 중 하나가 바로 **전문 기획사의 체계적인 아이돌 시스템**이잖아요? 여기에 초점을 맞추면, H.O.T.가 데뷔했던 시기를 K-POP의 실질적인 시작으로 보는 시각도 있어요.

SM엔터테인먼트에서 기획한 H.O.T.는 멤버를 뽑는 것부터 훈련, 음악을 만들고 홍보하고, 심지어 팬덤을 관리한 것까지. 이 모든 과정이 **시스템화된 최초의 성공적인 아이돌 그룹**이었어요. 그들이 이 칼군무와 완벽한 비주얼을 기반으로 초대형 팬덤을 만들고, 앨범은 물론 굿즈까지 팔면서 지금 K-POP 산업의 비즈니스 모델을 만들었다는 점에서 정말 의미가 크죠. 우리가 앨범과 굿즈를 지르는 데 다 합리적인(?) 이유가 있었던 거예요.

<u>**Q4. K-POP은 결국 어떻게 탄생한 걸까요?**</u>

K-POP의 시작은 그러니까 딱 한 가지로 "이거다!"라고 말할 수 있는 게 아

니라, 여러 가지 변화들이 합쳐진 결과물이라고 이해하는 게 맞아요. 서태지와 아이들은 1990년대 초반 한국 대중음악의 **음악적인, 문화적인 뿌리**를 내렸고, H.O.T.는 K-POP이 지금처럼 **'산업'으로 자리 잡는 결정적인 계기**를 마련했다고 볼 수 있어요.

이 두 가지 엄청난 흐름이 만나서 시너지 효과를 내면서 K-POP이 자기만의 색깔을 찾고 전 세계적인 현상으로 성장할 수 있었던 거죠! 어때요, K-POP의 시작, 좀 더 명확해졌나요? 우리들이 사랑하는 K-POP은 이렇게 탄생한 거예요!

Q5. K-POP, 한류라는 이름은 어디서 처음 나왔을까요?

우리가 사랑하는 음악을 표현하고, 지금의 글로벌 현상을 만들어 낸 바로 그 단어들! 그 시작에 대해 이야기해 볼까 합니다. 이건 마치 우리 덕질의 시크릿 오리진 스토리를 알아내는 것처럼 짜릿한 일이니까요!

한류의 탄생: 중국에서 건너온 '한국의 물결'

어쩌면 놀랄 수도 있지만, 사실 '한류(韓流)'라는 용어는 한국에서 시작된 게 아니랍니다! 이웃 나라에서 온 선물 같은 거였죠. 1990년대 후반, 중국에서 한국 드라마와 가요가 엄청난 인기를 얻기 시작했어요. 중국 언론들은 한국 문화에 대한 이 갑작스러운 열풍에 감탄했고, 곧 이를 표현할 단어가 필요했답니다.

그렇게 1999년, 베이징의 한 신문에 "한국 드라마와 가요에 대한 중국 관객의 열광"을 묘사하는 기사가 실렸고, 이 기사에서 '한류(韓流)'라는 단어가 사용되었어요. 글자 그대로 '한국의 물결'이라는 뜻인데, 이 새로운 문화가 얼마나 빠르고 강력하게 중국을 휩쓸고 있는지 보여 주는 표현이었죠. 이 용어는 이후 한국에서도 받아들여져, 드라마, 영화부터 음식, 패션까지 한국 문화가 전 세계로 퍼져 나가는 현상을 나타내는 단어가 되었답니다.

가요에서 K-POP으로: 새로운 시대를 위한 이름

오랫동안 한국에서는 대중가요를 그냥 '가요'라고 불렀어요. 국내의 모든 인기 음악을 아우르는 단순한 표현이었죠. 하지만 가요가 한국 밖에서 주목받기 시작하면서, 좀 더 특별하고 구체적인 이름이 필요해졌어요.

'K-POP'이라는 용어는 1990년대 후반, 특히 영어권 출판물이나 음악 업계 관계자들 사이에서 처음 등장하기 시작했답니다. 이 새로운 장르를 쉽게 분류하기 위한 방법이었죠. 가장 초기에 알려진 사용례 중 하나는 1999년 빌보드 매거진 기사였대요.

'K'라는 알파벳 하나만으로 J-POP 등 다른 장르와 명확하게 구별할 수 있었죠. 이건 그저 누군가가 공식적으로 선포한 게 아니라, 독특한 음악과 퍼포먼스, 스타일로 전 세계를 사로잡은 이 장르를 완벽하고 간결하게 설명하는 단어였기에 자연스럽게 입소문을 타게 된 거랍니다. H.O.T.나 S.E.S. 같은 1세대 아이돌들이 그 음악을 만들었다면, 'K-POP'이라는 이름은 팬덤이 그 음악에 글로벌한 정체성을 부여해 준 셈이죠.

Q6. K-POP 1세대와 2세대 아이돌은 어떤 유산을 남겼을까요?

자, 타임머신을 타고 K-POP 1세대와 2세대의 시대로 돌아가 볼까요? 이분들은 단순히 노래하고 춤춘 게 아니라, 우리가 지금 사랑하는 K-POP의 튼튼한 기반을 만들어 준 진정한 개척자들이거든요. 그들의 이야기에 푹 빠져 그 특별한 공헌을 함께 기념해 봐요.

1세대: K-POP의 뼈대를 세운 선구자들

1990년대 중반부터 2000년대 초반에 활동한 1세대는 진정한 선구자라 할 수 있습니다. 이들이 오늘날 우리가 보는 아이돌 그룹 시스템의 청사진을 만들었죠! 중독성 있는 음악, 칼군무, 그리고 완성도 높은 비주얼까지 모두 이들이 시작한 것입니다. 이들이야말로 K-POP을 특정 마니아층의 장르에서 한국의 대중문화 현상으로 끌어올리며 한류의 밑그림을 그린 주역이라 할 수 있죠. 이들이 없었다면 지금의 방탄소년단(BTS)이나 블랙핑크도 없었을 걸요!

- **H.O.T.:** K-POP에 진정한 '빅뱅'이 있었다면 바로 H.O.T.죠! 최초의 초대박 보이그룹으로, 공식 팬덤 색깔(하얀색)과 응원봉 문화를 만들었답니다. 사회 비판적인 가사로 10대들의 마음을 사로잡았고, 단순한 아이돌을 넘어선 세대의 목소리가 되었죠. 아이돌 그룹도 엄청난 상업적 성공을 거둘 수 있다는 것을 증명한 그룹이랍니다.

- **S.E.S.:** 최초의 성공적인 여자 아이돌 그룹 중 하나로, 청순하고 순수한 콘셉트의 걸그룹 정석을 보여 주었죠! 아름다운 보컬과 감미로운 하모니로 수많은 걸그룹의 귀감이 되었고, 걸그룹도 보이그룹 못지않게 강력하고 영향력 있는 존재가 될 수 있다는 것을 증명했답니다.

- **핑클(Fin.K.L):** S.E.S.가 청순의 아이콘이었다면, 핑클은 다양한 매력으로 콘셉트의 틀을 깬 그룹입니다. 청순한 옆집 소녀 콘셉트부터 카리스마 넘치는 콘셉트까지 자유자재로 소화했죠. 멤버들이 예능과 연기 분야에서도 크게 성공하며, 아이돌이 만능 엔터테이너로 활동하는 길을 개척했습니다.

- **젝스키스(Sechs Kies):** H.O.T.의 불꽃 튀는 라이벌이었죠! K-POP에서 강력한 라이벌 관계가 팬덤 문화를 얼마나 뜨겁게 만들 수 있는지 보여 주었다 할 수 있습니다. H.O.T.와 경쟁하며 초기 K-POP 역사에 가장 기억에 남는 순간들을 만들어 냈고, H.O.T.보다 더 거칠고 스트리트적인 스타일을 선보였죠.

- **신화(Shinhwa):** '장수돌'의 대명사! 멤버 교체 없이 가장 오랫동안 활동 중인 보이그룹입니다. 소속사를 떠난 후에도 그룹 이름을 지키기 위해 싸워 승리했는데, 이는 이후 그룹들에게도 중요한 선례를 남긴 엄청난

사건이죠! 이들의 팀워크와 우정을 증명하는 살아 있는 전설입니다.

- **g.o.d.:** 친근하고 다가가기 쉬운 '국민 아이돌' 이미지로 대중과 깊은 교감을 이뤘죠. 진심을 담은 가사와 소울풀한 음악은 전 세대의 사랑을 받으며, 아이돌이 10대 팬뿐 아니라 폭넓은 대중적 인기를 얻을 수 있다는 것을 보여 주었습니다.

2세대: K-POP을 전 세계로 퍼뜨린 혁신가들

2000년대 중반에 등장한 2세대는 1세대가 만든 청사진을 바탕으로 K-POP을 글로벌 현상으로 키워 냈죠! 더 정교한 콘셉트와 혁신적인 음악 스타일을 선보였고, 인터넷을 활용해 해외 팬들과 소통하며 본격적인 한류의 불을 지폈답니다.

- **동방신기(TVXQ):** 칼군무와 폭발적인 가창력의 전설이죠. 압도적인 라이브 퍼포먼스와 고난도 안무로 유명했답니다. 일본 시장에 성공적으로 진출하며 수많은 후배 그룹들이 해외로 나아가는 길을 열어 준 게임 체인저라 할 수 있죠.
- **슈퍼주니어(Super Junior):** 대규모 그룹과 예능의 마스터입니다. 13명의 멤버라는 거대 그룹을 성공시켰고, 유닛 활동과 예능을 통해 팬들에게 친근한 매력을 어필했죠. '대형 그룹'이 어떻게 성공할 수 있는지 그 모델을 보여 준 그룹입니다.
- **빅뱅(Big Bang):** 트렌드세터이자 음악적 혁신가죠! 힙합, 그리고 멤버들이 직접 프로듀싱에 참여하는 독자적인 스타일을 K-POP에 가져왔고요. 지드래곤 등 멤버들은 글로벌 패션 아이콘으로 떠오르며, 아이돌이 곧 아티스트로 존경받을 수 있다는 것을 증명했습니다.
- **소녀시대(Girls' Generation):** '걸그룹 황금기'의 여왕들이라 할 수 있습니다. 'Gee'의 상징적인 다리 노출 콘셉트와 중독성 있는 팝송들로 전

세계 팬들의 마음을 사로잡았답니다. 국내는 물론 해외에서도 엄청난 인기를 얻으며 걸그룹의 글로벌 파워를 공고히 했지요.

- **원더걸스(Wonder Girls):** 'Nobody'로 K팝 그룹 최초 빌보드 핫 100 차트에 진입하는 역사적인 기록을 세웠습니다. 레트로 콘셉트을 개척하고, K-POP이 서양 주류 시장에서도 통할 수 있다는 가능성을 보여 주었지요.

- **2NE1:** 강렬하고 카리스마 넘치는 걸그룹의 이미지를 재정의했지요. 전통적인 귀여운 콘셉트에서 벗어나 엣지 있고 힙합에 영향을 받은 사운드와 독특한 패션을 선보였습니다. 당당하고 자신감 넘치는 모습으로 한 세대의 팬들에게 개성을 존중하는 법을 알려 준 그룹이지요.

- **카라(KARA):** 일본의 여왕들이지요! 일본에서의 엄청난 인기는 한류를 이끈 핵심 동력이었습니다. 활기차고 중독성 있는 노래와 시그니처 안무로 엄청난 사랑을 받았지요.

- **샤이니(SHINee):** 'K-POP의 왕자들'로 불리며 실험적인 음악과 트렌디한 콘셉트로 유명합니다. 끊임없이 사운드와 스타일의 경계를 넓히며, K-POP 역사상 가장 음악적으로 다양하고 혁신적인 그룹 중 하나로 자리 잡았죠.

- **2PM:** '짐승돌'이라는 새로운 이미지를 만들어 냈습니다. 거칠고 역동적인 아크로바틱 퍼포먼스로 보이그룹에 새로운 스타일을 제시했고요. 당시 유행하던 꽃미남 콘셉트과는 달리 강렬하고 남성적인 퍼포먼스로 차별점을 보여 줬지요.

다음에는 K-POP이 어떻게 이렇게까지 커지게 되었는지, 그 성장 과정에 관해 이야기해 볼까요?

   당신이 알아야 할 **케이팝의 거의 전부**

K-POP, 어떻게 월드클래스가 됐을까?

K-POP은 도대체 어떻게 지금의 월드클래스가 됐을까요? 그냥 갑자기 짠! 하고 나타난 게 아니겠죠! 세대별로 어떤 변화를 거쳐서 지금처럼 어마어마하게 커졌는지, 그 파란만장한 성장 스토리를 덕후 감성 듬뿍 담아서 파헤쳐 볼까요?

K-POP 성장의 세대별 특징이 궁금해요!

K-PCP은 한국 대중음악의 작은 한 부분에서 시작해서 지금은 전 세계를 뒤흔드는 문화 현상이 됐잖아요? 이 과정은 크게 세대별로 나눌 수 있는데, 각 세대마다 K-POP의 음악 스타일, 시스템, 그리고 해외 진출 전략이 바뀌었어요. 특히 예전엔 한국에서만 만들고 그룹 멤버가 오직 한국인이었는데, 점점 전 세계와 손잡고 다양한 국적의 멤버들이 합류했죠. 이렇게 K-POP의 영역이 무한 확장되어 온 과정을 중점적으로 살펴볼 거예요.

**K-POP 1세대(1990년대 중반 ~ 2000년대 초반):
국내 팬덤의 탄생**

주요 그룹: H.O.T., S.E.S., 젝스키스, 핑클, 신화, g.o.d. 등 이름만 들어도 가슴이 웅장해지는 1세대 그룹들이죠!

어떤 시기였나요? 드디어 전문 기획사 시스템이 제대로 자리 잡은 시기예요. 지금 K-POP을 이끄는 SM, JYP, YG 같은 대형 기획사들의 기반이 이때 다져졌죠. 멤버 뽑고, 훈련하고, 노래 만들고, 홍보하고, 심지어 팬덤 관리까지. 체계적인 아이돌 육성 시스템을 처음으로 도입했어요. 이때부터 조직적인 팬 활동이 시작된 거예요.

음악은 어땠나요? 대부분 한국인 프로듀서와 작곡가가 곡을 만들었어요. 댄스 음악이 주를 이뤘고, 서양 팝 음악을 받아들이면서도 한국적인 감성을 담으려 노력했죠.

멤버들은요? 거의 모든 멤버가 한국인이었어요. 해외 교포 출신은 간혹 있었지만, 외국 국적의 멤버는 거의 없었답니다.

활동은 어디서 주로 했나요? 주요 무대는 무조건 국내였어요. 지상파 방송에 나가고, 앨범 팔고, 콘서트 열면서 국내 팬덤을 확실하게 만들었죠. 일부 그룹이 아시아 시장에 발을 들여놓기도 했지만, 주로 국내 활동에 집중했습니다.

**K-POP 2세대(2000년대 중반 ~ 2010년대 초반):
아시아의 인기를 독점하고 '유튜브'로 세상과 소통하다**

주요 그룹: 동방신기, 슈퍼주니어, 빅뱅, 소녀시대, 원더걸스, 2NE1, 샤이니, 2PM 등, 이름만 들어도 추억 돋는 내 학창 시절을 함께했던 그룹들이죠.

어떤 시기였나요? K-POP이 드디어 한국을 넘어서 아시아 시장으로 본격적으로 퍼져 나가기 시작한 시기예요. 특히 **유튜브** 같은 디지털 플랫폼이 등장하면서 K-POP 콘텐츠가 해외로 퍼지는 데 결정적인 역할을 했죠. 이때 부터 크게 인기가 높아지기 시작한 거예요.

음악은 어땠나요? 한국인 프로듀서가 메인이었지만, 해외 유명 프로듀서들 과 같이 작업하는 경우가 늘어났어요. 다양한 장르를 섞으면서 K-POP 사 운드가 점점 글로벌 트렌드를 흡수하기 시작했답니다.

멤버들은요? 한국인 멤버가 중심이었지만, 해외 국적 멤버(예: 슈퍼주니어 한경, 헨리, 소녀시대 제시카, 티파니 등)가 등장하기 시작했어요. 이들이 현지 언어를 배우고 활동하면서 해외 팬들이 K-POP 그룹에게 더 쉽게 다 가갈 수 있게 되었죠.

활동은 어디서 주로 했나요? 이때부터 '한류'라는 말이 제대로 쓰일 정도로 아 시아 전역에서 K-POP이 엄청난 인기를 얻었어요. 유튜브 덕분에 해외 팬들 이 K-POP 콘텐츠를 실시간으로 보면서 팬덤이 국경을 넘어서기 시작했죠.

K-POP 3세대(2010년대 중반 ~ 2010년대 후반): 글로벌 팬덤 폭발, 'SNS'로 빌보드까지 찍다

주요 그룹: EXO, 방탄소년단(BTS), TWICE, BLACKPINK, Red Velvet, SEVENTEEN 등, 우리들의 심장을 저격하고 전 세계를 평정한 그룹들이죠.

어떤 시기였나요? K-POP이 아시아를 넘어서 북미, 유럽 같은 서구권 시장 으로 진출하기 시작한 시기예요. 유튜브, 트위터 같은 소셜 미디어(SNS)가 팬덤을 만들고 확산하는 데 완전 필수 요소가 됐죠. 이때부터 정말 '월드클 래스'의 기운이 감지되기 시작한 거예요.

음악은 어땠나요? 해외 유명 프로듀서, 작곡가들과의 협업이 이제는 너무나 당연하고 대규모로 진행됐습니다. 빌보드 차트 진입을 목표로 하는 등 글 로벌 음악 트렌드를 적극적으로 받아들이면서 K-POP만의 색깔을 입히는 시도가 엄청 활발했죠. 특히 BTS의 성공은 아티스트가 직접 음악에 참여하고 진정성 있는 메시지를 전달하는 게 얼마나 중요한지 제대로 보여 줬어요.

멤버들은요? 한국인 멤버가 많았지만, 일본, 중국, 태국 등 다양한 국적의 멤버들이 자연스럽게 그룹에 합류했어요. 이제 다국어 소통은 기본 중의 기본이 됐죠.

활동은 어디서 주로 했나요? 유튜브 뮤직비디오 조회수, SNS 언급량 같은 게 인기의 기준이 되면서 글로벌 팬덤 규모가 폭발적으로 증가했어요. 월드투어는 이제 필수 코스고, 그래미, 빌보드 같은 서양 주요 음악 시상식에 K-POP 아티스트들이 초대되고 수상까지 하면서 K-POP의 위상이 하늘 높은 줄 모르고 치솟았죠. 팬들이 앨범 기획, 콘서트, 투표 등 다양한 영역에 직접 참여하는 '팬덤 주도형' 문화가 이때부터 엄청 심화된 거예요.

**K-POP 4세대(2010년대 후반 ~ 2020년대 초반):
'넥스트 제너레이션'의 등장과 메타버스, AI 기술의 만남**

주요 그룹: ITZY, Stray Kids, TXT, (여자)아이들, aespa, ENHYPEN, IVE, NewJeans, LE SSERAFIM 등, 지금 현재를 이끌고 있는 그룹이죠.

어떤 시기였나요? 3세대의 성공을 발판 삼아 K-POP의 글로벌 영향력이 더욱더 막강해지는 시기예요. 팬들과 소통하는 방식도 엄청 다양해지고, **메타버스, AI 같은 최첨단 기술**이 K-POP 콘텐츠에 본격적으로 접목되기 시작했죠.

음악은 어땠나요? 전 세계 탑티어 프로듀서들과 콜라보하는 건 기본이고, AI 기술을 활용한 작곡이나 프로듀싱 시도까지 나타나기 시작했어요! 장르 경계는 아예 사라지고, 온갖 스타일의 음악이 쏟아져 나오죠. 그리고 그룹 고유의 '세계관(universe)'을 음악, 뮤직비디오, 스토리텔링 등 모든 콘텐츠에 유기적으로 담아내는 게 보편화됐어요. 이게 팬들에게 큰 몰입감을 주는 경험을 제공하는 핵심 요소가 된 거예요. 최애 그룹의 세계관 파고 들다가 밤새 보지 않은 덕후가 있겠는 덕후들 다 봤잖아요?

멤버들은요? 멤버들 국적의 다양성이 훨씬 더 넓어져서, 아시아를 넘어 북미, 유럽 등 다양한 배경을 가진 멤버들이 그룹에 합류하는 경향이 강해졌어요. 심지어 가상 아이돌 그룹(예: aespa의 'æ' 멤버)까지 등장! 연습생 때부터 아예 글로벌 팬덤을 염두에 두고 기획해서, 데뷔하자마자 해외 팬들한테 어필하는 경우가 많아졌죠.

활동은 어디서 주로 했나요? 글로벌 팬덤 확장은 물론이고, 팬덤의 결집력과 구매력이 아주 어마어마해졌어요. 위버스, 버블 같은 자체 플랫폼도 생기고, 메타버스 콘서트, NFT 같은 새로운 기술을 활용해서 팬들에게 특별한 경험을 활발하게 제공하게 되었죠. 틱톡 같은 숏폼 콘텐츠를 통한 바이럴 마케팅도 주요 전략 중 하나가 됐고요.

K-POP 4.5세대 및 5세대(2020년대 중반 이후 현재): 글로벌 '현지화'와 '기술 융합'이 폭주하는 시대

주요 그룹: 지금 활발하게 데뷔하고 활동하는 그룹들이죠. 이전 세대의 특징을 더 심화하고 확장하고 있어요.

어떤 시기인가요? 현재 K-POP은 4세대의 연장선에서 '4.5세대' 또는 '5세대'라고 불리면서 계속 진화하고 있어요. 명확하게 딱 잘라 나누기보다는 4세대의 특징이 극대화되고 있다고 보면 돼요.

음악은 어떨까요? 전 세계 모든 국적의 프로듀서, 작곡가들과의 협업이 이제는 완전 일상이 되었습니다. K-POP만의 매력은 유지하면서도 현지 시장 트렌드를 적극적으로 반영한 **'글로벌 맞춤형'** 음악이 제작되고 있어요. 이제 K-POP 시스템 자체가 하나의 독립적인 장르로 세계 음악 시장에 자리 잡는 분위기죠.

멤버들은요? 오디션 프로그램 같은 걸 통해 다국적 멤버들이 대거 유입되고, 심지어 한국인 멤버가 소수이거나 아예 없는 '현지화된 K-POP 그룹'까지 등장할 걸로 예상돼요. '다국적 그룹'을 넘어서 '글로벌 그룹'으로의 전환이 엄청나게 빨라지고 있죠.

활동은 어디서 주로 할까요? 물리적인 국경을 넘어선 완전한 디지털 기반의 글로벌 팬덤 활동이 더 중요해지고 있어요. 팬덤을 위한 맞춤형 콘텐츠 제공, 블록체인 기반의 팬덤 참여 시스템 등 기술 융합이 더 활발해질 거예요. 이제는 단순히 음악을 듣는 걸 넘어서, K-POP 세계관 속에서 팬들이 직접 참여하고 경험하는 '인터랙티브 팬덤'이 강화될 거고요. 팬덤의 참여와 주도권이 더 확장되면서, 팬이 곧 K-POP 콘텐츠의 한 축이 되는 시대를 우리는 살고 있는 거죠.

K-POP은 발전 과정은 매우 흥미로운 사례예요. 단순히 음악만의 진화라고 볼 수 없답니다. 한국 대중문화 산업이 어떻게 글로벌 시장을 배우고 적응하고, 최첨단 기술과 섞여서 새로운 형태의 문화 콘텐츠를 만들어 왔는지 보여주죠.

이렇게 역동적으로 변해 가는 K-POP이 앞으로도 계속 진화하면서 세계 대중문화의 중요한 한 축으로 자리매김하리라 예견하는 겁니다. 우리 K-POP은 계속 성장한다! 앞으로 또 어떤 역사를 써 내려갈지 너무 기대되지 않나요?

K-POP, 그냥 뜬 게 아니다

K-POP은 그냥 아이돌들만 잘해서 뜬 게 아닙니다. 그 숨겨진 진짜 이유, 바로 **한국의 환상적인 IT 기술 인프라** 이야기를 좀 해 보려고 해요. 우리 K-POP이 어떻게 한국의 기술 발전과 딱 발맞춰서 지금의 글로벌 현상이 되었는지, 한번 파헤쳐 봅시다.

K-POP이 어느 날 갑자기 나타나서 큰 성공을 거둔 게 아니에요. 노래 잘하고 기획력 좋은 건 기본이고, 여기에 한국의 독자적인 디지털 기술 발전과 어마어마한 인프라가 K-POP을 지금의 글로벌 현상으로 키워 낸 결정적인 기반이 된 거죠.

특히 인터넷, 모바일, 그리고 온갖 디지털 플랫폼들이 K-POP 콘텐츠를 만들고, 퍼뜨리고, 우리가 즐기는 방식까지 혁명적으로 바꿨어요. 이건 마치 '한류'라는 파도가 칠 때마다 기술이라는 거대한 배가 함께 움직인 것이라 표현해도 과하지 않습니다.

Q1. 한류 1.0과 인터넷 혁명 시대는 어땠을까요?(1997~2008)

PC통신 감성과 함께 K-POP의 기반을 다지다

이 시기는 H.O.T., 젝스키스 등 K-POP 1세대가 국내에서 팬덤을 만들고 아시아로 눈을 돌리던 때와 딱 맞아떨어져요. 한국의 인터넷 혁명이 K-POP 콘텐츠가 우리 덕후들 손에 들어오는 방식을 완전 바꿔 버렸습니다.

PC 통신과 초기 인터넷 문화: 1990년대 후반부터 PC 통신과 초고속 인터넷이 막 퍼지면서, 팬들이 아이돌 정보 주고받고 소통하는 온라인 커뮤니티 시대가 열렸어요. K-POP 1세대 그룹 팬덤이 이렇게 생긴 거예요. 이때부터 덕후들은 밤마다 채팅방에서 모여서 수다를 떨었겠죠?

싸이월드(1999)와 네이트온(2003): 한국의 초기 SNS인 싸이월드와 메신저 네이트온은 팬들이 서로 연결되고 K-POP 정보 공유하는 데 완전 필수 프로그램이었죠. 'GenX'라고 불리는 그 시절 신세대들이 디지털 환경에 익숙해지는 계기가 됐고, 이게 나중에 K-POP 팬덤 문화의 든든한 밑거름이 됐습니다. 그 시절 분들, 다들 싸이월드 투표 열심히 했잖아요?

디지털 음악 유통의 시작: 1997년부터 음악이 디지털 파일로 돌아다니기 시작하면서, 앨범 구매 말고도 온라인으로 K-POP 노래를 듣고 공유할 수 있게 됐어요. 음악 듣는 게 훨씬 쉬워진 거죠. 이 시기에 한국은 미래를 기다리지 않고, 직접 디지털 환경을 만들면서 우리가 엔터테인먼트를 즐기는 방식을 완전히 새로 정의하기 시작했습니다. 역시 '빨리빨리'의 민족 아닙니까!

Q2. 한류 2.0과 모바일 혁명 시대는 어땠을까요?(2009~2016)

글로벌 확장과 유튜브의 등장!

무려 스마트폰으로 직캠 보던 시절이죠. 이 시기는 동방신기, 소녀시대, 빅뱅 등 K-POP 2세대가 아시아를 넘어 서구권으로 눈을 돌리고, 3세대가 글로벌 팬덤을 만들기 시작한 때와 겹쳐요. 모바일 혁명이 K-POP이 국경을 넘어 전 세계 팬들에게 실시간으로 도달하는 데 핵심적인 엔진이 됐죠.

스마트폰의 보급과 모바일 인터넷: 스마트폰이 놀라운 속도로 팔려나가면서, 언제 어디서든 K-POP 콘텐츠를 볼 수 있게 됐어요. 우리는 지하철에서도 유튜브 뮤직비디오를 보고, SNS로 실시간 소통을 하고, K-POP을 일상적으로 걱질하게 된 거죠.

유튜브의 부상: 2005년에 생긴 유튜브는 K-POP이 전 세계로 퍼져 나가는 데 가장 중요한 플랫폼이었어요. 기획사들은 유튜브로 뮤직비디오, 퍼포먼스 영상, 비하인드 콘텐츠를 전 세계에 무료로 뿌렸고, 이게 언어 장벽을 넘어 K-POP의 매력을 알리는 데 결정적인 역할을 했습니다. 2세대 아이돌부터 유튜브를 통한 해외 홍보에 미친 듯이 힘썼죠.

소셜 미디어의 활용: 트위터, 페이스북 같은 글로벌 SNS 플랫폼은 K-POP 팬들이 전 세계적으로 똘똘 뭉치고 소통하는 놀이터가 됐어요. 팬들은 해시태그 운동하고, 투표에 참여하면서 K-POP 그룹 인기를 견인하고, 직접 홍보대사 역할까지 했죠. 3세대 아이돌이 글로벌 팬덤을 만드는 데 아주 큰 영향을 미쳤습니다.

Q3. 한류 3.0과 초연결/초실감 기술 시대는 어떨까요?(2017~ 현재)

메타버스와 AI로 즐기는 K-POP

지금 진행 중인 한류 3.0은 K-POP 4세대 이후 그룹들이 활동하는 시기와 딱 맞물려요. 5G 같은 초연결성과 VR, AR, 메타버스, AI 같은 초실감 기술이 K-POP 경험의 지평을 크게 넓혀 주고 있죠.

5G 통신 및 초고속 네트워크: 끊김 없이 고화질 K-POP 콘텐츠를 보고, 비대면 콘서트나 팬미팅처럼 몰입감이 높은 팬 경험을 할 수 있는 건 다 5G 통신 덕분이에요.

메타버스와 가상 아이돌: 에스파의 'æ' 멤버처럼 가상현실 속 아바타가 그룹 활동에 참여하거나, 제페토 같은 메타버스 플랫폼에서 K-POP 아티스트 아바타가 팬들과 소통하는 등 이제 가상 세계가 K-POP의 중요한 활동 무대가 되고 있어요. 우리가 K-POP 콘텐츠를 '소비'하는 걸 넘어서 직접 '참여'하고 '경험'하는 새로운 엔터테인먼트를 제공하는 거죠.

AI 기술의 접목: AI가 노래를 만들거나, AI 보컬 기술이 K-POP 제작 과정에 쓰이기도 하고, AI가 내 취향에 딱 맞는 K-POP 콘텐츠를 추천해 주기도 해요. AI 기술 덕분에 K-POP 덕질이 훨씬 더 풍부해지고 있습니다.

자체 플랫폼의 진화: 위버스, 버블처럼 K-POP 기획사들이 직접 만든 팬 소통 플랫폼들은 팬과 아티스트의 직접 소통을 강화하고, 독점 콘텐츠를 제공하면서 팬덤의 유대감을 더 끈끈하게 만들어 주고 있습니다. 덕분에 팬은 애정하는 그룹과 같은 팀이라는 느낌을 받게 되죠.

이런 기술적인 발전 덕분에 K-POP은 단순한 음악을 넘어서 '디지털 엔터테인먼트의 새로운 기준'을 제시하는 역할을 하고 있어요. K-POP은 한국의 뛰어난 기술 인프라와 기획력이 만나서, 팬들이 음악을 '소비'하는 걸 넘어 '경험'하고 '참여'하는 새로운 문화 패러다임을 보여 주고 있습니다.

K-POP 세대별 발전과
한국 기술 혁신의 꿀 조합

K-POP이 이렇게 잘나가게 된 건 단순히 음악이 좋기 때문만은 아니죠! 한국의 독보적인 디지털 기술 발전과 IT 인프라 구축이 K-POP이 글로벌 스타로 성장하는 데 결정적인 기반이 됐습니다. 각 K-POP 세대별 특징이 그 시기 기술 환경과 깊은 시너지를 내면서 지금의 K-POP을 만들어 냈다는 겁니다. 다음 표를 보면 아이돌 세대 구분과 한국의 기술 발전이 어떻게 함께 진화했는지 한눈에 알 수 있어요. 우리가 덕질하는 모든 순간의 기술들을 함께 살펴볼까요?

K-POP 세대 (시기)	주요 특징 및 아티스트 구성	주요 K-POP 비즈니스/콘텐츠	한국의 기술 환경 및 플랫폼 혁신	기술-K-POP 시너지
1세대 (1990년대 중반 ~ 2000년대 초반)	한국인 멤버 중심의 아이돌 시스템 정립 (H.O.T., S.E.S. 등)	음반 판매, 방송 활동, 오프라인 팬클럽	**한류 1.0: 인터넷 혁명 (1997-2008)** - 초고속 인터넷 인프라 구축 - PC 통신, 초기 온라인 커뮤니티 - 싸이월드(1999), 네이트온(2003) 등장 - 음악 디지털 유통 시작 (1997)	- 온라인 팬 커뮤니티 형성 기반 마련 - 음악 디지털 소비 환경 태동 - 초기 팬덤 소통 채널 제공
2세대 (2000년대 중반~ 2010년대 초반)	아시아 시장 공략 및 다국적 멤버 등장 (동방신기, 소녀시대등)	음원/음반 판매, 아시아 투어, 해외 활동 강화	**한류 2.0: 모바일 혁명 (2009-2016)** - 스마트폰 대중화 - 유튜브(2005) 활성화 - 트위터/페이스북 등 글로벌 SNS 확산 - 디지털 영상 콘텐츠 발전 (2005 이후)	- K-POP 콘텐츠의 글로벌 실시간 도달 가능 - 유튜브 통한 뮤직비디오 확산 가속화 - 소셜 미디어 기반 해외 팬덤 형성 시작
3세대 (2010년대 중반~ 2010년대 후반)	글로벌 팬덤 구축 및 서구 시장 진출 (BTS, TWICE 등)	월드 투어, 빌보드/ 그래미 등 해외 시상식 진출	**한류 2.0 심화 및 3.0 태동** - 모바일 환경 고도화 - 소셜 미디어의 팬덤 결집 기능 강화 - V LIVE 등 아티스트-팬 소통 앱 등장	- 소셜 미디어를 통한 팬덤의 '조직적 행동' (투표, 스트리밍) - 아티스트와 팬의 실시간 쌍방향 소통 증대 - 글로벌 차트 진입 및 메인스트림 편입 가속화
4세대 (2010년대 후반~ 현재)	다국적 멤버 구성 보편화, 메타버스/AI 접목 (aespa, NewJeans 등)	메타버스 콘서트, NFT, 팬덤 맞춤형 콘텐츠	**한류 3.0: 초연결/초실감 기술 (2017-현재)** - 5G 통신 도입 및 확산 - 메타버스, AR, VR 기술 발전 - AI 기반 콘텐츠 제작 및 추천 - 위버스, 버블 등 자체 팬 플랫폼	- 몰입형 팬 경험 및 가상세계 활동 확장 - AI 활용한 콘텐츠 제작 효율화 - 팬과 아티스트 간 초개인화된 소통 및 참여 강화 - 숏폼 콘텐츠 통한 바이럴 마케팅 극대화
5세대 (2020년대 중반 이후)	'글로벌 그룹' 지향, 현지화 및 기술 융합 심화	블록체인 기반 팬덤 참여, IP 확장, 다중 세계관	**한류 3.0 고도화** - 블록체인, Web3.0 기술 접목 - AI 초고도화, 몰입형 실감 기술 대중화 - 글로벌 인프라 기반의 '엔터테인먼트 OS' 구축	- 팬덤의 '소유권' 및 '창작 참여' 확대 - 기술 기반의 새로운 비즈니스 모델 창출 - 엔터테인먼트 경험의 무한 확장

K-POP 발전의 숨겨진 동력:
한국의 기술 혁신

K-PCP 각 세대가 진화하는 과정을 보면, 한국의 기술 혁신이 단순한 배경이 아니라 직접적인 원동력이 됐다는 걸 알 수 있어요.

1세대 K-POP의 씨앗: 1990년대 후반, 초고속 인터넷 인프라가 구축되면서 한국 대중들이 디지털 환경에 아주 빠르게 적응했어요. 싸이월드 같은 초기 SNS는 팬덤이 온라인에서 똘똘 뭉치고 소통하도록 하는 문화를 만들었죠. 이게 K-POP 콘텐츠가 전국, 그리고 아시아 일부 지역으로 퍼져 나가는 든든한 기반이 된 거예요. 이때부터 '온라인 덕질'의 서막이 열린 셈이죠!

2세대 K-POP의 도약: 2000년대 중반 이후 모바일 혁명과 함께 유튜브가 등장한 건 K-POP의 글로벌 도약에 크게 결정적인 역할을 했어요. 스마트폰 덕분에 K-POP 콘텐츠를 언제 어디서든 볼 수 있게 됐고, 유튜브는 언어와 국경 장벽을 넘어 K-POP의 매력을 전 세계에 실시간으로 알리는 가장 강력한 플랫폼이 된 거죠. 이때부터 우리 K-POP 그룹들이 해외 팬들을 만나기 시작했습니다.

3세대 K-POP의 폭발적 성장: 모바일 환경이 더 좋아지고 글로벌 SNS가 보편화되면서 3세대 K-POP의 글로벌 팬덤 형성이 크게 가속화됐어요. 팬들은 SNS로 자발적으로 K-POP을 홍보하고, 스트리밍 운동을 벌이며 차트 순위를 끌어올리는 등 적극적인 '생산자-소비자' 역할까지 해냈죠. 이게 K-POP이 빌보드 차트 같은 서구 주류 음악 시장에 진입하는 핵심적인 힘이 됐습니다. 우리 덕후들의 파워, 말할 필요도 없이 대단하지요!

4세대 K-POP의 새로운 지평: 지금 K-POP은 5G 통신 기반의 초연결 시대, 메타버스, AR, AI 같은 초실감 기술 시대를 맞이하고 있어요. K-POP 기획사들은 자체 팬 플랫폼(위버스, 버블 등)을 만들어서 팬들과의 소통을 강화하고, 가상 아이돌이나 메타버스 콘서트 같은 새로운 콘텐츠를 선보이며 K-POP 경험의 영역을 계속 넓히고 있지요. 이제는 단순히 음악 감상을 넘어서, K-POP 세계관 속에서 팬들이 직접 참여하고 상호작용하는 새로운 엔터테인먼트 모델을 제시하는 중이에요.

결론적으로 K-POP은 한국 사회의 끝없는 기술 혁신을 스펀지처럼 흡수하면서 발전해 왔어요. 이런 대단한 기술 기반 위에 K-POP만의 체계적인 기획력, 대단한 음악적 재능, 그리고 눈을 뗄 수 없는 비주얼까지 결합되면서 오늘날의 글로벌 K-POP이 가능했던 것입니다.

앞으로도 K-POP은 기술 발전에 발맞춰서 더더욱 예측 불가능한 형태로 진화할 것으로 예상되지요. 우리들의 덕질은 멈추지 않는다! 그럼, 다음 K-POP 신기술은 뭐가 될까? 궁금하지 않으세요?

제2장

학자들이 바라보는 K-POP 이야기

♫

　궁금하지 않나요? 대체 K-POP은 왜 이렇게까지 전 세계적인 인기를 얻은 걸까! 저도 늘 생각하는 부분인데요. 학자들까지 K-POP을 연구하려고 밤새 논문 쓰는 거 아세요? 심지어 K-POP에 대한 논문이 이 글을 쓰는 현재를 기준으로 무려 3만 건이 넘는다 합니다. 이건 K-POP이 단순한 음악이 아니라, 정말 대단한 문화 현상이라는 증거 아니겠어요?

　특히, K-POP 음악 관련 가장 많이 인용 된 논문 201개를 분석해 봤더니, 그중 절반 가까이가 K-POP 성공의 비밀을 파헤친 것입니다. 나머지 절반은 K-POP이 세상에 어떤 영향을 미쳤는지 분석한 것이라니, K-POP은 이제 단순한 덕질 대상이 아니라 **'연구 대상'**이 된 거죠.

K-POP 성공 요인:
학자들이 밝혀낸 13가지 비밀

학자들이 K-POP의 성공 이유를 찾으려고 애쓴 97개 논문들을 분석해 봤더니, 딱 13가지 핵심 요소로 나눌 수 있었습니다. 이 모든 게 우리가 밤새도록 덕질하는 이유 아니겠어요? 학자들이 어렵게 연구한 내용이지만, 우리 덕후들은 이미 다 알고 있는 비밀들이죠.

범주	논문 수	범주	논문 수
미학(aesthetics)	7	팬덤(fandom)	8
안무(choreography)	2	장르 및 언어 복합성 (genre and language hybridity)	27
저작권(copyright)	1	가사의 감정성(lyric emotion)	2
창의성(creativity)	2	마케팅(marketing)	3
문화적 초인지 (cultural metacognition)	1	남성성의 균형 (masculine balance)	9
디지털 미디어(digital media)	22	제작 시스템(production system)	9

범주	논문 수	범주	논문 수
전통적 진정성 (traditional authenticity)	4	-	-
Total		97	

Q1. K-POP에는 왜 그렇게 여러 장르가 섞여 있는 거죠?

K-POP은 한 곡 안에 여러 장르가 섞여 있어요. 일렉트로, 힙합, 디스코….
없는 게 없죠! 심지어 언어로는 한국어, 영어, 일본어까지 섞어 쓰는 것도 특징
이에요. 학자들은 이걸 '맥락화된 순수성'이라고 부르는데, 우리는 그냥 "개성
넘친다!" 하고 즐기잖아요? 이게 다 성공 요인이라는 거예요!

Q2. K-POP이 디지털 미디어를 잘 활용한 건 왜 중요한가요?

2008년에 세계 금융위기가 터지면서 앨범 판매량이 떨어지자, K-POP 기
획사들이 SNS나 유튜브 같은 디지털 플랫폼으로 눈을 돌렸어요. 아주 영리한
전략이었죠. 덕분에 K-POP이 전 세계로 퍼져 나가는 속도가 순식간에 빨라졌
어요. BTS 온라인 콘서트에 몇백만 명씩 몰려들었다는 거 알죠? 틱톡으로 챌
린지가 퍼지면서 홍보가 되는 것도 다 이 덕분이라 할 수 있죠.

Q3. K-POP의 제작 시스템이 그렇게 특별한가요?

그럼요! K-POP은 연습생 뽑는 것부터 데뷔, 노래, 춤, 연기, 팬 관리까지 모
든 게 시스템화되어 있어요. 단순히 노래를 만드는 걸 넘어서, 아이돌 스타 그
자체를 완벽한 '상품'으로 만들어 내는 거죠. 정말 대단한 기획력 아니겠어요?

Q4. K-POP 남자 아이돌은 왜 그렇게 인기가 많죠?

K-POP 남자 아이돌들은 서구에서 흔히 보던 남성성과는 좀 다른, 부드러우면서도 카리스마 있는 '혼종적인 남성성'을 보여 줍니다. 이런 스타일이 여러 나라 팬들에게 엄청나게 매력적으로 다가왔다는 거예요. K-POP 그룹의 남자 아이돌 덕분에 세상의 '남성성' 기준이 바뀌었다니까요!

Q5. K-POP 성공의 진짜 주인공은 누구인가요?

두말할 필요 없죠, 바로 우리 팬덤이에요! 우리는 단순하게 노래만 듣는 게 아니잖아요? 아티스트와 서로에게 완전 헌신적인 관계를 맺고, 노래를 번역하고, 홍보하고, 심지어 기부나 자선 활동까지 하죠. 우리 팬덤의 조직적인 행동력과 사랑이 K-POP을 글로벌 현상으로 만든 결정적인 힘입니다. 바로 덕후들의 파워!

Q6. K-POP 뮤직비디오는 왜 그렇게 화려한가요?

K-POP 뮤직비디오는 그냥 영상이 아니에요. 거의 예술 작품이죠! 화려한 비주얼, 독특한 스토리, 감각적인 영상미까지. 눈이 즐거우니 자꾸 보게 되고, 그러다 K-POP에 빠져드는 건 당연한 수순이죠.

Q7. K-POP 하면 '칼군무'인데, 그게 성공 요인인가요?

당연하죠! K-POP 하면 떠오르는 게 바로 칼군무 아니겠어요? 딱딱 맞는 안무는 물론, 멤버들마다 개성 넘치는 독특한 동작까지. 이게 또 K-POP에 매력을 더해 주고 공연의 몰입도를 크게 높여 줍니다.

Q8. K-POP 저작권은 좀 유연하다고 하던데요?

K-POP은 한국에서 저작권이 잘 보호되지만, SNS 같은 디지털 플랫폼으로 콘텐츠가 퍼져 나갈 때는 의외로 유연하게 대처했대요. 덕분에 우리 팬들이 만든 2차 창작물이 더 자유롭게 퍼질 수 있었고, 그런 면이 K-POP 홍보에 큰 도움이 된 거죠.

Q9. K-POP 가사는 왜 그렇게 감성적이죠?

K-POP 노래 가사들을 보면 주로 긍정적인 메시지나 사랑, 꿈에 대한 이야기가 많아요. 이런 따뜻하고 감성적인 가사들이 팬들에게 위로와 공감을 주면서 K-POP을 더 사랑하게 만드는 요소가 됐다고 해요.

Q10. K-POP 마케팅에는 특별한 게 있나요?

K-POP 기획사들은 마케팅도 훌륭하게 잘했어요. 우리 팬덤을 활용한 마케팅은 물론, 글로벌 음반사와 계약하고 현지 시장에 맞게 전략을 짜는 등, 아주 체계적인 마케팅으로 K-POP의 성공을 이끌었죠.

Q11. K-POP 아이돌에게 '진정성'이 중요하다고 하던데요?

맞아요! 많은 K-POP 아이돌들이 직접 작사, 작곡, 안무에까지 참여하면서 '진짜 아티스트'로서의 면모를 보여 줘요. 이게 팬들에게 '진정성'으로 다가가면서 더 깊은 유대감을 형성하는 데 기여했다는 거죠. 여기에 사례를 공유해 보겠습니다.

작사 및 프로듀싱

최근에는 많은 아티스트가 직접 랩이나 노래의 가사를 쓰고, 더 나아가 곡 전체의 작곡과 프로듀싱에도 참여하고 있습니다. 이들의 음악은 단순한 가요를 넘어, 아티스트 자신의 색깔을 담은 진정한 예술 작품이 되고 있습니다.

방탄소년단(RM, 슈가, 제이홉): '자체 제작돌'의 대표 주자입니다. 특히 RM, 슈가, 제이홉으로 구성된 랩 라인 멤버들은 그룹 음악에 깊이 관여하고 있습니다. 이들은 데뷔 초부터 전 세계적 히트곡 'Boy With Luv'와 'Dynamite'에 이르기까지, 방탄소년단 디스코그래피의 대부분에 작사와 프로듀싱으로 이름을 올렸습니다.

세븐틴(우지): 세븐틴의 메인 프로듀서로서, 그룹의 거의 모든 곡에 작사와 작곡으로 참여하고 있습니다. 팀 내 프로듀싱 팀과 함께 그룹의 음악적 방향을 총괄하며 '자체 제작돌'이라는 수식어를 만들어 냈죠.

아이들(소연): 아이들의 메인 작사, 작곡, 프로듀서입니다. 'LATATA', 'HANN(홀로)', 'TOMBOY' 등 그룹의 독특한 사운드와 콘셉트를 확립한 대부분의 타이틀곡을 직접 쓰고 만들었죠.

스트레이 키즈(3RACHA): 방찬, 창빈, 한으로 구성된 프로듀싱 유닛 '쓰리라차'는 스트레이 키즈 음악의 거의 전부를 직접 작사, 작곡하고 있습니다. 이들의 적극적인 참여는 그룹의 핵심적인 정체성이 되었죠.

지드래곤(빅뱅): 자체 제작 트렌드의 선구자입니다. '하루하루', '거짓말' 등 빅뱅의 수많은 히트곡을 직접 쓰고 프로듀싱한 것으로 유명하며, 그의 작업물은 수년 동안 업계에 막대한 영향력을 끼쳤죠.

안무 창작

많은 그룹이 전문 안무가와 작업하지만, 일부 멤버들은 직접 안무 제작에 참여하거나 아예 처음부터 안무를 창작하기도 합니다.

세븐틴(호시): 세븐틴 퍼포먼스 팀의 리더로서, 그룹의 복잡하면서도 완벽한 칼군무를 만드는 데 앞장서고 있습니다.

방탄소년단(제이홉, 지민, 정국): 세계적인 안무가들과 협업하지만, '댄스 라인' 멤버들은 안무 창작 과정에 깊이 관여하고 있습니다. 특히 제이홉은 그룹의 여러 곡 안무를 다듬고 디렉팅하는 데 참여했지요.

몬스타엑스(셔누): 뛰어난 춤 실력으로 유명하며, 몬스타엑스 무대와 뮤직비디오의 안무를 직접 짜고 다듬는 데 참여했습니다.

NCT(태용, 마크, 텐): 여러 멤버들이 뛰어난 프리스타일과 안무 창작 실력을 갖고 있습니다. 태용과 마크는 그룹의 안무에 자주 기여하며, 다른 프로젝트에서도 안무 작업을 했지요.

이 리스트는 K-POP 아티스트들이 자신의 작업물에 대한 창의적인 통제권을 점점 더 많이 얻게 되는 중요한 변화를 보여 줍니다. 이제 아이돌은 간순히 제작된 상품이 아니라, 진정한 아티스트이자 창작자로 인정받고 있는 거지요.

Q12. '창의성'은 K-POP 성공에 어떤 영향을 주나요?

창의성 관련 연구는 아직 적지만, K-POP 팀이 아이디어를 만들고 그걸 하나로 합치는 역할을 잘하고, 국제적인 협업을 많이 한다는 점도 언급돼요. 아직은 더 연구가 필요한 분야겠죠?

Q13. '문화적 초인지'라는 건 뭔가요?

음… 이 분야는 아직 학자들도 K-POP과 어떻게 연결되는지 더 연구해야 하나 봐요! 우리도 계속 지켜보자고요!

어때요? 학자들이 아무리 분석하고 논문을 써도, 결국 우리가 K-POP을 사랑하는 이우와 크게 다르지 않죠? K-POP은 그냥 음악이 아니라, 우리가 함께 만들어 가는 거대한 문화 현상이랍니다.

K-POP이 세상에 미친 영향: 학자들이 감탄한 20가지 매력

여기서는 K-POP이 세상에 어떤 영향을 미쳤는지 이야기해 보겠습니다. 학자들도 깜짝 놀랄 만큼, K-POP의 영향력은 단순히 음악 시장을 넘어 사회, 문화, 경제 등 온갖 분야에 다 미치고 있죠!

학자들이 K-POP 관련 논문 201개를 꼼꼼히 살펴봤더니, 그중에 104개는 K-POP이 사람들에게 어떤 영향을 미쳤는지에 대한 내용이었다고 합니다. 게다가 이걸 또 세세하게 나눠 보니 무려 20가지나 되는 거죠! K-POP은 실제 우리 삶 곳곳에 스며들어 있다는 사실, 학자들이 이제야 알아낸 거 아니겠어요? 우리 덕후들은 진작 알고 있었는데!

범주	논문 수	범주	논문 수
반 팬덤(Anti-fandom)	1	디아스포라(Diasporic)	8
권위(Authority)	1	감정(Emotion)	20
소비 행태 (Consumption behaviour)	7	팬덤의 사회활동 (Fandom social activity)	17

범주	논문 수	범주	논문 수
지정학(Geopolitics)	1	복합 문화(Multi-culture)	2
융합(Hybridity)	1	새로운 헤게모니(Neo hegemonies)	1
자아(Identity)	14	철학(Philosophy)	1
이슬람(Islamic)	1	대중적 인기(Popularity)	4
언어와 학습 (Language and learning)	2	인종주의(Racism)	8
LGBTQ	14	인재 개발(Talent development)	1
Total		104	

K-POP은 단순히 음악을 듣는 즐거움을 넘어, 우리 삶의 다양한 부분에 엄청난 영향을 미치고 있어요. 학자들이 분석한 K-POP의 주된 영향들을 한번 볼까요?

Q1. K-POP이 퍼지는 데 팬들의 역할이 그렇게 중요한가요?

그럼요! K-POP은 물론 기획사가 주도적으로 유통하지만, 정말 흥미로운 점은 팬들이 SNS 같은 채널로 직접 K-POP을 퍼뜨린다는 거예요! 우리 덕후들 덕분에 K-POP이 **바이럴**되는 거 아니겠어요? 팬들의 목소리가 제일 중요하다는 건 학자들도 인정하는 부분이죠.

Q2. K-POP이 사람들의 '정체성'을 찾는 데 도움이 되나요?

네, 맞아요! 캐나다에 사는 아시아계 캐나다인 K-POP 팬들은 K-POP을 통해 백인 문화 속에서 자기 아시아인 **정체성**을 새롭게 받아들이는 방법을 찾았대요. K-POP은 단순한 음악이 아니라 자기 자신을 이해하는 도구인 거죠. 쿠바나 칠레에서는 K-POP이 사회주의 문화에 맞서거나 전통 문화에 변화를 주는 데 쓰이기도 한다니, 정말 K-POP의 힘은 대단하죠?

Q3. K-POP이 한국 이미지나 우리 자존감을 높여 준다는 게 사실인가요?

완전 사실이에요! K-POP은 한국에 대한 이미지를 한층 긍정적으로 만들어 주고, 우리에게도 좋은 감정을 많이 안겨 줍니다. 한국에 좋은 소식이 생기면 K-POP과 연관 지어 생각할 정도라니! 심지어 K-POP 팬들은 **자존감도 더** 높아진대요. K-POP 덕분에 한국 국가 브랜드 가치가 크게 올라간 건 두말할 필요도 없지요.

Q4. K-POP이 문화 장벽을 뛰어넘는다고요?

그럼요! 중국에서는 민족주의 때문에 한국에 대한 감정이 좀 안 좋을 때도 있는데, 똑똑한 젊은이들은 K-POP에 완전 매료된다는 거예요. K-POP은 **문화적 장벽**도 뛰어넘는다는 걸 보여 주는 거죠.

Q5. 우리 K-POP 팬들이 사회 활동도 활발하다면서요?

네, 우리 K-POP 팬들은 단순히 소비만 하는 게 아니에요. K-POP 굿즈나 콘텐츠를 자발적으로 번역하고, 코로나19 시국에 기부하고, 심지어 'Black Lives Matter' 운동에도 기부했습니다. 우리 덕후들, 정말 멋지지 않아요? SNS를 통해 팬들끼리 엄청 끈끈한 유대감을 형성하는 것도 K-POP 팬덤의 특징이고요.

Q6. K-POP이 '나'를 찾아주는 마법 같은 역할을 한다면서요?

맞아요! K-POP은 우리가 '나'라는 사람을 다시 생각하게 만들어 준다고들 해요. K-POP 팬들은 K-POP을 통해서 자기 **정체성**을 새롭게 발견하기도 하고, K-POP 행사에서는 공유된 정체성과 소속감을 느낀다는 이야기가 많아요. 베트남 팬들은 K-POP 덕분에 자기 정체성에 대한 부끄러움을 자부심으로 바꾸는 경험까지 했대요.

Q7. K-POP이 다양성을 포용한다는 말도 있던데요?

네, K-POP은 크로스 드레싱, 여성의 힘, 여성 리더십, 성소수자 포용, 걸 크러시 등 다양한 방식으로 **LGBTQ+** 커뮤니티에 긍정적인 영향을 준다고 인식되고 있어요. 물론 동성애 혐오를 보여 주는 경우도 있지만, 전반적으로는 다양성을 지지하는 이미지가 강한 거죠.

Q8. BTS 노래에 철학적인 내용이 담겨 있나요?

대박이죠! 방탄소년단(BTS)은 칼 융의 **철학**까지 홍보하고 있어요! 2019년에 나온 앨범 제목이 'Map of the Soul: Persona'인데, 이게 칼 융 철학을 다룬 책 제목과 같다고요! 앨범 수록곡들도 칼 융의 자아, 외적 자아, 내적 자아 같은 철학 개념을 활용했다니, K-POP은 단순한 노래가 아니라 '배움'이 됩니다.

Q9. K-POP이 전 세계 대중문화의 주역이 되었다고요?

그럼요! K-POP은 인도, 남아시아 그리고 일본에서 이미 **주류 문화**로 자리 잡았어요. 이제 K-POP을 모르면 대화가 안 된다고 할 정도입니다.

Q10. K-POP이 인종차별 문제에도 목소리를 내나요?

네! K-POP은 **인종차별 문제**에도 적극적으로 참여하고 있어요. 방탄소년단은 'Black Lives Matter' 운동과도 깊은 관련이 있다고 알려져 있고요. 물론, K-POP 활동 중에 인종차별이나 자기 민족만 최고라고 생각하는 민족중심주의로 비판받는 경우도 있지만, K-POP이 이런 중요한 사회적 문제에 목소리를 내는 건 분명해요.

Q11. K-POP이 '라이브' 콘서트의 의미를 바꿨다던데, 무슨 말이죠?

디지털 기술 덕분에 K-POP은 '라이브 콘서트'의 의미를 완전히 바꿨어요. 유튜브, 홀로그램 같은 첨단 기술로 공간 제약 없이 새로운 형태의 공연을 보여 주는 거죠. BTS 온라인 콘서트에 수백만 명이 접속했다는 게 바로 그 증거! 이젠 직접 공연장에 가지 않아도 '라이브'를 즐길 수 있는 새로운 소비문화가 생긴 거예요.

Q12. K-POP이 산업 생태계나 비즈니스 모델도 바꿨나요?

네! K-POP은 음악 산업 **비즈니스 모델**까지 바꿨어요. 옛날에 음반 판매 어려워지자 디지털 플랫폼으로 유통 방식을 바꾼 게 완전 신의 한 수였죠. J-POP이과 K-POP을 비교 분석하면서, K-POP이 얼마나 혁신적인지 보여 주기도 한대요. 이 내용에 관해서는 제4장 마지막 부분에서 상세하게 다룰 예정이에요.

K-POP의 영향력은 정말 상상 그 이상이죠? 학자들까지 이렇게 심도 있게 파고들 정도라니, 우리 K-POP은 단순한 '음악'이 아니라 '세상을 바꾸는 힘'이라고요. 다음엔 또 어떤 놀라운 영향력을 보여 줄지 벌써부터 기대됩니다!

K-POP 성공의 숨겨진 황금 조합

학자들이 열심히 분석한 K-POP 성공 요인들을 위에서 한번 쭉 정리해 봤는데요, 결국 우리 덕후들이라면 이미 다 알고 있던 내용 아니겠어요? 이를 쉽게 요약하면 바로 다음의 **네 가지 황금 조합**이 K-POP을 지금의 자리로 이끈 것으로 볼 수 있습니다.

Q1. K-POP은 왜 이렇게 멋있고 신나죠?

농담 반 진담 반으로 말하자면, 그건 바로 우리가 **음주가무에 뛰어난 민족**이라서 그래요! K-POP의 장르 혼합, 눈을 뗄 수 없는 뮤직비디오, 환상적인 안무, 심금을 울리는 감성적인 가사까지. 이 모든 게 한국인들의 타고난 감각과 문화를 흡수해서 자기 걸로 만드는 능력을 보여 주는 거 아니겠어요?

Q2. K-POP 기획사들은 대체 뭘 그렇게 잘하나요?

K-POP 기획사들은 정말 **천재적인 사업가들**이에요. 연습생 뽑는 것부터 데

뷔, 노래, 춤, 글로벌 유통, 팬 관리까지 모든 게 시스템화되어 있잖아요? 완벽하게 통합된 비즈니스 모델로 K-POP을 지금의 월드 스타로 만든 주역이라고 할 수 있죠. 이분들 사업 수완은 정말 인정합니다!

Q3. K-POP이 성공하는 데 정부나 사회의 도움이 있었나요?

직접적으로 "K-POP 힘내라!" 하고 도와준 건 아니지만, **든든한 정책적 지원**이 간접적으로 있었죠! 예를 들어, 유연한 저작권 관리나 한국의 빛나는 초고속 인터넷 인프라, 전 세계를 놀라게 한 모바일 혁명 같은 것들이요. 이런 배경이 없었다면 K-POP이 디지털 미디어를 통해 전 세계로 뻗어 나가는 건 불가능했을 거예요. 우리 K-POP이 맘껏 뛰어놀 수 있는 운동장을 만들어 준 셈이죠.

Q4. 그럼 K-POP 성공에 가장 중요한 건 뭔가요?

단연코 **열렬한 팬 기반**, 바로 우리 덕후들이죠! 이건 학자들도 모두 인정하는 부분이에요! 우리는 단순한 소비자가 아니잖아요? 아티스트와 서로에게 완전 헌신하면서 노래를 번역하고, 홍보하고, 심지어 기부까지 하는 '생산적 참여'를 통해 K-POP의 확산과 성장에 직접적으로 기여하고 있어요. 우리 팬덤의 끈끈한 유대감과 엄청난 행동력이 K-POP을 월드 스타로 만든 결정적인 역할이었다는 것! 정말 빼놓을 수 없죠.

이런 요소들이 서로 똘똘 뭉쳐서 K-POP이라는 독특하고 강력한 문화 콘텐츠를 만들어 낸 거예요. 앞으로도 학계에서 K-POP에 대한 연구는 계속될 거고, K-POP은 기술 발전과 함께 상상도 못 할 형태로 진화할 거라고 확신해요! 다음엔 어떤 기록을 깰지 벌써부터 두근거립니다.

제3장

K-POP 성공 비밀 I: 천재적 사업가들이 만든 시스템

K-POP 덕분에 생긴 코리아 부심

제가 이렇게 K-POP 이야기를 책으로 쓰고 있는 이유 중 하나는요, 바로 K-POP 덕분에 **한국 사람이라는 게 어깨가 으쓱해질 만큼 자랑스러워졌기 때문**이에요! 저도 1993년부터 해외 출장을 정말 많이 다녔거든요. 그때만 해도 한국이라는 나라를 아는 사람이 거의 없어서, 입국 심사할 때 엄청 고생했던 기억이 새록새록 나네요. 특히 유럽 국가들은 더 그랬어요.

Q1. K-POP 덕분에 한국 사람에 대한 대우가 달라졌다고요?

네, 정말 많이 달라졌어요! K-POP이 알려지면서 점점 한국 사람을 보는 시선이나 대우가 바뀌는 걸 피부로 느끼기 시작했죠. 예를 들어, 제가 중국에 살았을 때를 비교해 보면 크게 와닿을 거예요.

1996년에 처음 중국에 있을 때: 그때는 그냥 한국에서 온 사람 정도였죠.

2009~2011년에 다시 중국에 있을 때: 이미 K-POP과 한국 드라마가 엄청 알려져 있었어요! 노래방에 한국 노래가 잔뜩 깔려 있고, 한국 식당도 조금씩

늘어나고요.

2018년에 또다시 중국에 있을 때: 와, 이때는 정말 깜짝 놀랐어요! 상하이의 특정 지역은 아예 **한국 마을**이 되어 있더라고요. 한국 식당, 찜질방 등등이 즐비하고 젊은 친구들이 찾아오는 핫플레이스가 됐죠!

미국 뉴욕의 32번가도 비슷해요. 예전엔 한국 식당이 모여 있어도 한국 사람들만 찾던 곳이었거든요. 그런데 이제는 미슐랭 3스타 같은 최고급 한국 식당도 많이 생겨서, 한식이 **건강하고 고급스러운 음식**으로 대접받는 시대가 왔답니다!

Q2. K-POP 말고 다른 이유도 있지 않나요?

물론이죠! 한국의 국력이나 경제력이 강해지고, 삼성이나 현대 같은 한국 가전, 자동차 회사들이 전 세계적으로 유명해진 것도 분명 한 이유예요. 그런데 제가 직접 느끼기에, 한국 드라마나 영화, 그리고 특히 **K-POP이 한국의 위상을 올리는 데 정말 굉장히 큰 역할**을 했다고 생각해요.

이렇게 한국의 위상을 드높여 준 수많은 분들께 정말 감사드려요. 특히 전 세계적으로 성공한 아티스트들을 키워 낸 SM, JYP, YG, HYBE 같은 기획사들에 진심으로 감사하다는 말씀을 전하고 싶어요! 덕분에 제가 해외에서 "어, 한국 사람이야? BTS 알아!" 이런 말을 들을 때마다 얼마나 뿌듯한지 몰라요.

K-POP, 앞으로도 우리 어깨 으쓱하게 해 줄 거죠? 다음에는 또 어떤 재미있는 K-POP 이야기를 할지 기대해 주세요!

4.5세대 이후, 세계관의 등장

노래만 듣고 즐기는 시대는 이제 끝! 4세대, 4.5세대에 접어들면서 우리 K-POP에는 '세계관'이라는 특이한 요소가 등장하기 시작했죠. 단순히 음악만 하는 게 아니라, 완전 영화나 드라마처럼 스토리를 입혀서 덕후들 심장을 제대로 저격하는 겁니다. 이게 다 우리를 더 깊이 빠져들게 하려는 기획사들의 아주 전략적인 큰 그림이라 할 수 있죠.

Q1. K-POP에 세계관이 생긴 이유가 무엇일까요?

아이돌 그룹이 수도 없이 쏟아져 나오는데, 그냥 노래만 잘해서는 살아남을 수 없잖아요? 그래서 기획사들이 생각해 낸 게 바로 '세계관'입니다. 왜냐고요?

첫째, 우리 팬덤을 더 끈끈하게 만들려고.

하루가 다르게 미디어 환경이 바뀌는데, 그냥 노래만 듣고 끝내면 재미없잖아요? 세계관을 통해 끊임없이 새로운 스토리와 떡밥을 던져 주니까, 팬들은 다음 이야기가 궁금해서 미칠 지경! 이러니 자연스럽게 그룹 활동에 계속 참여하고, 팬덤도 더 단단해지는 거죠.

둘째, '우리 그룹'만의 특별함을 만들려고.

수많은 그룹들 사이에서 우리 그룹이 돋보이려면 어떻게 해야겠어요? 세계관을 만들어서 그룹의 정체성을 확실히 하고, 차별화하는 거예요. 멤버들끼리의 숨겨진 스토리, 그룹이 나아갈 방향, 그리고 팬들과 소통하는 포인트까지 다 세계관에 담겨 있으니, 팬들은 단순히 소비자가 아니라 세계관의 일부로서 그룹 성장에 동참하는 기분까지 드는 거죠.

Q2. K-POP 세계관, 다른 데와 뭐가 다른데요?

솔직히 스토리텔링을 음악에 접목하는 방식을 K-POP에서 처음 활용한 건 아니에요. 일본 아이돌이나 애니메이션 음악 프로젝트에서도 비슷한 걸 본 적 있을 거예요. 그런데 K-POP 세계관은 격이 다릅니다. K-POP은 음악, 퍼포먼스, 뮤직비디오, 그리고 각종 홍보 콘텐츠까지 모든 요소가 유기적으로 연결돼서 마치 거대한 퍼즐처럼 정교하고 방대한 스토리를 만들어 낸다는 게 독보적이에요. 단순한 배경 스토리가 아니라, 그룹의 아이덴티티를 형성하고 팬들과 소통하는 방식까지 깊이 관여한다는 점에서 확실히 더 매력적이라 할 수 있죠.

Q3. K-POP 그룹들의 세계관을 분석해 볼까요?

에스파는 '메타버스 여신들'이라던데, 세계관이 뭔가요?

에스파는 그냥 걸그룹이 아니에요. 현실 세계 '플랫(FLAT)'과 가상 세계 '광야'를 넘나드는 메타버스 세계관의 중심에 서 있어요. 각 멤버에게는 가상 세계 속 또 다른 나, '아이(æ)'가 있다니, 완전 신기하죠? 이들이 다 같이 힘을 합처 현실과 가상 세계를 위협하는 빌런 '블랙맘바(Black Mamba)'와 싸우는 스토리가 메인이에요.

Black Mamba: 데뷔곡부터 블랙맘바와의 대결 구도를 제대로 보여 줬죠. 뮤직비디오에선 실제 에스파와 가상 아이(æ)가 같이 나오는데, 그때 블랙맘바가 딱 등장하면서 세계관의 시작을 알렸어요.

Next Level: 블랙맘바 때문에 광야로 떠나는 여정을 노래했어요. 가사에도 "광야로 걸어가", "블랙맘바를 깨부셔" 같은 세계관 용어가 막 튀어나오지요. 뮤직비디오도 가상공간에서 전투하는 장면이 많아서 완전 몰입됩니다.

Savage: 블랙맘바와 본격적으로 전투를 하는 내용이에요. 에스파와 아이(æ)가 함께 성장하고 더 강해지는 모습을 보여 주는데, 앨범 재킷이나 콘셉트 사진까지 현실과 가상 경계를 허무는 디자인이라서 더 대단한 것 같아요.

에스파 세계관은 SM엔터테인먼트가 꿈꾸는 SMCU(SM Culture Universe)의 핵심이라고 해요. 음악뿐만 아니라 온갖 스토리텔링 콘텐츠로 계속 확장되고 있으니, 덕후들은 숨 쉴 틈이 없는 것 같습니다.

르세라핌은 어떤 세계관을 갖고 있나요?

르세라핌은 '두려움 없이 앞으로 나아가겠다.'는 메시지를 온몸으로 보여 주는 그룹이에요. 특히 여성들에게 가해지는 사회적 편견과 싸우는 이야기가 엄청 와닿죠.

FEARLESS: 데뷔 앨범부터 두려움 없는 당당한 모습을 보여 주면서 그룹의 정체성을 확립했어요. 가사부터 퍼포먼스까지 자신감 뿜뿜!

ANTIFRAGILE: 시련과 고난 속에서도 절대 부서지지 않고 더 단단해지는 모습을 노래해요. "내가 가진 것에 감사해/난 약해지지 않아/나를 깨뜨려도/난 다시 일어서" 이런 가사 들으면 정말 속이 뻥 뚫리지 않아요? 역경을 이겨 내는 강인한 여성의 표본이죠.

이브, 프시케 그리고 푸른 수염의 아내: 이 노래는 기존 동화 속 여성 캐릭터들이 겪는 한계를 뛰어넘어 자기 욕망과 선택을 따르겠다는 메시지를 담고 있어요. 금지된 문을 열고 새로운 자신을 찾아가는 스토리를 통해 여성에게 주어지는 억압에 저항하는 모습을 상징적으로 보여 줍니다.

이렇게 르세라핌 세계관은 단순한 판타지가 아니라, 현대 사회를 살아가는 우리 여성들의 마음을 완전 저격하면서 강력한 메시지를 전달하고 있습니다.

아이브는 '자기애'를 중심으로 한 세계관이 있다던데, 자세히 알려 주세요!

아이브는 '자기애(나르시시즘)'를 중심으로 한 세계관을 가지고 있습니다. '자신을 사랑하고 당당하게 나아가는 아름다움'이 이들의 핵심 메시지인데, 모든 앨범과 노래가 이 메시지를 관통하죠.

ELEVEN: "내게로 와 그 순간 모든 게 다 변해"라는 가사처럼, 자신감 넘치는 태도로 매력을 뿜는 모습을 보여 줬죠. 뮤직비디오도 멤버들의 화려하고 당당한 비주얼이 시선을 강탈하고요.

LOVE DIVE: "내 아름다움에 빠져드는 시간"이라는 가사처럼, 자기 자신에게 깊이 빠져드는 자기애를 노래합니다. 사랑의 주체를 남이 아니라 '나 자신'으로 설정하고, 다른 사람 시선에 신경 쓰지 않는 주체적인 아름다움을 표현하는 거죠. 아, 그리고 DIVE가 팬덤 이름이 된 이유도 여기에 있습니다.

After LIKE: "이젠 내게 맡겨 봐"라는 가사를 통해 적극적으로 자기 자신을 사랑하고 표현하는 모습을 보여 줍니다. 디스코 리듬과 함께 자유분방하고 신나는 분위기 속에서 자기애를 마음껏 노래하는 게 너무 좋아요.

아이브의 세계관은 어떤 특정 스토리를 따라가는 게 아니라, 그룹의 핵심 가치와 정체성을 모든 활동에 일관되게 녹여내서 우리 팬들에게 그룹의 메시지를 확실하게 각인하는 것이라 할 수 있습니다.

스트레이 키즈는 어떤 세계관을 갖고 있나요?

스트레이 키즈는 '자신들의 길을 스스로 개척하고 나아가겠다.'는 메시지를 기반으로 한 성장과 자아 탐색의 세계관을 가지고 있어요. 이들은 '스키즈만의 길(Stray Kids's way)'을 찾아가는 여정을 음악에 고스란히 담아내죠.

District 9: 데뷔곡부터 사회의 통념이나 정해진 길에서 벗어나 자신들만의 구역(district)을 만들겠다는 강렬한 포부를 드러냈어요.

MIROH: 복잡한 미로 같은 세상 속에서도 두려워하지 않고 나아가겠다는 의지를 담았어요. "심장이 뛰는 대로 가"라는 가사를 통해 자기 내면의 목소리에 집중하는 모습을 보여 주는 게 완전 멋지지 않아요?

God's Menu: 자기들만의 독창적인 음악을 "마라맛" 요리에 비유했는데, 다른 누가 감히 흉내 낼 수 없는 독보적인 맛을 만들어 내겠다는 강한 자신감을 표현했어요.

스트레이 키즈의 세계관은 스스로 길을 만들어 가는 아티스트의 성장 스토리를 담아내면서, 우리 팬들에게 완전 공감과 연대감을 심어 줍니다.

투모로우바이투게더(TXT)는 꿈을 좇는 소년들의 이야기라던데요?

투모로우바이투게더는 '꿈을 좇는 소년들이 성장하며 겪는 혼란과 마주하는 이야기'를 중심 세계관으로 해요. 이들은 '마법의 땅(Magic Island)'이라는 환상적인 공간에서 펼쳐지는 판타지적 요소를 통해 청소년기의 성장통과 찐한 우정을 그려내고 있죠.

어느 날 머리에서 뿔이 자랐다(Crown): 데뷔 앨범부터 머리에서 뿔이 자라는 독특한 현상을 통해 청소년기의 정체성 혼란과 남들과 다른 자신을 받아들이는 과정을 은유적으로 표현했죠.

9와 4분의 3 승강장에서 너를 기다려(Run Away): 현실에서 벗어나 꿈과 희망이 있는 마법의 공간으로 도망치고 싶어 하는 소년들의 간절한 마음을 담았어요.

『꿈의 장: ETERNITY』 앨범: 이 앨범은 친구와의 갈등, 관계의 변화 같은 성장 과정에서 겪는 아픔과 상실감을 다루고 있어요. 특히 'Can't You See Me?' 같은 곡들은 친구 관계의 균열에서 오는 소년들의 불안감을 섬세하게 표현해서 듣는 내내 마음이 짠해요.

투모로우바이투게더의 세계관은 청소년들이 누구나 겪을 법한 고민과 감정을 판타지적인 요소로 풀어내면서, 우리 팬들에게 깊은 공감을 주고 스토리텔링의 재미까지 선사하고 있어요.

Q4. 세계관에 K-POP 성공에 어떤 영향을 미쳤는데요?

세계관 도입은 K-POP의 인기를 견인하는 데 정말 엄청난 역할을 했어요.

세계관이 팬들을 더 찐하게 만든다고요?

그럼요! 복잡하고 정교한 세계관은 우리 팬들이 그룹 스토리에 완전 깊이 빠져들게 해요. 팬들은 단순히 음악만 듣는 게 아니라, 세계관의 퍼즐 조각을 맞추고 다음 스토리를 기다리면서 그룹 활동에 적극적으로 참여하게 되는 거죠. 이러니 우리 팬덤의 충성도가 높아지고 결속력도 단단해지는 거고요.

세계관 덕분에 놀거리가 무한대라던데요?

맞아요! 세계관이 있으면 음악 앨범뿐만 아니라 웹툰, 웹소설, 어니메이션, 게임까지 무궁무진한 콘텐츠로 확장될 수 있어요. 그러면 그룹 활동 수명도 길어지고, 계속 새로운 즐길 거리가 생기니 새로운 팬들도 계속 들어오는 거죠.

우리 그룹이 최고라는 걸 세계관이 보여 주나요?

네! 쏟아지는 K-POP 그룹들 사이에서 우리 그룹만 딱 돋보이려면? 독창적인 세계관이 답이죠. 그룹만의 확실한 아이덴티티를 만들어서 브랜드 가치를 높이고, 대중에 우리 그룹의 특징을 확실하게 각인하는 데 최고입니다.

전 세계 사람들이 K-POP에 빠지는 데 세계관이 도움이 됐나요?

그럼요! 세계관은 언어의 장벽을 아주 쉽게 넘어 버리죠. 스토리가 흥미로우니 외국인 팬들도 K-POP에 쉽게 빠져들고, 이해하는 데 도움이 되죠. 시각적으로 화려한 뮤직비디오와 정교한 스토리는 글로벌 팬들을 끌어모으는 데 최고였다고 할 수 있습니다.

Q5. 앞으로 K-POP 세계관은 어떻게 진화할까요?

K-POP 세계관은 앞으로도 계속 진화할 거예요. 더 멋진 모습으로 우리를 놀라게 하겠지만, 저는 개인적으로 팬들이 세계관에 참여할 수 있으면 좋겠고, 다양한 장르와 섞여 봐도 좋을 것 같아요.

팬들도 세계관에 참여하면 어떤 점이 좋을까요?

팬들이 세계관에 직접 참여하고 영향까지 미칠 수 있는 콘텐츠가 많아지면 즐길거리가 훨씬 많아지겠죠! 팬들의 선택에 따라 스토리가 바뀌는 웹드라마, 게임과의 연동, 팬 참여형 세계관 이벤트 등을 하면, 팬들의 참여도가 올라가면서 동시에 애정도 상승하고 즐거움이 배가 되지 않을까요?

세계관에 다양한 장르가 섞인다면, 어떤 것들이 있을까요?

지금은 판타지나 SF 기반 세계관이 많잖아요? 앞으로는 역사, 미스터리, 심리 스릴러 같은 더 다양한 장르와 섞여서 세계관 스펙트럼을 넓혔으면 좋겠다는 생각이에요. 그러면 K-POP에 예술적인 깊이도 더해지고, 새로운 팬들도 많이 유입될 수 있지 않을까요.

세계관이 너무 어려워지면 어떡하죠?

그게 걱정이죠. 세계관이 중요하긴 하지만, 너무 복잡하거나 이해하기 어려워지면 오히려 대중이 접근하기 힘들 수 있어요. 음악 본연의 매력을 해치지 않는 선에서 세계관을 유연하게 활용하고, 대중성과의 균형을 맞추는 노력이 필요해요. 음악과 세계관이 서로 시너지를 낼 수 있도록 하는 게 제일 중요하다고 생각해요.

스토리텔링 전문가가 더 필요할까요?

당연하죠! 세계관을 계속 일관성 있게, 그리고 매력적으로 유지하려면 전문 스토리텔러나 작가들이 더 중요해질 거예요. 장기적인 관점에서 세계관 스토리를 기획하고 발전시키는 전문 시스템이 꼭 필요하다고 생각해요. 물론 지금도 있지만 더 발전할 여지가 있다고 생각합니다.

이런 노력들을 통해서 K-POP 세계관은 단순한 마케팅을 넘어, K-POP의 예술적인 지평을 넓히고 글로벌 음악 시장에서 독보적인 위치를 더 단단히 다질 거예요. 우리 K-POP, 앞으로가 더 기대되지 않나요?

세계관 결정에서부터 아티스트 선정까지

앞에서 말했듯이, K-POP에서 세계관은 그냥 멋진 콘셉트가 아니에요. 그룹의 정체성을 만들고, 우리 팬덤을 더 끈끈하게 묶어 주는 핵심 요소라고 할 수 있죠. 게다가 세계관이라는 게 아무렇게나 만들어지는 게 아니라, 멤버를 선정하는 과정에서부터 아주아주 체계적인 단계를 거쳐서 탄생한답니다.

Q1. 세계관은 도대체 누가, 언제 결정하는 걸까요?

K-POP 그룹의 세계관은 주로 엔터테인먼트 소속사의 기획팀이나 작가팀에서 결정해요. 그들이 시장 트렌드도 분석하고, 대중들 마음도 읽고, 그룹이 앞으로 어떻게 나아갈지 고민해서 세계관의 큰 틀을 잡는 거죠.

그룹 론칭 초기부터 밑그림이 시작돼요. 우리 그룹이 '그냥 음악 하는 그룹'이 아니라, '어떤 특별한 이야기를 가진 그룹'이 될지, 처음부터 큰 그림을 그리는 거예요. 그룹의 핵심 메시지, 상징, 그리고 메인 스토리라인까지 다 이때 논의됩니다.

또한 기획팀은 A&R(Artist & Repertoire) 팀과 완전 긴밀하게 협력해서 세계관을 구체화해요. 왜냐면 A&R 팀은 기획된 세계관에 딱 맞는 멤버들을 발굴하고 키우는 역할을 하거든요.

또 콘텐츠 제작팀도 크게 손을 보태요. 음악 프로듀서, 작사가, 뮤직비디오 감독, 퍼포먼스 디렉터까지 이 모든 콘텐츠 제작팀이 세계관을 바탕으로 각자 영역에서 예술혼을 불태우면서 세계관을 훨씬 더 풍성하게 만들어 주는 거죠.

그러니까 세계관은 특정 개인이나 한 부서에서 뚝딱 만드는 게 아니라, 소속사의 아주 전략적인 의사결정 과정에서 다양한 팀들이 협업해서 만들어진답니다.

Q2. 멤버를 뽑고 세계관에 매칭하기까지의 과정은 어떨까요?

세계관이 딱 정해지면, A&R 팀은 그 세계관에 가장 잘 어울리는 아티스트를 찾고 매칭하는 작업에 들어가요. 단순히 노래 잘하고 춤 잘 추는 연습생을 찾는 게 아니죠. 세계관 속 캐릭터와 스토리를 완벽하게 소화할 수 있는 잠재력을 가진 인재를 선별하는 과정입니다.

세계관 콘셉트 분석은 기본

A&R 팀은 기획팀에서 준 세계관의 자세한 콘셉트와 캐릭터 설정을 아주 꼼꼼하게 분석해요. 각 멤버가 세계관 안에서 어떤 역할을 해야 하는지, 어떤 이미지와 재능이 필요한지 다 파악하는 거죠.

연습생을 선별하고 오디션을 통해 운명적인 만남

소속사 연습생 중에서 세계관에 딱 맞는 인재를 고르거나, 공개 오디션을 열어서 새로운 연습생을 발굴해요. 이때 보컬, 댄스 실력은 물론이고, 연기력, 표현력, 비주얼, 그리고 캐릭터 소화 능력까지 봅니다.

캐릭터 매칭과 이어지는 심화 트레이닝

선발된 연습생들은 해당 세계관 속 캐릭터에 맞춰서 아주 고된 트레이닝을 받아요. 실력만 키우는 게 아니라, 세계관 안에서의 역할과 스토리를 이해하고 그걸 퍼포먼스나 이미지로 표현하는 방법을 배우는 거죠. 가끔은 특정 멤버에게 세계관의 핵심 스토리를 몰아줘서 팬들의 몰입도를 크게 높이기도 해요.

이 과정이 그냥 대충 끼워 맞추는 게 아니라는 겁니다. 연습생 본연의 매력이 세계관과 만나서 시너지를 낼 수 있도록 하는 데 중점을 둔다니! 사실 우리가 좋아하는 아이돌들은 태어날 때부터 그 세계관에 맞춰 태어난 건 아닌가 의심스러울 지경입니다.

Q3. 그룹별 세계관과 멤버 발탁 비하인드도 알아볼까요?

**에스파는 가상의 '아이(æ)'와 연결된다는 세계관이 있는데,
이와 관련해 멤버들은 어떻게 뽑혔나요?**

에스파 세계관은 '현실 멤버'와 '가상 아이(æ)'가 싱크해서 교감하며 성장하고, 악당 '블랙맘바'와 싸우는 거잖아요? A&R 팀은 이 복잡한 세계관을 소화할 수 있는 멤버들을 뽑는 데 매우 집중했어요.

카리나: 에스파의 리더이자 중심축입니다. 세계관에서도 아이(æ)와의 싱크로율이 제일 높게 설정됐다니, 완전 대박이죠? 카리나의 강렬하면서도 신비한 비주얼과 퍼포먼스 실력이 현실과 가상을 넘나드는 세계관의 중심을 잘 잡아준다고 판단했을 거예요.

윈터: 보컬도 비주얼도 완벽한데, 때로는 강하고 때로는 여린 이중적인 매력까지. 세계관 속에서 현실 멤버가 겪는 혼란과 성장을 표현하는 데 완전 유리했겠죠?

닝닝: 파워풀한 보컬로 그룹 음악의 중심을 잘 잡아 줘요. 세계관에서 아이 (æ)와 교감하면서 새로운 힘을 얻는 과정 등, 보컬로 감정선을 전달하는 역할에 딱 맞았을 거예요.

지젤: 독특한 음색과 랩 실력으로 그룹의 힙한 매력을 더해 주죠. 세계관 속에서 각 멤버의 개성을 드러내고 다양한 방식으로 스토리텔링을 구현하는 데 기여할 수 있는 멤버로 뽑혔을 가능성이 커요.

에스파 멤버들은 데뷔 전부터 'MYSTERY'라는 자체 콘텐츠로 세계관을 배우고, 각자의 '아이(æ)'와 교감하는 모습을 보여 주면서 캐릭터 이해도를 크게 높였다고 해요.

르세라핌은 '두려움 없는 당당한 그녀들'이 핵심이라던데, 멤버 구성은 어땠나요?

르세라핌은 '두려움 없이 앞으로 나아가겠다.'는 자기 확신과 성장 스토리가 핵심이잖아요? 멤버 뽑을 때도 이런 강인하고 당당한 매력이 엄청 중요하게 작용했대요.

김채원 & 사쿠라: 이미 아이즈원 활동으로 엄청 유명한 멤버들이죠? 이들이 다시 데뷔하는 과정 자체가 '두려움을 이겨 내고 새로운 시작을 하는' 그룹의 스토리에 힘을 많이 실어 줬어요. 특히 채원의 리더십과 사쿠라의 다양한 경험이 그룹 중심을 잡아 주는 데 큰 도움이 됐을 거예요.

허윤진: '프로듀스 48'에서 탈락했지만 포기하지 않고 꿈을 향해 나아가는 모습 자체가 르세라핌 세계관과 아주 잘 통했어요. 보컬 실력은 물론이고 당당한 태도와 자기 표현 능력이 그룹 메시지를 전달하는 데 적합하다고 판단했을 거예요.

카즈하: 발레 전공자라서 다년간 훈련으로 다져진 우아하면서도 절도 있는

퍼포먼스를 보일 줄 알죠! 그런 능력이 그룹의 '강인함'을 눈으로 보여 주는 데 최고였답니다. 게다가 이국적인 비주얼은 글로벌 팬들을 사로잡는 데 한몫 단단히 했고요.

홍은채: 팀 막내인데도 밝고 에너지 넘치는 모습으로 그룹에 활력을 불어넣어 줘요. 세계관 속 '두려움을 모르는 막내' 같은 역할로, 그룹 메시지를 유쾌하게 전달하는 데 기여할 수 있었겠죠?

르세라핌은 데뷔 전부터 'FEARLESS'라는 슬로건을 내세우고, 멤버들이 각자 두려움을 극복하는 과정을 담은 다큐멘터리까지 공개했어요. 세계관과 멤버들 스토리를 이렇게 찰싹 붙여놓다니 대단하다고 생각합니다.

아이브는 '자기애가 제일 아름다운' 그룹이라던데, 멤버들은 어떻게 뽑혔나요?

아이브는 '자기애'와 '나르시시즘'이 핵심이잖아요? 스스로를 사랑하고 당당하게 나아가는 아름다움을 추구하는 그룹인데, 멤버들 비주얼과 자신감 넘치는 태도가 세계관과 완전 찰떡이에요.

안유진 & 장원영: 아이즈원 활동으로 이미 엄청난 인지도를 가진 멤버들이죠? 이들의 화려하고 세련된 이미지가 아이브의 '자신감'과 '매력'을 대표하는 데 최고였어요. 특히 원영의 "내가 곧 장르"라는 자신감 넘치는 태도는 그룹의 나르시시즘 세계관과 완전 직결됩니다.

가을: 팀 맏이인데도 차분하고 세련된 분위기를 가졌어요. 안정적인 랩과 퍼포먼스 실력으로 그룹의 중심을 잡아 주면서, 자신감을 뒷받침하는 깊이감을 더해 주고요.

리즈: 독특한 음색과 청량한 비주얼로 그룹의 다채로운 매력을 더해 주죠. '스스로의 아름다움에 취한' 듯한 매혹적인 분위기를 표현하는 데 기여합니다.

이서: 팀 막내인데도 밝고 사랑스러운 에너지를 뿜어 내요. '나르시시즘'이라는 자칫 무거울 수 있는 주제를 발랄하고 트렌디하게 풀어내는 데 중요한 역할을 한다고 봐요.

레이: 독특한 음색의 랩과 매력적인 비주얼로 그룹의 유니크함을 더해 줘요. 글로벌 팬들한테 어필할 수 있는 요소이자, '다양한 매력을 가진 아름다움'이라는 세계관 메시지를 확장하는 데 기여하는 거죠.

아이브는 멤버 개개인의 매력이 곧 그룹의 세계관을 대변하는 형태예요. 복잡한 스토리가 아니라, '멤버 그 자체'가 세계관의 구현체가 되도록 했다니, 정말 똑똑한 기획 아니겠어요?

스트레이 키즈는 '우리만의 길을 만든다.'는 세계관이라던데, 멤버들은 어떻게 뽑혔나요?

스트레이 키즈는 '자신들의 길을 스스로 개척하고 나아가겠다.'는 강한 의지와 성장 스토리가 기반이잖아요? 멤버들은 데뷔 전부터 'Stray Kids'라는 이름으로 팀을 만들고, 직접 곡을 만들면서 성장하는 모습을 보여 줘서 세계관에 대한 팬들의 몰입도를 크게 높였어요.

방찬: 그룹 리더이자 프로듀싱의 핵심 멤버입니다. '자신들만의 길'을 만들겠다는 세계관의 창조자이자 주도자라고 할 수 있죠. 그의 음악적 능력과 리더십이 스트레이 키즈의 정체성을 확립하는 데 결정적인 역할을 했어요.

창빈 & 한: 랩 라인의 핵심 멤버들. 강렬하고 직설적인 랩으로 '틀을 깨고 나아가는' 그룹 메시지를 완전 효과적으로 전달합니다. 자작곡 능력은 세계관의 깊이를 더해 주고요.

리노 & 현진 & 필릭스: 퍼포먼스 라인의 핵심 멤버들로 파워풀하면서도 개성 넘치는 안무로 '자신들만의 길'을 걷는 스트레이 키즈의 독보적인 퍼포먼스 아이덴티티를 만들었어요. 특히 필릭스의 독특한 음색과 비주얼은 글로벌 팬들에게 완전 강렬한 인상을 남기죠.

승민 & 아이엔: 보컬 라인의 핵심 멤버들로 그룹 음악에 안정감을 더해 주면서 다양한 감정선을 표현해요. '성장'이라는 세계관 속에서 멤버들의 내면 변화와 성숙을 노래로 담아내는 데 기여합니다.

스트레이 키즈는 데뷔 전 서바이벌 프로그램부터 멤버들이 직접 작사, 작곡에 참여하고 팀을 꾸리는 과정을 보여 줘서 '스스로 길을 찾아가는' 세계관에 대한 강력한 개연성을 확보했어요. 역시 '자체 프로듀싱돌'은 다릅니다.

투모로우바이투게더(TXT)는 '꿈을 좇는 소년들의 판타지 성장통'을 담은 서사를 보여 준다는데, 멤버들은 어떻게 뽑혔나요?

투모로우바이투게더는 '꿈을 좇는 소년들이 성장하며 겪는 혼란과 마주하는 이야기'를 판타지 요소와 결합해서 보여 주잖아요? 멤버들의 소년미와 섬세한 감정 표현 능력이 엄청 중요하게 작용했어요.

수빈: 팀의 리더이자 비주얼 멤버로 소년미와 함께 그룹의 스토리를 이끌어 가는 중심 역할을 해요. 청소년기의 순수함과 혼란을 동시에 표현할 수 있는 이미지가 세계관과 완전 잘 맞았겠죠?

연준: 팀의 퍼포먼스 리더이자 완전 올라운더로 성장통을 겪는 소년의 감정 변화를 섬세하게 표현하는 데 기여해요. 강렬하면서도 섬세한 매력이 세계관의 복합적인 감정선을 담아냅니다.

범규: 독특한 음색과 비주얼로 그룹의 신비로운 분위기를 더해 줘요. 세계관 속 판타지적 요소들을 눈으로 보여 주는 데 딱 맞는 이미지예요.

태현: 뛰어난 보컬 실력으로 그룹 음악에 안정감을 더해 주죠. 청소년기의 불안감과 희망을 노래로 표현하면서 세계관의 감정선을 깊이 있게 전달해요.

휴닝카이: 팀 막내인데도 밝고 순수한 에너지를 뿜어 내요. 동시에 이국적인 비주얼과 다양한 감정 표현으로 '꿈'과 '성장'이라는 세계관의 핵심 메시지를 완전 효과적으로 전달해 줍니다.

투모로우바이투게더는 앨범이 나오기 전부터 '꿈의 장' 시리즈 티저 필름과 애니메이션까지 공개해서 팬들한테 스토리를 미리 인지시키고 몰입도를 크게 높이는 전략을 썼어요. 각 멤버들 캐릭터와 관계성을 통해 소년들의 우정하고 성장을 다각도로 보여 주는 게 정말 감동적이에요.

결론적으로 K-POP의 세계관은 단순한 콘셉트를 넘어, 그룹의 핵심 정체성이자 팬덤을 만드는 강력한 도구로 진화했어요. 소속사의 전략적인 기획과 A&R팀의 세심한 멤버 발탁, 그리고 멤버들의 뛰어난 캐릭터 소화 능력이 합쳐져서 K-POP 세계관의 성공을 이끌고 있는 거죠.

이는 K-POP이 단순히 음악을 넘어선 종합적인 스토리텔링 콘텐츠로 확장되는 아주 중요한 변화를 보여 준다고 할 수 있어요. 정말 K-POP은 매일매일이 서프라이즈 아닌가요? 앞으로 또 어떤 세계관으로 우리를 놀라게 할지 너무 기대가 됩니다.

♫

앨범 기획부터, 노래, 가사, 안무까지 닿는 세계관의 영향력

우리가 사랑하는 K-POP 그룹의 세계관은 그냥 '콘셉트'라는 단어로는 설명이 안 돼요. 거의 덕후들 심장을 저격하는 필살기라고 볼 수 있습니다. 앨범 기획부터, 노래 가사 한 줄, 심지어 무대 위 춤선 하나하나까지 모든 게 이 세계관이라는 이름 아래 완벽하게 연결되어 있어요. 덕분에 우리는 그냥 보는 게 아니라, 그룹의 메시지를 온몸으로 느끼면서 스토리에 빠져드는 경험을 하게 되는 거죠.

1. 에스파(aespa): 우리가 바로 광야의 전사, 전투력 만렙 아이돌

에스파는 앨범에 세계관을 어떻게 담아냈나요?

에스파는 그냥 걸그룹이 아니죠. 현실과 가상 세계를 넘나드는 메타버스 대서사시를 펼치고 있어요. 빌런 블랙맘바와 싸우는 에스파를 보면, 괜히 이모션 코어를 같이 지켜줘야 할 것 같은 기분이 들지 않나요?

앨범 콘셉트: 앨범만 봐도 세계관을 한눈에 볼 수 있습니다. 앨범 재킷과 북클릿 좀 보세요! FLAT(현실)과 광야(가상)가 섞여서 훌륭하죠? 기계적인 느낌, 디지털 이미지에 현실 멤버와 아이(æ)가 같이 등장하는 걸 보면 "아, 이게 바로 에스파!" 소리가 절로 나와요. 앨범 이름까지 'Savage', 'MY WORLD'처럼 세계관 진행 상황을 딱딱 알려 주니, 팬들은 앨범 받고 심장 부여잡을 수밖에 없겠죠!

노래/가사: 가사가 곧 세계관 진행 상황 브리핑입니다. 가사를 들으면 지금 에스파가 광야에서 뭘 하는지 다 알 수 있다니까요? 'Next Level'에서 "광야로 걸어가", "블랙맘바를 깨부셔" 이 가사 듣자마자 "어머, 싸우러 간대!" 하고 광클 준비했잖아요? 특히 "I'm on the next level Yeah" 들을 때마다 뭔가 나도 같이 강해지는 기분! 'Savage'에서 "My Naevis, We Love you" 할 때는 나도 모르게 '나이비스 언니!'를 외치고 싶고, "Savage, 내 뒤를 쫓아와" 할 때는 같이 블랙맘바한테 돌격하고 싶어진다니까요?

안무: 춤선마저 메타버스! 홀로그램이랑 착각할 정도로 신비해요. 에스파 안무는 가상과 현실이 섞인 듯한 느낌을 줘요. 'Next Level'의 그 유명한 '디근 춤' 보셨나요? 멤버들이 팔로 'ㄱ' 만드는 안무죠. 블랙맘바의 움직임을 표현한 거라고 하는데, 소름 돋지 않나요? 홀로그램을 터치하는 듯한 동작은 '아이(æ)'와 교감하는 모습을 표현한 거라는데, 제가 다 뭉클했어요. 'Savage'는 춤선이 완전 전투 모드! 파워풀한 동작으로 서로 보호하고 공격하는 모습을 보면, 저도 모르게 주먹을 쥐게 된다니까요. 디지털 잔상처럼 스르륵 움직이는 팔 동작은 정말 가상 세계 존재 같아서 볼 때마다 감탄해요.

2. 르세라핌(LE SSERAFIM): 쌈 마이웨이, 두려움 따위 없는 걸크러시 대장

르세라핌은 앨범, 가사, 안무로 어떤 메시지를 전달하나요?

르세라핌은 "난 나만의 길을 간다! 두려움 따위 개나 줘 버려!"를 외치는 자기 확신과 성장의 아이콘입니다. 특히 여성에게 씌워진 편견을 깨부수는 서사가 너무나 매력적이죠.

앨범 콘셉트: 당당함 그 자체! 비주얼부터 압도적입니다. 앨범명부터 비주얼까지, 당당하고 주체적인 여성상이 뚝뚝 묻어나요. 『FEARLESS』 앨범에서 보여 준 그 강렬한 눈빛은 얼마나 아름다운지! 『ANTIFRAGILE』 앨범에선 깨진 조각들로 더 단단해진 모습을 보여 주는데, 이건 그냥 예술이에요. 앨범 디자인까지 날카롭고 세련돼서 메시지가 더 크게 와닿죠.

노래/가사: 멤버들에게 하고 싶은 거 다 하라고 말하고 싶어지는 직진 가사가 매력적이에요. 가사도 그냥 막 뱉는 게 아니죠? 자신감, 성장, 그리고 사회적 시선에 대한 초월을 그대로 담고 있어요. 'FEARLESS'의 "남들이 뭐라 하든 나를 믿어", "가장 높은 곳으로 가"라는 가사를 들으면 저도 모르게 "내가 최고다!" 외치게 된다니까요. 'ANTIFRAGILE'의 "나의 발자취는 길고 길어", "난 약해지지 않아"를 들을 때마다 저도 모르게 고개를 끄덕여요. 역경을 겪을수록 더 강해지는 '안티프래자일'이 바로 우리 이야기 아니겠어요? '이브, 프시케 그리고 푸른 수염의 아내'는 정말 소름이 돋았어요! "금기된 문을 열어", "나의 욕망은 푸른 불꽃"이라니! 고정관념 다 때려 부수는 그들의 시원함에 박수를 보냅니다.

안무: 춤선은 곧 메시지! 절제미 속에 숨겨진 파워가 대단합니다. 당당한 자세와 신체를 활용한 섬세한 표현이 돋보이죠. 'FEARLESS'에서 바닥을 짚고 일어서는 동작이나 허리를 곧게 펴고 걷는 동작 보면, "그래, 우린 절대 굴

하지 않아!"라는 메시지가 크게 느껴져요. 'ANTIFRAGILE'는 힙합 기반의 강렬한 안무를 보여 주죠. 팔다리 시원하게 쓰는 모습을 보면 아주 단단하다 싶죠. 펀치 날리고 어깨 들썩이는 동작에서 고난에도 흔들리지 않는 정신이 느껴져요. '이브, 프시케 그리고 푸른 수염의 아내에서 여러 자세를 쓰는 거 보면 저도 모르게 탄성이 나와요. 자신감 넘치는 표정 연기까지 더해져서 욕망과 자유를 표현하는 춤선에 압도당하죠.

3. 아이브(IVE): 우린 우리가 제일 예뻐, 자아도취의 끝판왕

아이브는 '자기애' 세계관을 어떻게 표현하나요?

아이브는 자기애 뿜뿜! 나르시시즘 세계관을 중심으로 "내가 제일 예뻐! 나한테 빠져 봐!"를 외치는 그룹이죠. 아이브를 보면 저도 모르게 거울 보게 된다니까요?

앨범 콘셉트: 럭셔리 끝판왕! 비주얼부터 눈부십니다. 앨범명부터 비주얼까지 화려함, 고급스러움, 그리고 자신감이 넘쳐흘러요. 『LOVE DIVE』앨범에 보석과 거울 나오는 것을 보면 "이게 바로 나르시시즘!" 소리가 절로 나올 정도죠. 앨범 재킷에서 멤버들 표정을 보면, 한결같이 도도하고 자신감에 넘쳐서 광대가 절로 승천할 수밖에 없죠.

노래/가사: 자기 자신을 사랑하는 법, 아이브에게 배우세요! 가사도 "남 눈치 보지 마! 네가 최고야!"라고 속삭여 주는 것 같습니다. 'LOVE DIVE'의 "내게로 와 더 깊이 Love Dive", "내 아름다움에 빠져드는 시간"이라는 가사를 들으면 자기도 모르게 거울을 보면서 "내가 최고다!"를 외치게 되죠. 'After LIKE'의 "이제 나의 계절이야", "내게 맡겨 봐"를 들으면, 정말 자기 PR 장인 아닌가 싶어요. 당당함이 폭발하는 듯하죠. 'ELEVEN'에서의 "내게로 와 그 순간 모든 게 다 변해" 부분을 들을 때면 마법에 걸린 것 같은 기분마저

듣니다. 아이브의 매력에 빠지지 않을 수가 없죠.

안무: 우아함 속에 숨겨진 '자기애 폭발' 춤이 멋지죠. 아이브 안무에는 우아함과 도도함이 공존합니다. 특히 자기애를 표현하는 손동작은 정말 예술이죠. 'LOVE DIVE'에서 손으로 얼굴을 감싸고 턱을 드는 '거울 춤'과 자기에게 하트를 보내는 동작 보셨어요? 정말이지 나르시시즘 세계관의 완벽 구현이 아닐 수 없습니다. 'After LIKE'에는 자유롭고 신나는 분위기 속에서 리듬을 타면서 매력을 과시하는 동작이 많아요. 손으로 톡톡 치는 포인트 안무는 가볍고 상큼하게 "나 어때?" 하는 느낌이죠!

4. 스트레이 키즈(Stray Kids): 마라맛 소년들, 우리 길은 우리가 개척한다

스키즈는 앨범, 가사, 안무에 '마라맛' 세계관을 어떻게 녹여 냈나요?

스키즈는 정말 '마라맛'이죠! "우리 길은 우리가 만든다!"를 외치는 자신감 넘치는 반항아들의 모습이 음악, 가사, 안무에 그대로 담겨 있습니다. 이 그룹을 보면 저도 모르게 힘이 솟아나는 듯하죠!

앨범 콘셉트: 앨범 제목부터 '우린 다르다!'를 선언하죠. 앨범명을 보면, 『MIROH』, 『GO生』, 『NOEASY』…. 그냥 제목부터 "우리 세계관이야!"라고 외치는 것 같지 않나요? 앨범 커버도 멤버들 강렬한 눈빛과 거친 느낌이 크게 와닿아서 스키즈의 에너지를 그대로 느낄 수 있습니다.

노래/가사: '사회 압력? 덤벼라!' 가사가 정말 직설적이고, 때로는 공격적이기까지 합니다. 말 그대로 '사이다' 같죠. 자기 주도적인 삶의 태도와 사회적 압력에 대한 저항이 그대로 느껴져요. 'MIROH'의 "어둠 속 미로 헤매도 난 나를 믿어", "난 겁 안 나" 하는 가사를 들으면 저도 모르게 "그래, 내가 최고야!" 하고 외치게 됩니다. 'God's Menu'의 "어서 와 Welcome to my lab", "마라맛" 할 때는 스키즈만의 독보적인 음악에 대한 자신감이 강하게 느껴져서 입맛을 다시게 되죠. 'Thunderous' "잔소리 따윈 집어치워", "내 맘대로 갈 길 간다" 하는 가사를 들으면 답답했던 속이 뻥 뚫리는 기분이 들고요!

안무: 폭발하는 에너지! 파워풀한 군무! 스키즈의 안무는 에너지 그 자체라 할 수 있습니다. 파워풀하고 절도 있는 군무에 멤버들 각자의 개성까지 살아 있어서 눈을 뗄 수가 없어요. 'God's Menu'의 '요리 춤' 보셨어요? 칼질하고 재료 섞는 모습을 보면 정말로 주방에서 요리하는 것 같죠. 음악 만드는 과정을 시각적으로 표현한 모습이 정말 기가 막힙니다. 'Thunderous'는 전통 무용 같은 동작과 스트릿 댄스가 섞여서 천둥소리를 듣는 듯 웅장하고 압도적이에요. 마치 잔소리를 물리치는 듯한 펀치 동작은 세계관 메시지를 직관적으로 보여 줘서 너무 좋아요.

5. 투모로우바이투게더(TOMORROW X TOGETHER, TXT): 꿈꾸는 소년들, 판타지 세상으로의 초대

투바투는 '꿈을 좇는 소년들의 판타지 성장통'이라는 세계관을 어떻게 표현하나요?

투바투는 꿈을 좇는 소년들의 성장통을 판타지 세계관에 담아낸, 한 편의 동화 같은 그룹이죠. 이 친구들 보면 괜히 감수성이 폭발하는 기분이 듭니다.

앨범 콘셉트: 앨범이 곧 한 편의 성장 소설! '꿈의 장' 시리즈('STAR', 'MAGIC', 'ETERNITY') 보세요. 앨범명 자체가 스토리를 단계별로 보여 주잖아요? 앨범 재킷과 콘셉트 포토도 몽환적이고 신비로워서, 저도 모르게 동화 속으로 빨려 들어가는 기분이에요.

노래/가사: 소년들의 감수성 폭발하는, 은유적이고 시적인 표현이 가득한 가사들이죠. 청소년기의 정체성 혼란, 우정, 상실감…. 이 모든 걸 은유적이고 시적인 표현으로 담아내서 듣는 내내 감탄하게 되죠. '어느 날 머리에서 뿔이 자랐다(Crown)'의 가사 중에 "내 머리에 솟아난 뿔은 이젠 문제아가 아닌 나의 왕관"이라는 부분, 정말 아름답지 않나요? 자기 신체 변화를 통해 성장하는 과정이라니! '9와 4분의 3 승강장에서 너를 기다려(Run Away)'의 "마법 같은 시간", "새로운 세상"이라는 부분을 듣는 순간에는 현실에서 도망쳐서 투바투와 같이 판타지 세상으로 떠나고 싶어져요. '세계가 불타버린 밤, 우린…'에서 친구와의 갈등을 "타오르는 세상"에 비유하는 부분은 정말 감탄이 나올 정도죠. 소년들의 내면적 혼란을 이렇게 깊이 있게 다루다니!

안무: 유려함 속에 숨겨진 판타지가 매력이죠. 춤선이 곧 마법 같습니다. 안무도 유려하고 섬세해요. 멤버들 간의 유기적인 대형 변화와 판타지적 요소를 시각화하는 표현이 예술이죠. '어느 날 머리에서 뿔이 자랐다(Crown)'에서 손으로 뿔을 만드는 동작이나 몸 웅크렸다가 펼치는 거 보면, '뿔'이라는 독특한 변화와 성장통이 느껴져요. '9와 4분의 3 승강장에서 너를 기다려(Run Away)' 기차역 승강장 같은 대형 변화나 손을 뻗어서 마법을 부리는 듯한 동작은 신비롭고 몽환적이에요. 멤버들이 빛 만드는 안무는 '마법 같은 시간' 그 자체! '세계가 불타버린 밤, 우린…'의 안무는 서로 외면하거나 멀어지는 대형, 불안정한 움직임은 관계의 균열과 상실감을 보여 주는 것 같아서 볼 때마다 마음이 아려요.

이처럼 K-POP 그룹들은 세계관이라는 필살기를 가지고 앨범, 노래/가사, 안무 등 모든 콘텐츠를 하나의 유기적인 스토리로 만들어서 완성된 서사적 경험을 선물하고 있어요. 이게 바로 우리가 K-POP에 이렇게 빠져드는 이유 아닐까요? 단순한 노래가 아니라, 함께 성장하고, 함께 울고 웃는 '우리들의 이야기'니까요.

세계관의 사례:
르세라핌의 이브, 프시케, 푸른 수염의 아내

르세라핌, 사람 심장 갖고 놀 줄 아는 그룹이죠. **'이브, 프시케 그리고 푸른 수염의 아내'**라는 곡은 정말 대단합니다. 르세라핌의 핵심 세계관인 "두려움 없이 나아가겠다!" 하는 메시지를 고대 신화와 동화 속 여성 캐릭터들을 소환해서 깊고 상징적으로 풀어냈죠. 여성에게 "이건 안 돼!" "저것도 안 돼!" 했던 사회적 굴레와 금기를 아주 시원하게 깨부수고, "내 욕망은 내가 알아서 한다!"라고 외치는 서사가 앨범 콘셉트, 가사, 뮤직비디오에 아주 일관성 있게 녹아들었어요.

이브, 프시케, 푸른 수염의 아내, 이 곡은 제목부터 대단하죠? 이 세 캐릭터들이 겪었던 '금기'와 '욕망'이라는 공통된 주제를 르세라핌의 시각으로 재해석했다고 합니다. 이걸 어떻게 안 좋아할 수 있겠어요?

1. 세계관 연계: 금기를 깨고 나아가는 여성의 서사

르세라핌의 세계관은 말 그대로 "두려움 없이 나아가겠다(FEARLESS)"예요. 세상이 뭐라든, 정해진 길 따위 다 무시하고 내 욕망을 인정하고 나아가는 주체적인 여성상을 그리는데, '이브, 프시케 그리고 푸른 수염의 아내'가 바로 그 세계관의 정수라고 할 수 있죠.

이브(Eve): 성경 속 금단의 사과를 먹고 에덴동산에서 쫓겨난 그 이브 맞아요. 사람들은 원죄를 안겼다고 비난하지만, 르세라핌의 시각은 다르죠. **'호기심과 욕망에 이끌려 새로운 세상을 마주한 첫 번째 주체적인 여성'**으로 재해석했습니다. 이브의 선택은 죄가 아니라, 새로운 시작을 알리는 용기 있는 행동이었다는 거죠!

프시케(Psyche): 남편 에로스의 얼굴을 보지 말라는 금기를 깨고 등불을 켠 프시케. 수많은 시련을 겪지만 결국 사랑을 쟁취하고 여신이 되죠. 르세라핌은 이 행동을 단순한 호기심이 아니라, **진실을 알고자 하는 용기이자 금기를 넘어선 주체적인 탐색**으로 본대요. 프시케의 시련이 곧 성장의 과정이 된 거죠.

푸른 수염의 아내(Bluebeard's Wife): 절대 열지 말라는 방문을 기어이 열고 남편의 비밀과 마주한 그 아내! 죽음의 위협을 무릅쓰고 진실을 탐구하려는 태도는 **금기에 대한 저항과 자기 보호를 위한 용기**로 해석할 수 있어요. 르세라핌은 아내의 그런 행동을 통해 억압적인 관계 속에서도 진실을 추구하는 강인함을 드러낸 거죠.

이 세 여성 캐릭터 모두 금기를 어기고 욕망을 따랐다는 공통점이 있는데, 르세라핌은 이들의 행위를 단순한 일탈이 아니라 성장과 해방을 위한 필수적인 과정으로 긍정적으로 재해석했어요. 이게 바로 르세라핌의 "두려움 없이 스스로의 길을 걷는 여성"이라는 세계관을 완전 찰떡같이 보여 주는 거죠.

2. 가사 분석: 금기, 욕망, 그리고 해방의 언어

가사 하나하나에 세 여성들이 상징하는 바가 직접적으로 언급되거나 암시되어 있어요. 금기를 깨고 욕망을 따르는 것이 곧 해방이라는 메시지가 귀에 팍팍 꽂힙니다.

"금기된 문을 열어": 푸른 수염의 아내가 그 문을 여는 행위를 직접적으로 언급하면서, 모든 금기에 대한 도전을 선언하는 부분이에요. 르세라핌 세계관의 핵심인 '한계를 넘어서는 용기'를 잘 보여 주죠.

"내 욕망은 푸른 불꽃": 푸른 수염의 아내가 금기된 방에서 발견한 피 묻은 열쇠를 은유하거나, 이브가 금지된 과일을 맛본 후 얻게 된 새로운 지식과 욕망을 **푸른 불꽃**이라는 강렬한 이미지로 표현했어요. 억눌렸던 욕망이 불꽃처럼 타오르면서 새로운 자신을 발견하는 과정이라니, 정말 대단하지 않나요?

"어떤 쾌감, 이런 자유로움": 금기를 어기고 난 후 느끼는 해방감과 쾌락을 직접적으로 표현하는데, 죄책감 따위 없이 주체적인 선택에서 오는 만족감을 강조하는 게 너무 좋아요.

"어떤 존재보다 나를 믿어": 르세라핌의 일관된 메시지인 자기 확신이 담겨 있어요. 금기를 깰 때 오는 불안감보다 스스로에 대한 믿음이 더 중요하다는 메시지! 듣는 순간 저도 모르게 고개를 끄덕이게 되죠.

"온전한 나를 만나": 금기를 어기고 세상이 정한 길에서 벗어남으로써 비로소 진정한 자아를 발견하고 온전한 존재가 된다는 의미를 담고 있어요. 프시케가 수많은 시련 끝에 완전한 존재가 되는 서사와도 연결되는 거 있죠?

"Eve, Psyche & The Bluebeard's wife": 반복되는 제목 후렴구는 이 세 여성들이 르세라핌이 노래하는 '새로운 여성상'의 원형임을 끊임없이 상기시켜 줘요.

3. 뮤직비디오 이미지: 눈으로 보는 세계관

뮤직비디오는 가사가 담고 있는 상징들을 눈으로 직접 볼 수 있게 해 줘서, 세계관 몰입도가 크게 극대화되죠.

금기와 유혹의 상징

붉은 사과: 이브를 상징하는 제일 직관적인 오브제입니다. 멤버들이 사과를 들거나 깨무는 장면, 혹은 사과가 던져지거나 부서지는 이미지는 금기를 깨트리는 행위 그 자체라 할 수 있죠.

잠긴 문 또는 복도: 열지 말아야 할 방의 문이나 미지의 공간으로 향하는 복도가 자주 등장하는데, 금기된 영역으로 진입하려는 욕망과 그 과정에서 느끼는 긴장감을 보여 주는 거죠.

해방과 자유의 이미지

춤: 뮤비 내내 멤버들의 자유롭고 과감한 춤이 시선을 사로잡아요. 특히 골반을 활용한 유연하면서도 파워풀한 동작들은 억압에서 벗어나 몸과 마음이 해방된 상태를 표현하는 듯하죠.

물: 물은 정화, 해방, 새로운 시작을 상징하죠. 뮤비 속에서 물에 젖거나 물을 튕기는 장면들은 금기를 넘어서 정체성을 재정의하는 과정을 은유적으로 보여 주는 것이라 할 수 있습니다.

공간의 변화: 답답하고 제한된 공간에서 벗어나 광활하고 자유로운 공간으로 이동하는 연출은 내면의 해방과 외적인 확장을 시각적으로 보여 주는 것 같아서 너무 좋아요.

대비와 충돌: 어둡고 붉은 톤의 공간과 밝고 푸른 톤의 공간이 교차하는 장면 보셨어요? 금기와 욕망, 구속과 해방 사이의 대비를 시각적으로 강조하면서 내면의 갈등과 그걸 이겨 내고 새로운 자신을 찾아가는 과정을 표현

하는 거죠.

강렬한 시선과 표정: 멤버들 시선이 카메라를 정면으로 응시하는데, 자신감과 도발적인 매력이 흘러넘쳐요. 흔들림 없는 표정은 두려움 없이 나아가겠다는 르세라핌의 세계관을 가장 직접적으로 보여 주는 요소입니다.

결론은 하나예요. '이브, 프시케 그리고 푸른 수염의 아내'는 르세라핌의 '두려움 없는 여성' 세계관을 신화적, 동화적 캐릭터들을 통해 훨씬 깊이 있고 설득력 있게 전달하고 있다는 거죠. 가사의 상징적인 언어와 뮤직비디오의 시각적 은유는 금기를 깨고 욕망을 긍정하는 것이 곧 진정한 자신을 찾아가는 성장과 해방의 과정임을 일관적으로 노래하면서, 르세라핌만의 독보적인 아이덴티티를 완전 확고히해 줍니다.

여러분, 르세라핌의 노래를 듣고 뮤비를 보면서 '나도 내 금기를 깨고 나아가야겠다!'고 생각해 보신 적 없나요?

처음부터 월드스타를 꿈꿨던 K-POP

혹시 우리 K-POP이 처음부터 해외 시장을 목표로 움직였다는 거, 알고 계셨나요? "한국 시장은 좀 작으니까, 아예 처음부터 세계로 간다!"를 외쳤던 겁니다. 그런데 이 계획이 그냥 음악 몇 곡 수출한 정도가 아니라, K-POP이 라는 시스템 자체가 글로벌화되는 독특한 역사를 만들었다는 사실, 대단하지 않나요?

1. K-POP, 세대별 해외 진출 역사 완전 정복

1세대 K-POP: 응답하라, 1990년대(1990년대 중후반 ~ 2000년대 초반)

K-POP 1세대, H.O.T.가 1990년대 중후반에 중국과 대만 시장에 진출하면서 해외 진출의 문을 활짝 열었죠. 이때는 본격적으로 글로벌 시장을 개척한다는 생각이 있었다기보다는, 한국에서 인기가 터지니까 자연스럽게 아시아로 진출해 보는 느낌 정도였죠. 그래도 H.O.T.는 2000년대 초에 중국 베이징에서 대규모 콘서트까지 열면서 현지 인기를 제대로 보여 줬고요.

일본 시장을 처음 뚫은 건 보아였어요. 보아는 2001년에 일본에 진출해서

 당신이 알아야 할 **케이팝의 거의 전부**

아예 현지화 전략으로 오리콘 차트 1위까지 찍었죠. 이를 통해 일본 시장에서도 성공할 수 있다는 걸 보여 줬죠.

2세대 K-POP: 글로벌 전략의 시동을 걸다(2000년대 중반 ~ 2010년대 초반)

이 시기부터는 해외 확장이 아니라, 아예 해외를 목표로 삼고 전략적으로 움직이기 시작했어요. 역시 우리 K-POP 선배님들, 한 수 위죠?

외국인 멤버 영입: 2000년대 중반부터 다국적 멤버들이 그룹에 합류하기 시작했죠. 슈퍼주니어에 중국인 멤버 한경이 있어서 중화권 팬들 마음을 제대로 사로잡았고, 2PM에는 태국계 미국인 닉쿤이 있었죠. 이는 해외 팬들에게 친밀감도 주고, 현지 시장 공략도 수월하게 하는 똑똑한 전략이었습니다.

외국어 가사 대방출: 옛날엔 한국어 가사가 대부분이었는데, 이때부터는 타겟 시장 언어(영어, 일본어, 중국어) 가사를 곡에 넣거나 아예 그 언어로 된 곡을 발매하기 시작했어요. 보아가 일본어 곡으로 큰 인기를 얻은 게 대표적이고, 동방신기, 빅뱅도 일본 앨범을 많이 냈죠. 그리고 원더걸스의 'Nobody' 영어 버전은 미국 시장 제대로 노린 야심 찬 시도였죠.

굴곡의 중국 시장과 사드 문제: 아쉬웠지만 새로운 기회로(2010년대 중반)

2010년대 중반에는 중국 시장이 K-POP의 완전 황금밭이었어요. 엑소는 중국 현지에서 크게 인기 있었죠. 중국인 멤버도 있고 한국-중국 유닛도 같이 활동했고요. 또 GOT7, f(x)도 중국인 멤버 덕분에 현지에서 인기가 많았죠.

그런데 2016년에 갑자기 사드 문제가 터지면서 중국 정부가 '한한령'을 발동했어요. 그 이유로 K-POP 그룹들의 중국 활동이 사실상 올스톱되면서 업계에 큰 타격을 줬죠. 아쉽지만 오히려 K-POP이 중국 말고 다른 해외 시장으로 눈을 돌리게 되는 계기가 됐다는 사실! 전화위복이라고 해야 할까요?

3세대 K-POP: 새로운 도약과 글로벌 성공(2010년대 중후반 ~ 현재)

한한령 이후, K-POP은 날개를 달았어요! 특히 서구권 시장으로 진출하려고 이를 갈았죠. 서구권 진출에는 유튜브와 SNS을 적극 활용한 것이 큰 도움이 되었어요. 이때부터 K-POP은 유튜브, 트위터, 인스타그램, 틱톡 같은 디지털 플랫폼을 완전 제대로 활용하기 시작했어요. 언어 장벽? 지역 장벽? 아무 소용 없었죠. 전 세계 팬들과 직접 소통하고 콘텐츠를 전파하면서 글로벌 팬덤을 키우는 데 결정적인 역할을 했습니다.

특히 방탄소년단(BTS)의 성공은 뭐 말을 보탤 필요도 없죠? 빌보드 차트 1위를 찍고, 그래미 어워드 노미네이트까지! K-POP 위상을 전 세계적으로 그냥 격상시켜 버렸죠. 블랙핑크, 스트레이 키즈, 투모로우바이투게더도 서구권에서 큰 팬덤을 구축하면서 K-POP이 월클이 됐다는 것을 보여 줬어요.

2. 연도별 K-POP 해외 진출, 역대급 성공 & 교훈 사례

해외 진출의 중요한 순간들을 연도별로 정리해 봤어요.

연도	그룹/아티스트	주요 내용	성공/교훈
2001년	보아	일본 'LISTEN TO MY HEART'로 오리콘 차트 1위	현지화 전략과 대단한 실력으로 일본 시장 성공 가능성을 입증
2009년	원더걸스	'Nobody' 영어 버전으로 빌보드 핫100에 76위	뼈아픈 경험이지만, K-POP이 서구권 시장을 어떻게 공략해야 하는지 중요한 교훈을 남김
2012년	싸이	'강남스타일' 유튜브 세계적 성공. 빌보드 핫100 7주 연속 2위	비영어권 곡도 전 세계적인 인기를 얻을 수 있음을 증명, K-POP 존재감을 세상에 알림
2017년 ~ 현재	방탄소년단	빌보드 뮤직 어워드 '톱 소셜 아티스트' 시작으로 빌보드 1위 차트를 휩쓸고 다님	음악, 메시지, 팬 소통, SNS 활용까지 다 되는 월클 그룹. K-POP 역사를 새로 씀

연도	그룹/아티스트	주요 내용	성공/교훈
2019년 ~ 현재	블랙핑크	'DDU-DU DDU-DU', 'Kill This Love' 같은 히트곡으로 유튜브 조회수 기록 다 깨부수고, 코첼라, 롤링스톤 같은 글로벌 축제까지	셀레나 고메즈, 레이디 가가 같은 팝 스타들과 협업하며 커다란 영향력 입증

3. K-POP 세대별 해외 진출 특징

K-POP 세대별 해외 진출 특징도 깔끔하게 정리해 드릴게요.

세대	시기	주요 그룹/아티스트	해외 진출 특징
1세대	1990년대 중후반 ~2000년대 초반	H.O.T., S.E.S., 신화, 보아 등	주로 중국, 일본 시장 진출 시도. 한국에서 성공하니 자연스럽게 근처 국가로 확장. **보아의 일본 성공이 핵심.**
2세대	2000년대 중반 ~2010년대 초반	동방신기, 슈퍼주니어, 원더걸스, 소녀시대 등	일본 시장 현지화 전략 심화. 다국적 멤버도 합류, 외국어 가사도 추가. **원더걸스의 미국 진출 시도, 싸이의 '강남스타일'이 큰 성공을 거둠**
3세대	2010년대 중반 ~2020년대 초반	방탄소년단, 엑소, 블랙핑크, 트와이스, 레드벨벳 등	유튜브, SNS 같은 디지털 플랫폼으로 글로벌 팬덤 확장 속도가 가속화. 중국 한한령 이후 미국, 유럽 등 서구권 시장 완전 공략. **방탄소년단이 전 세계적으로 성공하면서 K-POP이 주류로 올라섬**
4세대	2020년대 초반 ~현재	스트레이 키즈, 투모로우바이투게더, 에스파, 아이브, 르세라핌, 뉴진스 등	3세대가 닦아 놓은 길로 글로벌 팬덤 구축은 기본. 세계관은 더 깊어지고, 멤버 국적도 다양해지고, 팬 소통도 훨씬 강화됨 팬덤 중심으로 큰 성장을 기록 중
5세대	(예상되는 미래)	-	K-POP 시스템 자체를 해외로 수출해서 다른 나라에서도 K-POP 그룹이 데뷔할 수도 있다고 예상됨

4. K-POP 시스템의 수출

요즘 K-POP은 한국 아이돌이 해외에서 활동하는 정도의 수준을 넘어섰어요. K-POP 시스템 자체를 해외로 수출해서 전 멤버가 외국인인 그룹까지 데뷔시키는 중이죠! 이는 K-POP이 단순한 음악 장르가 아니라 아이돌 육성부터 프로듀싱까지 다 되는 성공적인 시스템으로 인정받았다는 뜻입니다. 대표적인 그룹들은 다음과 같아요.

그룹명	특징
NiziU (니쥬)	JYP가 소니 뮤직 재팬과 손잡고 만든 일본인 멤버 걸그룹(2020년 데뷔). 한국 K-POP 연습생 시스템으로 서바이벌해서 뽑고 트레이 닝까지. 일본에서 크게 성공함
KATSEYE (캣츠아이)	하이브와 유니버설 뮤직 그룹이 미국에서 데뷔시킨 글로벌 걸그룹(2024년 데뷔). 멤버 전원이 다양한 국적의 외국인. K-POP 시스템으로 미국 시장을 겨냥함
BLACKSWAN (블랙스완)	한국 소속사에서 데뷔. 현재 전 멤버가 벨기에, 브라질, 미국, 인도 국적의 외국인. K-POP 시스템 안에서 외국인 멤버들이 활동하면서 K-POP의 다양성을 제대로 보여 줌

이런 현상들은 K-POP이 더 이상 한국만의 음악이 아니라, 표준화된 제작 시스템, 트레이닝, 팬덤 구축, 프로모션까지 아우르는 하나의 '글로벌 문화 산업 모델'로 자리 잡았다는 의미예요. 앞으로는 한국 K-POP 콘텐츠를 소비하는 것뿐만 아니라, 전 세계 각지에서 K-POP 시스템으로 탄생한 현지 그룹들이 활동하는 형태로 K-POP의 영향력이 쭉쭉 커질 것으로 보입니다.

5. K-POP 그룹 글로벌 투어

K-POP 그룹들의 글로벌 투어는 단순한 콘서트가 아니에요. 팬덤 규모와 영

향력을 보여 주는 척도이자, 그룹 성장의 핵심이고, K-POP 산업의 주요 돈벌이 수단이기도 하죠. 게다가 코첼라 같은 글로벌 음악 축제에 초대되는 건 K-POP 아티스트들이 주류 음악 시장에서 인정받았다는 엄청난 상징입니다.

현재 월클 투어를 돌고 있는 K-POP 그룹에는 누가 있을까요? 다음은 제가 열심히 모아 본 정보들이에요. 같이 볼까요?

보이그룹

그룹명	주요 투어 정보
BTS (방탄소년단)	- LOVE YOURSELF/ LOVE YOURSELF: SPEAK YOURSELF World Tour(2018~2019): 약 200만 명 동원, 약 2.46억 달러 예상 매출. K-POP 역사상 제일 성공적인 투어로, 서구 주류 시장에서 스타디움급 공연을 성공시킨 첫 K-POP 그룹. 웸블리, 스타드 드 프랑스 같은 유서 깊은 공연장 표 매진 - PERMISSION TO DANCE ON STAGE(2021~2022): 약 45만 명 동원, 약 7,500만 달러 예상 매출. 소파이 스타디움, 잠실 주경기장, 얼리전트 스타디움 모두에서 공연함
Stray Kids (스트레이 키즈)	- MANIAC World Tour(2022-2023): 약 54만 명 동원, 약 6,279만 달러 예상 매출. 서울부터 북미, 아시아, 유럽까지 공연. 마라맛 제대로 보여 줌
SEVENTEEN (세븐틴)	- BE THE SUN World Tour(2022): 약 53만 명 동원, 약 5,839만 달러 예상 매출. 서울, 북미, 아시아 모두 공연함 - FOLLOW Tour(2023~2024): 약 98만 명 동원, 약 1.13억 달러 예상 매출. 닛산 스타디움까지 입성함
TOMORROW X TOGETHER (TXT)	- ACT: LOVE SICK World Tour(2022) - ACT: SWEET MIRAGE World Tour(2023) - ACT: PROMISE World Tour(2024): 55회 공연, 약 110만 명 추정. 서울, 북미, 아시아 모두 공연함
ENHYPEN (엔하이픈)	- FATE World Tour(2023~2024): 약 6,300만 달러 예상 매출(2024년 기준). 서울, 일본, 북미, 아시아 공연을 하고 있는 엔진들
ATEEZ (에이티즈)	- THE FELLOWSHIP: BREAK THE WALL World Tour(2022~2023): 약 3,760만 달러 예상 매출(2024년 기준). 서울, 북미, 유럽, 아시아까지 공연함

걸그룹

그룹명	주요 투어 정보
BLACKPINK (블랙핑크)	- BORN PINK World Tour(2022~2023): 약 180만 명 동원, 약 3.31억 달러 예상 매출. K-POP 걸그룹 역사상 가장 큰 규모의 투어. 걸그룹도 스타디움 투어가 가능하다는 것을 보여 줌
TWICE (트와이스)	- READY TO BE World Tour(2023~2024): 약 150만 명 동원, 약 1.7억 달러 예상 매출. 서울, 북미, 일본, 오세아니아, 아시아, 유럽 모두 공연함. 닛산 스타디움까지 입성함
ITZY (있지)	- CHECKMATE World Tour(2022~2023): 서울, 북미, 아시아 모두 공연함
aespa (에스파)	- SYNK: HYPER LINE(2023~2024): 약 3,900만 달러 예상 매출(해외 공연 기준). 서울, 일본, 북미, 남미, 아시아, 유럽까지 모두 공연함
I-DLE (아이들)	- I am FREE-TY World Tour(2023): 약 670만 달러 예상 매출. 서울, 아시아, 북미, 유럽 모두 공연함
IVE (아이브)	- SHOW WHAT I HAVE(2023~2024): 약 1,080만 달러 예상 매출. 서울, 아시아, 북미, 유럽, 오세아니아, 일본 모두 공연하고 있음

6. 글로벌 축제에 초대받는 K-POP 그룹

K-POP 아티스트들이 전 세계적인 음악 축제인 코첼라에 초대받는다는 건, K-POP이 주류 음악 시장에서 얼마나 큰 영향력을 가지게 됐는지 보여 주는 증거예요. 어떤 그룹들이 코첼라 무대를 빛냈는지 한번 볼까요?

연도	그룹/아티스트	주요 내용
2016	Epik High (에픽하이)	K-POP 아이돌이 아닌 힙합 그룹으로는 최초로 코첼라에 초청받음. K-힙합의 존재감을 제대로 알림

연도	그룹/아티스트	주요 내용
2019	BLACKPINK (블랙핑크)	K-POP 걸그룹 최초로 코첼라 무대에 오름. 'KILL THIS LOVE' 발매 직후 무대에 올라 전 세계 팬들에게 강렬한 인상을 남기며 K-POP 걸그룹의 가능성을 입증
2022	CL(씨엘), 2NE1(투애니원)	CL이 솔로 무대를 선보이다가 2NE1 멤버들이 깜짝 등장함. '내가 제일 잘 나가'를 불러 전 세계 팬들의 큰 감동을 불러일으킴
2022	aespa (에스파)	4세대 K-POP 그룹 중 최초로 코첼라 메인 스테이지에 섬. 메타버스 세계관을 접목한 독특한 퍼포먼스로 새로운 K-POP의 매력을 알림
2023	BLACKPINK (블랙핑크)	K-POP 그룹 최초로 코첼라 헤드라이너(간판 출연자)로 선정됨. K-POP 아티스트가 전 세계 음악 축제의 최고 정상에 설 수 있다는 것을 증명하며 K-POP의 위상을 확고히 함
2024	ATEEZ(에이티즈), LE SSERAFIM (르세라핌), The Rose(더 로즈)	에이티즈는 K-POP 보이그룹 최초로 코첼라 무대에 오름. 르세라핌은 자신감 넘치는 무대로 걸그룹의 저력을 보여 줌. 밴드 더 로즈는 K-POP 아이돌 외에도 한국 음악이 얼마나 다양한지 알림
2025 (예정)	ENHYPEN(엔하이픈), JENNIE, LISA (BLACKPINK), XG	엔하이픈이 처음으로 코첼라에 합류할 예정이고, 블랙핑크의 제니와 리사는 솔로 아티스트로 무대에 설 예정. 이는 K-POP 아티스트들의 개인적인 영향력과 K-POP 시스템의 글로벌 확장성을 동시에 보여 주는 사례임

7. 글로벌 투어의 의미와 앞으로의 방향

K-POP 그룹에게 글로벌 투어가 중요한 이유

글로벌 투어는 K-POP 그룹에게 정말 중요해요. 어떤 면에서 중요한지 함께 살펴봅시다.

돈 벌이의 핵심: 음반이나 스트리밍 수익 외에 가장 큰 돈벌이 수단이에요. 해외 공연은 티켓값도 비싸고 굿즈도 잘 팔려서 그룹과 소속사 성장에 결

정적인 역할을 하죠.

팬덤 결속력 강화: 팬들이 직접 아티스트 만날 기회를 얻으니까 온라인 팬덤이 오프라인으로 확장되고, 팬들 충성도가 아주 크게 올라가요! 현지 팬들과 소통하면 유대감도 완전 깊어지죠.

글로벌 인지도 & 영향력 확대: 언어와 문화 장벽을 넘어 K-POP 퍼포먼스와 음악을 직접 경험하게 되니, 새로운 팬이 엄청 유입되고, 그룹 인지도가 크게 올라가죠. 주류 미디어에도 노출될 기회도 늘어나고요.

한국 문화 전도사: K-POP 그룹 투어는 한국 문화를 전 세계에 알리는 중요한 통로예요. 패션, 언어, 음식 등 한국 문화 전반에 대한 관심을 높이는 데도 크게 기여하죠.

K-POP 글로벌 투어의 발전 방향

글로벌 투어는 K-POP의 핵심 전략으로 계속될 건데, 덕후로서 몇 가지 발전했으면 하는 점들도 있어요.

시장 더 다양하게: 지금은 미국, 일본, 동남아시아에 주로 집중되어 있잖아요. 앞으로는 유럽, 남미, 중동, 아프리카까지 더 다양한 지역으로 투어를 확대해서 '글로벌 투어'를 실현하면 좋겠습니다.

현지 팬들 접근성 확대: 어떤 팬들은 투어 지역 제한이나 비싼 티켓값 대문에 힘들어하기도 하잖아요. 다양한 규모의 공연장도 활용하고, 티켓 가격도 좀 합리적으로 해 주고, 온라인 스트리밍도 같이 해 주면 더 많은 팬들에게 기회를 줄 수 있을 거예요.

아티스트의 건강관리: 잦은 해외 투어는 그룹 멤버들의 몸과 마음에 피로를 쌓이게 할 수 있어요. 소속사는 아티스트들 충분히 쉬게 해 주고 건강관리를 최우선으로 생각해서 지속 가능한 투어 스케줄을 짜 줘야 해요.

기술을 접목한 새로운 공연: AR/VR 기술 활용한 몰입형 공연이나 온오프라인 동시에 진행하는 하이브리드 콘서트 등을 해 보면 팬들에게 더 다채로운 경험을 줄 수 있을 것 같아요.

투어 후에도 팬덤 관리: 투어가 끝나고도 현지 팬들과 꾸준히 소통하고, 앨범 외에도 다양한 콘텐츠로 팬덤을 계속 활성화하려는 노력이 필요해요.

글로벌 투어는 K-POP이 전 세계 음악 시장에서 확고한 위치를 차지하는 데 필수적인 요소예요. 앞으로 K-POP은 더 진화된 투어 전략으로 전 세계 팬들에게 잊지 못할 경험을 선사하고, 글로벌 문화 콘텐츠로서 영향력을 더더욱 강화할 거예요.

여러분, 다음 K-POP 그룹 투어 때 어느 지역으로 달려갈 예정이신가요?

K-POP, 도대체 장르가 뭘까

K-POP의 가장 돋보이는 특징이 뭘까요? 바로 **장르 복합성**이죠. 이것이 K-POP이 전 세계적인 인기를 얻는 데 결정적인 역할을 했다는 사실, 아시나요? 게다가 K-POP이 외국 장르를 막 흡수하면서도 우리 한국적인 리듬, 특히 사물놀이 장단 등을 자연스럽게 녹여내서 독창성까지 잡았다고 해요. 정말 대단하죠?

Q1. K-POP은 어떤 장르들을 섞나요?

K-POP은 딱 하나의 장르에 갇히지 않아요. 팝, 힙합, R&B, EDM, 록, 발라드, 재즈, 심지어 트로트와 국악까지! 온갖 장르의 요소를 섞고 재구성해서 새로운 사운드를 만들어 내죠.

Q2. 이렇게 장르를 섞는 게 K-POP 성공에 어떻게 도움이 되었나요?

여러 장르를 섞는 게 K-POP 성공에 엄청나게 기여했어요. 몇 가지 이유를 알려 드릴게요!

누구나 좋아할 수 있는 음악

K-POP은 넓은 스펙트럼을 자랑해요. 특정 장르에만 갇히지 않죠. 덕분에 전 세계 다양한 사람이 "어? 내가 좋아하는 장르 요소가 여기도 있네!" 하면서 쉽게 K-POP에 빠져들 수 있어요. 힙합을 좋아하는 사람도, EDM을 좋아하는 사람도, 멜로디컬한 팝을 좋아하는 사람도 K-POP 안에서 취향에 맞는 곡을 찾을 수 있답니다.

듣기만 해도 신선해

단순히 여러 장르를 막 나열하는 게 아니에요! K-POP은 이 장르들을 독창적인 방식으로 합치고 새롭게 해석해요. 예상치 못한 장르 조합은 듣는 사람들에게 신선한 충격을 주면서, K-POP만의 독특한 음악적 정체성을 만들어 냈죠. "이런 사운드가 가능하다고?" 놀랄지도 몰라요. 이런 독창성이 바로 글로벌 시장에서 K-POP이 독특한 지문을 갖게 된 중요한 요소가 된 거예요.

무대가 더 멋져

다양한 장르가 섞이니까 퍼포먼스도 다양하고 역동적으로 변해요. 힙합 기반의 강렬한 안무, R&B 특유의 부드러운 동작, EDM의 폭발적인 에너지가 한 곡 안에 다 어우러지면서 K-POP 특유의 '보는 음악'으로서의 매력을 극대화하죠. 이 시너지가 K-POP의 전체적인 완성도를 대폭 끌어올렸습니다.

세상 유행을 리드해

K-POP은 전 세계 음악 유행을 빠르게 알아채요. 그리고 그걸 K-POP만의 방식으로 멋지게 바꿔서 대중들에게 선보이죠. 유행하는 장르 요소를 순식간에 흡수하면서도, K-POP만의 멜로디나 퍼포먼스 요소를 잘 결합해서 새로운

유행을 만들기까지 합니다.

Q3. 여러 장르가 잘 섞인 K-POP 노래들을 추천해 줄 수 있나요?

네! K-POP에서 장르 복합은 흔하지만, 특히 '이건 진짜다!' 싶은 곡들이 있죠.

그룹/아티스트	곡 제목	장르 복합 특징
BTS	FAKE LOVE	이모 힙합과 그런지 록 사운드를 기반으로 하면서도, K-FOP 특유의 팝적인 멜로디 라인과 파워풀한 댄스 브레이크까지 선보임. 어두운 분위기 사운드에 서정적인 멜로디, 강렬한 래핑과 섬세한 보컬이 한데 어우러져 장르 복합의 교과서를 보여 줌
EXO	으르렁 (Growl)	P&B(Alternative R&B) 장르의 트렌디한 사운드에 힙합 비트, K-POP 특유의 중독성 있는 멜로디가 모두 들어감. 특히 원테이크 뮤직비디오와 같이 멤버들 보컬과 랩이 유기적으로 어우러지는 부분이 신선함을 줌
BLACKPINK	DDU-DU DDU-DU	힙합 비트 기반. 곡 전체에 EDM 요소가 강하게 들어가서 폭발적인 에너지를 뿜어냄. 후렴구의 강력한 드롭 사운드와 멤버들 강렬한 랩, 그리고 팝적인 멜로디가 조화를 이루어 여러 장르 매력을 동시에 느낄 수 있음
NCT 127	Regular	라틴 힙합과 트랩 사운드를 기반으로 하면서도, 복잡한 신시사이저 사운드와 독특한 보컬이 특징인 NCT 고유의 네오 컬처 장르를 보여 주는 곡임. 신선하고 중독적임

Q4. K-POP에 한국 전통 음악 요소가 들어갔다는 게 사실인가요?

네, 맞아요! K-POP은 서구 대중음악 장르를 적극적으로 받아들이면서도, 우리 한국 전통 음악 요소를 아주 기가 막히게 섞어서 독자적인 정체성을 만들어 냈어요. 특히 **사물놀이 장단**은 K-POP에 한국적인 리듬감을 더하는 중요한 요소로 활용됐죠. 꽹과리, 징, 장구, 북 소리 듣는 순간 뭔가 다르죠?

Q5. 어떤 K-POP 곡에서 사물놀이 장단을 들을 수 있나요?

사물놀이 장단이 들어간 대표적인 K-POP 곡들을 소개해 드릴게요.

그룹/아티스트	곡 제목	사물놀이 장단 활용 특징
서태지와 아이들	하여가 (何如歌) (1993)	K-POP의 시초라고 할 수 있음. 힙합에 태평소, 꽹과리, 징 같은 국악기 소리를 과감하게 넣음. K-POP에 한국적인 사운드를 접목하는 선구적인 시도였음
H.O.T.	아이야! (I Yah!) (1999)	사물놀이 장단 중 하나인 휘모리 장단의 빠른 리듬감을 힙합 비트와 섞어서 비장하고 웅장한 분위기를 냄. 멤버들이 직접 꽹과리를 치는 퍼포먼스를 보여 줌
빅뱅	FANTASTIC BABY (2012)	곡 내내 꽹과리와 징 소리가 반복적으로 등장하면서 강렬한 리듬감을 더해 줌. EDM과 힙합 사운드에 한국적인 역동성을 더하는 역할을 함
방탄소년단	IDOL (2018)	아프리카 리듬과 EDM, 힙합이 섞임. 중간중간 꽹과리와 징 소리가 들어가서 흥겹고 축제 같은 분위기를 살림. '얼쑤', '지화자' 같은 추임새가 들어가 국악 느낌이 남. 뮤직비디오도 한국적인 색채가 강해서 한국의 멋을 전 세계에 알림
스트레이 키즈	神메뉴 (God's Menu) (2020)	도입부와 중간에 꽹과리 소리가 명확하게 들림. 강렬하고 중독적인 분위기를 만들며, '마라맛' 콘셉트와 어우러져서 스키즈만의 독창적인 음악적 정체성을 확실히 보여 줌
아이들	화(火花) (2021)	몽환적이면서도 동양적인 분위기가 물씬 남. 장구와 북 소리를 연상시키는 리듬을 활용해서 한국적인 정서를 담아냄
aespa (에스파)	Next Level (2021)	특정 구간에서 사물놀이의 빠른 리듬이 적절히 들어가서 긴장감과 역동성을 더해 줌. K-POP의 미래 지향적인 사운드와 한국적인 리듬이 잘 조화될 수 있다는 것을 보여 줌

Q6. K-POP의 성공을 설명하는 가장 적절한 말이 있다면 뭘까요?

"가장 한국적인 것이 가장 세계적인 것"이라는 말이 아닐까요? 이 말은 K-POP

성공을 설명하는 데 정말 중요한 통찰을 주는 것 같아요. 한국 전통 음악의 독자적인 매력이 전 세계 대중에게도 통했다는 면에서 더욱 그렇죠.

특별하고 흔치 않아

서구 대중음악이 대부분인 시장에서, 사물놀이 장단 같은 한국적인 리듬은 아주 독특해요. 전 세계 음악 시장에 새로운 사운드가 나타나니 신선한 충격이 되면서, K-POP만의 고유한 매력으로 작용하죠. 단순한 따라 하기가 아니라, 우리 문화적 자산을 음악에 접목해서 K-POP의 차별성을 더 강하게 만든 거예요.

에너지 뿜뿜

사물놀이 장단은 원래부터 엄청 역동적이고 에너지가 넘쳐요. 빠른 템포의 장단이 K-POP의 강력한 비트, 복잡하고 정교한 퍼포먼스와 시너지를 일으키면서 듣는 재미, 보는 재미를 최고로 끌어올리죠. 이런 에너지는 언어나 문화를 초월해서 전 세계 사람들한테 그냥 바로 전달되는 보편적인 감각입니다.

흥을 아는 민족

사물놀이 장단에는 한국인의 '흥'과 '신명'이라는 정서가 담겨 있어요. 이것이 그저 한국적인 것에만 머무는 게 아니라, 삶의 활력과 에너지를 추구하는 인간의 보편적인 감성과 연결되죠. K-POP은 이 '흥'을 현대적인 사운드와 퍼포먼스로 재해석해서 전 세계 사람들이 다 같이 즐길 수 있게 만들었어요.

문화가 있는 음악

서구 대중음악 문법을 따르면서도 한국 전통 요소를 결합하는 건 K-POP에 문화적 깊이와 정체성을 부여해요. 덕분에 K-POP이 단순히 유행하는 음악을 넘어, 특정 문화를 담고 있는 예술 콘텐츠로 인식되는 거죠. 이런 문화적인 풍부함은 팬들에게 더 깊은 매력을 선사하고, K-POP이 한때 유행으로 끝나지 않고 계속해서 영향력을 가질 수 있게 해 준답니다.

'하여가', '아이야!', 'FANTASTIC BABY', 'IDOL', 'God's Menu' 같은 곡들은 사물놀이 장단 같은 한국적인 리듬 요소를 직접적으로 사용했는데도 국내외에서 큰 성공을 거뒀잖아요? 특히 'IDOL'과 'God's Menu'는 글로벌 팬덤을 형성하는 데 정말 중요한 역할을 한 곡들이고요.

이는 한국적인 요소가 K-POP의 글로벌 매력을 방해하는 게 아니라, 오히려 독창성과 개성을 부여해서 세계적인 성공을 이끄는 원동력이 될 수 있다는 걸 실증적으로 보여 줘요. 즉, K-POP은 가장 한국적인 것이 가장 세계적인 것이 될 수 있다는 명제를 증명하면서, 문화 콘텐츠의 글로벌 성공 전략에 대한 새로운 방향을 제시하고 있는 거죠.

여러분, K-POP을 들을 때 사물놀이 장단 같은 한국적인 소리가 들리면 괜히 더 신나고 자랑스럽지 않나요?

K-POP이 전 세계를 유혹한 비결은
바로 '월드클래스 팀'

여러분, 우리 K-POP이 전 세계를 유혹한 데는 다 이유가 있어요! 바로 **월드클래스 프로덕션 팀** 덕분입니다. 작사가, 작곡가, 편곡자, 안무가까지, 국적 상관없이 최고의 전문가들이 한 팀으로 뭉쳐서 어마어마한 퀄리티의 결과물을 만들어 내는데, 이게 바로 K-POP의 핵심 경쟁력이랍니다.

Q1. '월드클래스 프로덕션 팀'이 뭔가요?

K-POP은 그냥 해외 전문가 몇 명 고용하는 수준이 아니에요. 전 세계의 뛰어난 인재들과 지식을 적극적으로 활용해서 음악을 만드는 거죠. 학자들도 이구동성으로 "K-POP 성공의 최고 동력은 바로 이 다문화 복합 창작팀 덕분이야!"라고 말한답니다.

Q2. 여러 나라 사람들이 함께 작업하는 게
K-POP 성공에 어떻게 도움이 되었나요?

다양한 음악과 유행을 쏙쏙

여러 나라의 작곡가, 작사가들이 참여하니까 문화적 배경도, 음악적 감각도 다 다르잖아요? 여기서 나오는 아이디어들이 K-POP에 쏟아져 들어오는 거예요. 덕분에 특정 장르에만 갇히지 않고, 최신 글로벌 음악 유행을 빠르게 흡수해서 K-POP만의 독창적인 사운드를 만들어 낼 수 있는 거죠.

음악 퀄리티가 대폭 상승

전 세계에 재능 넘치는 프로듀서와 작곡가들이 우리 K-POP 그룹 곡을 작업하려고 서로 경쟁해요. 그러니까 당연히 음악 퀄리티가 대단하죠. K-POP이 글로벌 시장에서도 인정받는 세련되고 완성도 높은 사운드를 가질 수밖에 없는 거예요. 안무가들도 마찬가지입니다. 세계 최고 안무가들이 참여해서 K-POP 특유의 고난도 퍼포먼스가 탄생하는 거고요.

똑똑한 곡 고르기

K-POP 기획사들은 곡을 의뢰할 때 아티스트 콘셉트와 세계관을 아주 명확하게 제시해요. 그리고 전 세계 프로듀서들한테 데모 곡을 받아서 심사하는 '캠프(songwriting camp)' 방식을 적극적으로 활용하죠. 이 시스템 덕분에 아티스트에게 가장 잘 맞고 창의적인 곡을 효율적으로 뽑아낼 수 있는 거예요. 마치 글로벌 오케스트라가 각자 최고의 악기로 최고의 하모니를 만들어 내는 것과 비슷합니다.

해외 팬들에게 친숙하게

서구권 작곡가들이 참여하니 K-POP 곡들의 멜로디나 코드 진행이 비영어권 시장에서도 자연스럽게 통하는 방식이 되죠. 게다가 영어 가사 등 외국어 사용에 대한 이해도도 높아지니 글로벌 팬들에게 훨씬 더 친숙하게 다가갈 수 있어요.

Q3. 이런 시스템은 언제부터 시작된 건가요?

K-POP에서 이렇게 여러 나라 전문가들이 함께하는 팀이 본격적으로 등장하기 시작한 건 2000년대 중후반이에요. K-POP이 아시아를 넘어서 글로벌 시장을 목표로 움직이기 시작한 시점과 딱 맞물려요. 특히 SM엔터테인먼트를 시작으로 큰 기획사들이 이런 시스템을 적극적으로 도입하기 시작했죠.

Q4. 이런 시스템의 첫 성공 사례는 누구인가요?

소녀시대(Girls' Generation)가 이런 다문화 복합 창작팀의 초기 성공 사례로 자주 언급돼요. 2007년에 데뷔했지만, 특히 2009년 'Gee'가 큰 성공을 거두고 아시아를 넘어서 서구권에서도 주목받기 시작하면서 해외 작곡가들과 협업이 아주 활발해졌습니다.

그룹/아티스트	곡 제목	참여한 해외 작곡가/프로듀서
Girls' Generation (소녀시대)	Genie (소원을 말해 봐) (2009)	스웨덴 출신 작곡가팀인 프리초이(Frantschios)와 디케이트(Dsign Music)가 작곡과 편곡에 참여함. Ds gn Music은 스웨덴-노르웨이 작곡가팀인데, K-POP 초기에 SM과 엄청 긴밀하게 협력해서 히트곡을 많이 만·들어 냄. 이 곡은 K-POP 특유의 중독성 있는 멜로디와 칼군무에 유럽 팝의 세련된 사운드가 더해지면서 엄청난 인기를 얻음

그룹/아티스트	곡 제목	참여한 해외 작곡가/프로듀서
Girls' Generation (소녀시대)	The Boys (2011)	마이클 잭슨의 프로듀서로도 유명한 미국 유명 프로듀서이자 작곡가 테디 라일리(Teddy Riley)가 작곡에 참여함. 이 곡은 당시 K-POP에서는 보기 드물게 강렬한 힙합 비트와 파워풀한 사운드를 선보이면서 대놓고 글로벌 시장을 겨냥함

소녀시대의 사례를 보면, K-POP이 한국 작곡가들에게만 의존하는 걸 넘어서, 해외의 검증된 프로듀서, 작곡가들과 협업해서 음악 스펙트럼을 넓히고 글로벌 경쟁력을 확보하려는 시도가 언제부터 시작되었는지 잘 알 수 있죠.

Q5. 요즘 K-POP 히트곡들도 다 이런 식으로 만들어지나요?

네, 맞아요. 요즘 K-POP 히트곡들은 대부분 다문화 복합 프로덕션 팀의 결과물이에요. 이제 이게 K-POP 제작 시스템의 표준이됐습니다. 몇 가지 예를 들어 볼게요.

그룹/아티스트	곡 제목	참여한 주요 해외 전문가(국적)	주요 특징
BTS (방탄소년단)	Dynamite (2020)	데이비드 스튜어트(영국), 제시카 아곰바르(영국)	빌보드 핫100 1위. 팝의 본고장인 미국 작곡가들이 참여함. 스튜어트와 아곰바르는 글로벌 히트곡을 만들어 낸 영국 듀오임
	Butter (2021)	롭 그리말디(미국), 스티븐 커크(미국), 제나 앤드류스(캐나다)	빌보드 핫100 1위. 다양한 국적의 작가진이 참여함. 앤드류스는 팝 분야에서 아주 유명한 작곡가임
	(안무)	키오니 마드리드(미국), 이언 이스트우드(미국), 닉 베스(미국) 등	여러 유명 안무가들이 히트곡 안무에 참여해서 독보적인 퍼포먼스를 완성함

그룹/아티스트	곡 제목	참여한 주요 해외 전문가(국적)	주요 특징
BLACKPINK (블랙핑크)	Pink Venom (2022)	이드엔(영국)/카일라 스포크(뉴질랜드), 시애라 페이지(미국)	작곡에 영국 런던에서 활동하는 프로듀서가, 안무에는 뉴질랜드, 미국 안무가가 참여함. 국내외 유명 안무가들이 협력해서 강렬하고 득창적인 퍼포먼스를 만들어 냄
ROSÉ (로제)	On The Ground (2021)	J. Lauryn(미국), Vince(미국), 존 벨리온(미국)	로제의 솔로 데뷔곡으로, 영어 가사로 된 팝. 벨리온은 팝 분야에서 아주 유명한 작곡가이자 아티스트임
aespa (에스파)	Spicy (2023)	루드비히 린델(스웨덴), 크리스 소르벨로(호주), 소피아 퀸(미국)	스웨덴, 호주, 미국 작곡가들이 함께 트렌디한 팝 사운드를 만들어 냄
NewJeans (뉴진스)	Hype Boy (2022)	일바 딤베리(스웨덴)/블루이 웨비(영국)	작곡에 스웨덴 스톡홀름에서 활동하는 작곡가가, 안무에는 영국 안무가가 참여함. 다양한 배경의 안무가들이 멤버들의 자연스럽고 트렌디한 움직임을 만들어 냄

이런 사례들을 보면 K-POP이 특정 나라에만 국한된 음악이 아니라, 전 세계적인 창작 네트워크의 결과물이라는 게 명확히 보이시죠? 이런 다문화 복합 프로덕션 팀이 K-POP이 끊임없이 새로운 사운드와 퍼포먼스를 탐구하고, 글로벌 유행을 이끌면서 전 세계 대중의 마음을 사로잡는 핵심적인 동력으로 작용하고 있습니다.

여러분, K-POP 노래 들으면서 혹시 "이건 어느 나라 작곡가가 만들었을까?" 궁금했나요?

복합 문화의 아티스트 팀의 구성

Q1. K-POP이 전 세계를 뒤흔든 비결은 무엇일까요?

여러분, K-POP이 이렇게 전 세계를 사로잡은 비결 중에 하나는 바로 **그룹 멤버 구성**부터가 달랐기 때문이라는 것 아셨나요? 처음부터 해외 시장 정복을 목표로, 다양한 국적의 인재들을 그룹에 포함시키는 **전략적인 팀 빌딩**을 한다는 거죠.

Q2. K-POP 그룹에 외국인 멤버가 언제부터 들어오기 시작했나요?

K-POP 그룹에 해외 멤버들이 들어오기 시작한 건 **2000년대 중반**이에요. K-POP이 아시아를 넘어서 전 세계로 뻗어나가기 시작할 때와 딱 맞물리죠. 그때 대형 기획사들은 아시아 여러 나라에서 직접 오디션을 열어서 현지인 연습생들을 발굴하고, 한국으로 데려와서 우리만의 특별한 트레이닝을 시켜서 데뷔시키는 전략을 썼답니다.

Q3. 그럼 다국적 멤버의 레전드 그룹은 어디인가요?

가장 대표적인 초기 다국적 그룹은 역시 SM엔터테인먼트의 **슈퍼주니어**죠. 2005년에 데뷔했는데, 처음부터 **중국인 멤버 한경**을 포함해서 중국 팬들 마음을 제대로 사로잡았어요. 2008년에는 아예 중국어 노래에만 집중하는 우닛 그룹 '슈퍼주니어-M'까지 만들어서 중국 현지 활동을 했습니다.

Q4. 이런 전략이 그룹에 어떤 영향을 미쳤나요?

이런 전략은 글로벌 팬덤 형성에도 크게 기여했어요. 멤버들 출신 나라 팬덤을 흡수하고, 여러 언어로 소통이 가능해지니까 해외 팬들과 훨씬 더 가까워질 수 있었죠.

Q5. K-POP에만 외국인 멤버가 있는 건 아니잖아요. 뭐가 다른가요?

"외국인 멤버 있는 게 뭐 K-POP만 그래?" 하실 수도 있어요. 서구권 보이밴드나 걸그룹에도 다국적 멤버가 있었고, 옛날에도 그런 경우가 종종 있었으니까요. 근데 K-POP은 달라요! 단순히 우연히 외국인 멤버가 들어간 거 아니라, **체계적인 시스템과 전략적인 목표 아래서 기획되었다는 점**이 특별하죠.

Q6. 어떤 체계적인 시스템을 말하는 건가요?

우리 K-POP 기획사들은 해외 오디션으로 잠재력 있는 인재들을 발굴해요. 이들은 한국으로 와서 수년간의 혹독한 K-POP 트레이닝 시스템(춤, 노래, 외국어, 매너까지)을 거치죠. 그러니까 K-POP은 처음부터 해외 현지화를 염두에 두고 인재를 키워서 다국적 멤버를 배출하는 방식이죠. 이런 방식은 다른 대중음악 산업에서는 정말 찾아보기 어려워요. 이게 바로 **K-POP만의 특별한 방식**이랍니다.

Q7. 다국적 멤버 구성이 K-POP의 성장에 어떤 영향을 미쳤나요?

K-POP이 전 세계로 뻗어나가는 데 아주 긍정적인 영향을 많이 줬어요.

팬덤 확장 및 충성도 증가

멤버가 자국 출신이니 그룹에 대한 관심이 많이 늘고 팬덤 형성 속도가 빨라져요. 당연히 그 지역 음반 판매와 공연 수익도 늘어나죠. 팬들은 자국 멤버에게 훨씬 더 강한 유대감을 느끼면서 그룹에 대한 충성도가 크게 올라갑니다.

문화 다리 역할

다국적 멤버들은 그룹의 음악과 퍼포먼스를 통해서 자기 나라 문화를 간접적으로 알리고, 동시에 K-POP 문화를 그 나라에 전파하는 다리 역할까지 해요. 그룹 안에서는 언어와 문화 장벽을 허무는 데도 큰 도움을 주고요.

다양한 콘셉트 소화

멤버들 국적도 문화적 배경도 다양하니 그룹 콘셉트와 음악 스펙트럼이 훨씬 넓어져요. K-POP이 다양한 장르와 비주얼을 복합적으로 활용하는 데도 엄청 유연해지는 거죠.

글로벌 인지도 대폭 상승

특정 나라 출신 멤버가 현지 방송에 나오거나 언론에 노출되면 그룹 전체의 인지도가 크게 올라가는 효과도 엄청 커요.

다국적 멤버 구성이 좋지만, 특히 중국 출신 멤버들에게서는 계약을 파기하고 그룹에서 이탈하는 고질적인 문제가 있었어요. 왜 그랬을까요?

옛날 '노예 계약' 논란

옛날 K-POP 계약은 연습생이나 아티스트한테 불리한 '노예 계약'이라는 비판을 받기도 했어요. 계약 기간이 너무 길고, 돈 문제도 그렇고, 활동 강요가 너무 심하다는 지적이 있었죠. 중국인 멤버들은 한국 시스템이 익숙하지 않거나, 중국에 훨씬 더 좋은 기회가 있으니까 이런 계약에 불만을 제기하는 경우가 많았어요.

중국 시장의 유혹

한국에서 활동하는 외국인 멤버들은 비자 문제 때문에 활동에 제약이 생기거나 개인 활동 기회가 적은 경우가 있었거든요. 반면 중국은 시장 규모도 엄청 크고, 돈도 많이 벌 수 있고, 배우 활동 같은 다양한 연예 활동 기회가 넘쳤죠. 그래서 한국에서 쌓은 인지도를 바탕으로 자기 나라로 돌아가서 혼자 활동하려는 유혹이 컸던 거예요.

한한령 & 정치적 문제

2016년에 한국 사드 배치 이후 중국 정부가 '한한령'을 발동하면서 K-POP 그룹들의 중국 활동이 크게 줄어들었어요. 중국인 멤버들이 그룹 활동으로 중국에서 얻을 수 있는 이득이 줄었고, 결국 자기 나라로 돌아가게 됐죠. 게다가 중국인 멤버들이 민감한 정치 문제(홍콩 시위, 하나의 중국 정책 등)에 대해 중국 정부 편을 들면서, 한국 팬들이나 해외 팬들과 마찰이 생기는 경우도 있었고요.

<u>**Q9. 어떤 그룹에서 그런 아쉬운 일이 있었나요?**</u>

구체적인 사례들을 알려 드릴게요.

그룹	멤버	주요 내용
슈퍼주니어	한경 (前 멤버)	2009년에 SM엔터테인먼트를 상대로 소송 걸고 그룹을 나감. 과도한 스케줄과 불평등한 수익 분배가 이유. 현재 중국에서 배우와 솔로 가수로 활동함
EXO	루한, 타오 (前 멤버)	2014년부터 2015년 사이에 SM 상대로 소송을 걸고 엑소에서 차례로 나감. 건강 문제, 개인 활동 제약, 불공정한 계약을 주장. 현재 중국에서 성공적인 솔로 활동을 하고 있음. 이들의 이탈 때문에 K-POP 기획사들이 중국인 멤버 뽑을 때 신중해지는 계기가 됨

Q10. 중국인 멤버 이탈 문제 때문에 K-POP 기획사들의 멤버 구성 전략이 바뀌었다고요?

네, 맞아요! 중국인 멤버들이 자꾸 나가고 한한령 때문에 K-POP 기획사들이 멤버 구성 전략을 크게 바꾸기 시작했어요.

중국 멤버는 이제 그만! 동남아시아 인재 영입 증가

중국 시장이 너무 불안정하니까 중국인 멤버는 좀 꺼리는 분위기가 됐죠. 대신 태국, 일본, 대만, 베트남, 필리핀 같은 동남아시아 국가 출신 멤버들이 엄청 늘어났어요. 이 지역들은 K-POP 팬덤이 빠르게 커지고 있고, 정치적인 리스크도 적고 현지 활동과 연계하기도 쉽다는 장점이 있거든요. 블랙핑크 **리사(태국)**, 아이들 **민니(태국)**, 뉴진스 **하니(베트남/호주)**가 대표적이죠.

'전원 외국인' 그룹 데뷔 & K-POP 시스템 수출!

이제 한국인 멤버가 아예 없는, 전원 외국인으로만 구성된 K-POP 그룹을 데뷔시키는 추세예요. 이건 K-POP이라는 **'시스템' 자체를 해외에 그대로 옮겨 심어서 현지화된 그룹**을 만드는 전략입니다. K-POP은 이제 한국인 멤버만 있는 게 아니에요. 아예 **K-POP 시스템 자체를 해외로 수출**해서 현지에서 새로운 그룹들을 탄생시키고 있답니다. 이른바 **'전원 외국인'** 그룹들이죠. 어떤 그룹들이 있는지 살펴볼까요?

그룹명	주요 특징
NiziU(니쥬)	JYP가 일본 소니 뮤직과 손잡고 데뷔시킨 **전원 일본인 걸그룹**(2020년). 한국 K-POP 연습생 시스템을 그대로 적용해 현지에서 큰 성공을 거둠
VCHA(비춰)	JYP가 미국 리퍼블릭 레코드와 협력해 데뷔시킨 **전원 북미 출신 걸그룹**(2023년). K-POP의 미국 현지화 전략을 보여 주는 대표적인 사례임
KATSEYE (캣츠아이)	하이브와 유니버설 뮤직 그룹이 미국에서 합작해 데뷔시키는 **글로벌 걸그룹**(2024년). 멤버 전원이 다양한 국적의 외국인으로 구성될 예정임
BLACKSWAN (블랙스완)	한국 소속사에 소속되어 있지만, 현재는 **전 멤버가 외국인**(벨기에, 브라질, 미국, 인도). K-POP 시스템 안에서 외국인 멤버들이 활동하며 다양성을 보여 주고 있음
Dear Alice	SM의 K-POP 노하우와 영국 현지 제작사가 협력해 영국에서 데뷔시킨 **전원 영국인 보이그룹**(2024년). K-POP 시스템의 유럽 진출을 보여 줌

이런 변화들은 K-POP이 더 이상 한국인 중심의 그룹에만 머물지 않고, **'K-POP 시스템' 자체를 글로벌 스탠다드로 만들려는 움직임**으로 볼 수 있어요. K-POP의 성공적인 트레이닝, 프로듀싱, 마케팅 노하우를 전 세계 어디서든 적용해서 현지 시장에 딱 맞는 그룹을 만들겠다는 야망입니다.

Q11. 앞으로의 K-POP은 어떻게 변할까요?

지역별 맞춤형 그룹

라틴 아메리카, 유럽처럼 특정 지역에 특화된 K-POP 시스템 기반의 현지 그룹들이 훨씬 더 많이 생길 거예요.

다양한 인종 & 문화 배경 포용

이제 아시아권 중심에서 벗어나서 다양한 인종과 문화 배경을 가진 멤버들이 K-POP 그룹에 유입될 거랍니다.

지속 가능한 계약 & 관리 시스템

옛날 문제점들을 해결하고, 외국인 멤버들이 안전하고 편하게 활동할 수 있도록 공정하고 투명한 계약 및 관리 시스템이 더 중요해질 거예요.

결론적으로 K-POP은 '한국적'이라는 지리적인 경계를 넘어서, **'K-POP 시스템'이라는 하나의 장르이자 글로벌 문화 상품**으로 진화하면서 전 세계 대중음악 시장에서 그 영향력을 더더욱 키울 거예요.

여러분은 K-POP 그룹의 어떤 외국인 멤버를 가장 좋아하시나요? 그 멤버가 그룹에 어떤 영향을 미쳤다고 생각하세요?

K-POP, 한국어와 외국어가 빚어내는 환상의 시너지

여러분, K-POP이 이렇게까지 전 세계를 휩쓰는 이유 중 하나는 바로 **한국어와 외국어를 기가 막히게 섞어 쓰는 전략** 때문이에요. 이게 단순히 언어 장벽을 낮추는 걸 넘어서, 한국어의 독특한 소리 특징과 만나서 K-POP의 음악적 매력을 최대로 끌어올리는 요소로 작용한다고 합니다. 신기하지 않나요?

Q1. 외국인들이 느끼는 한국어의 매력은 무엇일까요?

한국어는 다른 언어를 쓰는 사람들이 들었을 때 정말 독특한 소리 특징을 가진 언어래요. 특히 K-POP에서는 이런 특징들이 음악적인 요소로 아주 잘 활용된답니다.

다양한 발음 가능성

한국어는 모음과 자음을 조합하면 무려 1만 1,000가지가 넘는 음절을 만들 수 있습니다. 영어(약 1만 2,000개)와 비슷한데, 일본어(약 300개)나 중국어(약 400개) 같은 주요 언어와 비교하면 엄청나게 많죠? 실제로 '발음 가능한 소리의 가짓수'를 따지면 한국어가 영어보다 훨씬 더 많은 소리를 낼 수 있다고 평가받기도 합니다. 이런 풍부한 소리 스펙트럼 덕분에 K-POP 작곡가와 작사가들은 다채로운 소리 조합과 리듬을 만들어 낼 수 있는 거죠. 창작의 폭이 어마어마합니다.

규칙적인 리듬감

한국어는 기본적으로 '자음-모음', '자음-모음-자음' 같은 규칙적인 음절 구조를 가지고 있어요. 이게 바로 규칙적인 리듬감을 만들기에 아주 좋다는 사실! K-POP은 이런 한국어 음절 구조 특징을 활용해서 빠르고 반복적인 랩이나 귀에 팍팍 꽂히는 중독성 있는 후렴구를 만들어 내는데, 덕분에 팬들이 쉽게 따라 부르고 기억할 수 있답니다.

강렬한 어감과 독특한 음률

한국어는 된소리, 거센소리 같은 다양한 발음 요소가 많아서 강렬하고 역동적인 어감을 표현하는 데 효과적이에요. K-POP은 이런 한국어의 특성을 활용해서 다이내믹한 곡 전개를 만들거나, 특정 부분에서 강렬한 인상을 딱 남기죠. 외국인 팬들한테는 이런 한국어 발음과 억양이 신선하고 이국적인 사운드로 들려서 음악적 흥미를 유발한대요.

Q2. K-POP 노래 가사에 한국어와 외국어를 섞어 쓰는 건 전략인가요?

네, 맞아요! 한국어와 외국어(주로 영어)를 섞어 쓰는 가사는 K-POP 초창기부터 있었던 특징이에요. 이건 그냥 멋있어 보이려고 한 게 아니라, 글로벌 시장 진출을 위한 전략적인 선택이었습니다.

Q3. 이런 K-POP 스타일은 언제부터 시작됐나요?

1세대 아이돌 그룹들이 활동하던 1990년대 후반부터 이런 경향이 나타나기 시작했어요. 그때는 주로 영어 단어나 짧은 구절을 후렴구에 넣어서 곡이 좀 더 대중적으로 들리게 하거나, 그냥 멋진 느낌을 주기 위한 스타일적인 요소로 썼죠. H.O.T.나 젝스키스의 노래에서도 영어 단어들을 쉽게 찾아볼 수 있어요.

Q4. 언제 본격화되었나요?

2000년대 중반 이후 K-POP이 아시아를 넘어서 서구권까지 눈을 돌리면서 이런 혼용은 더더욱 전략적인 의미를 가지게 됐어요. 2007년 소녀시대의 'Gee' 같은 곡들이 전 세계적으로 인기를 얻으면서, 쉽고 반복되는 영어 구절이 후렴구에 들어가는 게 글로벌 팬들이 K-POP에 접근하는 중요한 통로가 되었습니다.

Q5. K-POP만의 특별한 점이 있나요?

사실 K-POP만 언어 혼용을 하는 건 아니에요. J-POP이나 다른 아시아 대중음악에서도 흔히 영어 같은 외국어를 섞어 쓰죠. 그런데 K-POP은 섞는 비율과 활용 방식에서 완전 독특한 특징을 보여요. K-POP은 영어를 그냥 '끼워 넣는' 게 아니라, 곡의 핵심 메시지를 전달하거나 중독성을 강화하는 장치로 활용하고, 때로는 한국어와 영어의 소리 유사성을 활용해서 언어유희로 메시지를 더 깊게 만들기도 해요. 게다가 특정 그룹의 글로벌 팬덤이 커지면 아예 영어 곡을 발매하거나, 한국어 곡 안에서 영어 비중을 크게 늘리는 등 시장 상황에 맞춰서 유연하게 변화한다는 점이 아주 특별하죠.

Q6. 요즘 K-POP 노래 중에도
한국어와 외국어를 섞어 쓰는 곡들이 많나요?

요즘 성공한 K-POP 곡들은 대부분 다국어 혼용 가사를 적극적으로 활용하고 있고, 어떤 곡들은 외국어 비중이 엄청 높기도 해요. 몇 가지 예를 들어 볼게요. 다음 페이지에 있는 표를 참조해 주세요!

Q7. K-POP이 한국어 공부에도 영향을 미쳤다고요?

네! K-POP이 전 세계적으로 성공하면서 그냥 음악만 소비하는 걸 넘어서, **한국어 공부 열풍**으로까지 이어지고 있어요. K-드라마 성공과 같이 한류의 양대 산맥으로 한국어의 위상을 드높이고 있죠.

팬심이 공부 동기

K-POP 팬들은 좋아하는 아이돌 그룹 노래 가사를 이해하고 싶고, 예능 프로그램이나 라이브 방송에서 멤버들이 하는 말을 직접 알아듣고 소통하고 싶어 하는 강력한 동기를 가진답니다. 이게 바로 자발적이고 즐거운 한국어 학습으로 직결되는 거예요.

콘텐츠 보려고 공부

유튜브, 브이라이브, 위버스 같은 K-POP 콘텐츠 플랫폼은 대부분 여러 언어로 자막을 제공하지만, 팬들은 자막 없이 콘텐츠를 즐기거나, 자막보다 더 빨리 정보를 얻고 싶어 하잖아요? 이런 욕구가 한국어 학습의 중요한 촉매제가 되는 거죠.

그룹/아티스트	곡 제목	특징	한국어 비중(추정)	외국어(영어) 비중(추정)	의미
BTS	Dynamite (2020)	영어 가사로만 되어 있음	0%	100%	빌보드 핫100 차트 진입을 위해 의도적으로 영어로 만든 곡. K-POP 그룹이 언어 장벽을 넘어 주류 팝 시장에 직접 도전해서 성공할 수 있다는 걸 증명해 냄
BLACKPINK	Pink Venom (2022)	강렬한 힙합 사운드에 한국어와 영어가 효과적으로 섞여 있음	약 40%	약 60%	후렴구와 랩 파트에서는 영어가 주로 나와서 글로벌 팬들이 쉽게 따라 부를 수 있음. 한국어 가사는 랩 플로우나 특정 메시지를 전달하는 데 쓰여서 K-POP 특유의 매력을 그대로 유지함
New Jeans (뉴진스)	Hype Boy (2022)	중독성 있는 멜로디에 미니멀한 구성. 한국어와 영어가 자연스럽게 어우러짐	약 50%	약 50%	일상 대화처럼 들리는 가사에서 한국어와 영어가 유연하게 전환됨. 뉴진스 특유의 친근하고 트렌디한 이미지를 만드는 데 큰 역할을 함
aespa (에스파)	Next Level (2021)	메타버스 세계관을 담은 곡. 곡 흐름에 따라 한국어와 영어가 착착 전환됨	약 60%	약 40%	곡 중간에 나오는 유명한 랩 파트 "I'm on the next level"처럼 영어 가사가 곡의 핵심 메시지나 강렬한 임팩트를 주는 부분에 배치돼서 글로벌 팬들에게 아주 깊은 인상을 남김
LE SSERAFIM (르세라핌)	ANTIFRAGILE (2022)	시련을 통해 더 단단해진다는 메시지를 담은 곡	약 70%	약 30%	'ANTIFRAGILE'이라는 영어 단어 자체가 곡의 핵심 콘셉트이자 후렴구의 강력한 포인트로 작용함. 한국어 가사는 스토리와 감정선을 전달하는 데 집중함

문화에 대한 호기심

K-POP 덕분에 한국 문화에 대한 관심이 점점 커지면서, 한국어가 한국의 역사, 사회, 생활 방식 등을 이해하는 데 꼭 필요한 도구로 인식된답니다. 한국어 공부를 통해서 한국 문화를 더 깊게 파고들고 싶어 하는 거죠.

쉽게 배울 수 있는 기회

전 세계적으로 세종학당 등 한국어 교육 기관과 온라인 한국어 학습 콘텐츠가 폭발적으로 늘어나고 있고, 각국 대학에서도 한국어 강좌가 막 개설되고 있어요. K-POP 커버 댄스, 노래방 콘텐츠처럼 놀면서 공부하는 방식도 한국어 학습에 좋은 영향을 준답니다.

미래 직업까지

K-POP 산업이 글로벌화되면서 한국어 잘하는 능력이 엔터테인먼트, 미디어, 관광 같은 관련 산업 분야에서 중요한 경쟁력이 될 수 있다는 인식이 퍼지고 있어요. 이게 특히 어떤 나라의 젊은 친구들에게는 한국어 학습의 아주 실용적인 동기가 되기도 한답니다.

이런 현상들은 K-POP이 단순히 음악 장르를 넘어, 한국 문화 전파와 확산을 이끄는 강력한 소프트 파워로 기능하고 있다는 걸 아주 명확하게 보여 주고 있어요.

전 세계를 홀린
K-POP의 화려한 안무

여러분, K-POP이 글로벌하게 대박 난 이유 중에 절대 빼놓을 수 없는 게 뭔지 아세요? 바로 **안무**입니다! 눈을 뗄 수 없는 화려함과 훌륭한 완성도로 전 세계 팬들을 홀려버리고, 그냥 음악만 듣는 걸 넘어서 눈으로 즐기고 같이 따라 하게 만드는 문화 현상으로 자리 잡았습니다.

Q1. K-POP 안무, 대체 뭐가 특별할까요?

K-POP 안무는 온갖 댄스 장르를 섞어놓은 복합성에다 난이도까지 극악으로 높다는 게 특징이에요. 이게 바로 퍼포먼스의 시각적 완성도를 최대로 끌어올리고 K-POP만의 독보적인 매력을 만들어 내는 핵심이랍니다.

다양한 댄스 장르의 복합

K-POP 안무는 특정 장르에 갇히지 않아요. 힙합, R&B, 재즈, 디스코, 일렉트로닉, 팝핑, 록킹, 웨이빙, 하우스, 셔플 등등 세상의 모든 댄스 장르 요소들

을 유기적으로 섞어 버리죠. 곡 분위기나 콘셉트에 맞춰서 이 장르들의 특징적인 동작들을 자유롭게 가져오고 변형해서 완전히 새로운 퍼포먼스를 만들어 냅니다. 예를 들면, 강렬한 비트에는 힙합 베이스의 파워풀한 동작을, 부드러운 멜로디에는 R&B나 재즈의 우아한 선을, 신나는 분위기에는 디스코나 셔플의 경쾌함을 녹여내는 식이에요. 안무가들도 천재가 아닐 수 없죠.

칼군무(Synchronized Choreography)

K-POP 안무의 가장 상징적인 특징은 역시 칼군무죠! 여러 멤버들이 마치 한 몸인 것처럼 오차 없이 완벽하게 똑같은 동작을 보여 주는 걸 말합니다. 아주 오랜 기간 동안 미친 듯이 훈련하고 연습한 결과물이자 멤버들 간의 팀워크와 끈끈함의 산물이나 다름없답니다. 칼군무는 보는 사람들에게 압도적인 시각적 쾌감을 줘서 K-POP 퍼포먼스의 완성도를 극대화하죠.

지속적인 동선 변화

K-POP 안무는 멤버들이 가만히 서 있는 법이 없어요. 곡 전개에 따라서 다양하고 복잡한 대형 변화(formation changes)를 계속해서 시도하죠. 이게 무대에 입체감과 역동성을 더해서, 보는 내내 시선을 사로잡고 지루할 틈이 없게 만든답니다. 멤버들이 유기적으로 움직이면서 만들어 내는 시각적인 패턴은 K-POP만의 독보적인 강점이에요.

스토리텔링과 메시지 전달

K-POP 안무는 단순히 음악에 맞춰서 몸을 움직이는 것으로 끝나지 않습니다. 곡 가사나 세계관, 메시지를 시각적으로 표현하는 엄청나게 중요한 수단으로 기능하죠. 안무 동작 하나하나에 의미를 담고, 멤버들의 표정 연기, 제스처와 합쳐져서 몰입도를 크게 높여 줘요. 이게 바로 K-POP이 '보는 음악'으로서의 가치를 가지는 데 핵심적인 역할을 한답니다.

Q2. 다른 나라 팝 안무와 K-POP 안무의 가장 큰 차이점은 뭔가요?

K-POP 안무의 복합성과 칼군무, 동선 변화 같은 요소들은 다른 문화권의 팝 음악에서도 찾아볼 수 있어요. 하지만 K-POP 안무는 이런 요소들을 극도로 정교하게 발전시키고, K-POP 아이돌 시스템과 결합해서 상업적으로도 대성공한 모델을 만들었다는 점에서 독자적인 특징을 가진답니다.

서구권 팝 아티스트들도 댄스 퍼포먼스를 보여 주긴 하지만, K-POP 아이돌 그룹처럼 모든 멤버가 고난도의 춤 실력을 갖추고 완벽한 칼군무를 구사하는 경우는 매우 드물어요. 게다가 K-POP은 기획 단계부터 안무가 곡의 핵심적인 부분으로 고려돼서 제작되고, 연습 과정에서도 엄청나게 엄격한 기준이 적용된다는 점에서도 차이가 크죠. K-POP 안무는 이제 **'퍼포먼스 아트'로서의 위상**을 확립했고, 그것이 K-POP만의 독보적인 정체성을 만드는 데 크게 기여했어요.

Q3. K-POP 안무 덕분에 커버 댄스 그룹도 많이 생겼다고요?

네, 맞아요! K-POP 안무는 언뜻 보면 쉬워 보이는데, 막상 따라 하려면 죽을 맛인 매력 덕분에 전 세계적으로 수많은 K-POP 커버 댄스 그룹을 탄생시켰어요.

Q4. 커버 댄스 그룹은 어떻게 발전했나요?

2010년대 초반 K-POP이 글로벌하게 퍼지면서 유튜브 같은 동영상 플랫폼이 대중화됐잖아요? 이때 K-POP 커버 댄스가 폭발적으로 늘어났죠. 처음에는 한국 아이돌 댄스 스튜디오에서 안무를 배우거나, 팬들이 영상 보면서 독학하는 수준이었는데, 이제는 전 세계 각국에 전문적인 K-POP 댄스 스튜디오와 커뮤니티가 생겨서 체계적인 교육까지 이루어진답니다. 국제적인 K-POP 커버 댄스 페스티벌이나 콘테스트도 엄청 활발하게 열리고, 심지어 상위권 팀들은 한국 기획사 눈에 띄어서 데뷔의 기회를 얻기도 해요.

Q5. 어느 나라에서 특히 활발한가요?

전 세계적으로 K-POP 커버 댄스 팀이 제일 활발하게 활동하는 나라들은 K-POP 팬덤이 두터운 지역과 딱 맞아떨어져요. 특히 필리핀, 인도네시아, 베트남 같은 동남아시아 국가와 미국, 캐나다, 브라질, 멕시코 같은 아메리카 대륙, 그리고 프랑스, 독일, 영국 같은 유럽 국가에서 K-POP 커버 댄스 문화가 엄청나게 발달해 있답니다. 유튜브나 틱톡 같은 숏폼 플랫폼에서는 이 나라들의 커버 댄스 영상이 조회수 대박을 터뜨리며 바이럴되는 경우가 많아요. 특히 필리핀은 K-POP 커버 댄스 팀 수가 가장 많고 실력도 출중하다고 소문이 자자하죠.

Q6. K-POP 안무가 흥행한 이유는 뭘까요?

K-POP 안무는 곡의 특정 부분을 '포인트 안무'로 만들어서 팬들이 쉽게 따라 하고 즐길 수 있도록 유도해요. 이게 틱톡, 유튜브 쇼츠 같은 숏폼 플랫폼을 통해서 **챌린지(challenge)** 형태로 퍼지면서 엄청난 바이럴 효과를 냈죠. 그렇게 곡의 인기를 폭발시키는 주요 전략이 됐답니다! 다음 페이지에 있는 표를 봐주세요!

그룹/ 아티스트	곡 제목 (연도)	포인트 안무	특징 및 성공 요인
싸이	강남스타일 (2012)	말춤	유튜브 뮤직비디오 조회수 50억 뷰 이상. 누구나 쉽게 따라 할 수 있는 단순하지만 중독성 있는 동작, 코믹한 요소, 그리고 곡의 유머러스한 분위기까지 완벽하게 결합돼 전 세계적인 신드롬을 일으킴. 말춤은 UN 사무총장 반기문을 비롯해 수많은 유명 인사들이 따라 하면서 세계적인 문화 현상으로 자리 잡음
카라	미스터 (2009)	엉덩이춤	유튜브 공식 뮤직비디오 수억 뷰 이상. 일본에서 특히 큰 인기를 얻으며 수많은 커버와 챌린지 영상이 쏟아짐. 허리를 좌우로 흔드는 동작이 쉽고 중독적이면서, 카라의 매력과 어우러져 대중들에게 강렬한 인상을 남김. 카라가 일본에서 메가 히트 치는 데 결정적인 역할을 한 춤
aespa (에스파)	Next Level (2021)	디귿 춤	유튜브 뮤직비디오 3억 뷰 이상. 틱톡과 유튜브 쇼츠 등에서 수많은 챌린지 영상이 탄생함. 두 팔을 'ㄷ' 자 형태로 올리고 움직이는 독특한 동작이 곡의 강렬한 비트와 잘 어울려 시각적인 임팩트가 큼. 메타버스 세계관 속 블랙맘바의 움직임을 형상화한 스토리텔링이 더해져 더 인기를 끌었음
BLACKPINK (블랙핑크)	DDU-DU DDU-DU (2018)	총 춤	유튜브 뮤직비디오 22억 뷰 이상. 틱톡 같은 숏폼 플랫폼에서 수억 건의 챌린지 영상이 쏟아짐. 손으로 총 모양을 만들어서 쏘는 듯한 동작이 곡의 힙합 콘셉트와 블랙핑크의 강렬한 이미지에 잘 맞아 전 세계적으로 유행함
IVE (아이브)	LOVE DIVE (2022)	거울 춤	유튜브 뮤직비디오 2억 뷰 이상. 챌린지 영상이 많이 등장함. 손으로 거울을 보는 듯한 동작이 나르시시즘 콘셉트와 너무 잘 어울려서 인기를 끌었음
	After LIKE (2022)	디스코 춤	유튜브 뮤직비디오 2억 뷰 이상. 챌린지 영상도 많음. 경쾌한 디스코 리듬에 맞춰 손가락으로 'L'을 만드는 포인트 춤이 쉽고 따라 하기 좋아서 대중적인 인기를 얻음

Q7. K-POP 안무가들은 왜 최근에 더 주목받게 됐나요?

K-POP 안무가들은 오랫동안 K-POP 성공에 핵심적인 역할을 했음에도 불구하고, 그동안 제대로 된 대접을 못 받았어요. 그런데 최근 몇 년 사이에 처우가 엄청나게 좋아졌고, 그 이유도 아주 명확하답니다.

Q8. 그렇다면 과거에 안무가들의 처우는 어땠나요?

예전에는 안무가가 가수를 돋보이게 하는 보조적인 역할을 하는 사람 정도로 여겨졌어요. 대중은 가수에게만 주목했고, 안무가 이름이나 역할은 거의 알려지지도 않았죠. 방송이나 앨범 크레딧에도 안무가는 그냥 '안무팀'이라고 뭉뚱그려 표시되는 경우가 많았답니다. 곡당 안무비도 너무 낮았고, 저작권 개념도 제대로 없어서 안무를 만들어도 로열티를 받기 힘들었어요. 기획사가 갑, 안무가는 을의 위치였고요.

Q9. 지금 안무가들의 처우는 어떻게 바뀌었나요?

최근 안무가들의 처우는 크게 개선되어, 이제는 단순한 보조역이 아니라 K-POP 퍼포먼스를 만드는 창작자로 인정받고 있어요. 프로그램 성공과 글로벌 협업, 저작권 논의 활성화 덕분에 위상과 보상이 모두 높아진 거죠.

'스트릿 우먼 파이터' 등 댄스 프로그램의 성공

2021년 Mnet에서 방영된 '스트릿 우먼 파이터'는 안무가와 댄서들을 대중 앞에 크게 내세워서 이들의 실력과 매력을 제대로 보여 줬습니다. 이 프로그램을 통해 안무가들은 단순히 '백업 댄서'가 아니라, K-POP 퍼포먼스를 만드는 창작자로서의 존재감을 제대로 각인시켰죠.

K-POP 퍼포먼스의 중요성 증대

K-POP이 '보는 음악'으로 글로벌 시장에서 대박 나면서, 안무가 음악만큼이나 중요한 콘텐츠라는 인식이 크게 퍼졌어요. K-POP 그룹 컴백할 때 안무 티저가 먼저 공개되거나, 안무 연습 영상(dance practice video)이 수억 뷰를 찍는 등 안무 자체가 팬덤을 모으는 핵심 요소가 된 거죠.

저작권 논의 활성화

안무 창작물에 대한 저작권 논의가 활발해지면서 안무가들이 자기 창작물에 대한 정당한 권리를 인정받고 돈을 벌 수 있는 기반이 마련되기 시작했어요.

글로벌 협업 확대 및 몸값 상승

K-POP이 글로벌하게 잘나가니까 세계 최고 안무가들이 K-POP 작업에 참여하게 됐고, 덕분에 국내 안무가들 실력과 위상도 같이 상승했답니다. 성공적인 안무를 만든 안무가들은 글로벌 프로젝트에 참여하고, 그에 맞는 엄청난 개런티까지 받게 되었죠.

Q10. 안무가들의 처우는 얼마나 좋아졌나요?

예전에는 곡당 몇백에서 몇천만 원 수준이었던 안무비가 이제는 억대에 달하는 경우도 생겼고, 안무가 개인의 이름과 브랜드 가치가 엄청나게 높아졌어요. '스우파' 출신 안무가들은 방송 출연, 광고 계약, 브랜드 협업 등으로 활발하게 활동하면서 연예인급 인기를 누리고 있답니다. 이분들은 단순히 K-POP 그룹 안무를 만드는 걸 넘어서, 자기 댄스 크루를 이끌고 공연을 기획하는 등 독립적인 아티스트로서의 입지를 확고히 하고 있죠.

Q11. 그럼 어떤 안무가들이 어떤 유명한 K-POP 안무를 만들었나요?

K-POP의 대박 포인트 안무 뒤에는 재능 넘치는 안무가들의 창의적인 노력이 있었답니다!

안무가(국적)	대표작	특징

배윤정
(한국)
	- 카라, '미스터' (2009),
	  엉덩이춤
	- 티아라, 'Bo Peep Bo Peep'
	  (2009), 고양이춤
	- EXID, '위아래' (2014), 골반춤
		대중적이고 중독성 높은 포인트 안무를 만드는 데 천재적인 능력을 가진 안무가. '프로듀스 101' 시리즈 같은 방송 출연으로 대중적 인지도까지 쌓음

최영준
(한국)
	- Wanna One,
	  'Energetic'(2017)
	- 세븐틴, '박수'(2017)
	- 프로듀스 101 시즌2,
	  '나야 나(PICK ME)'(2017)
	- 트와이스, 'What is Love?'(2018)
		수많은 히트곡 안무를 만들었고, 절도 있는 군무와 역동적인 동선 변화에 강점을 보임. '프로듀스 101' 시리즈에서 트레이너로 출연하며 대중적인 인기를 얻음

리정(YGX)
(한국)
	- ITZY, 'DALLA DALLA'(2019)
	- TWICE, 'Alcohol-Free'(2021)
	- BLACKPINK, 'Pink Venom'
	  (2022)(공동 참여)
	- aespa(에스파), '도깨비불
	  (Illusion)'(2022)
		파워풀하면서도 힙한 매력을 가진 안무를 주로 선보임. '스트릿 우먼 파이터'를 통해 스타 안무가로 떠오름. 4세대 아이돌 그룹들의 안무에 큰 영향을 미치고 있음

키오니 마드리드 Keone Madrid (미국)	- BTS, 'Dionysus'(2019) - BTS, 'Fake Love'(2018) (공동 참여) - 태양, 'DARLING'(2017) - EXO, 'The Eve'(2017)	세계적인 댄서이자 안무가로, K-POP 그룹과의 협업을 통해 복잡하고 예술적인 퍼포먼스를 만들어 내는 데 기여함. 방탄소년단을 비롯한 여러 K-POP 아티스트 곡에 참여하며 K-POP의 글로벌 퍼포먼스 수준을 크게 높임
이언 이스트우드 Ian Eastwood (미국)	- BTS, 'Boy With Luv'(2019) (공동 참여) - 태민, 'MOVE'(2017)	그루브와 섬세한 표현력에 강점을 가진 안무가. 태민의 'MOVE' 안무를 통해서 K-POP에 '성별 불분명 춤'이라는 새로운 트렌드를 제시함

안무가(국적)	대표작	특징
시애라 페이지 Sienna Lalau (미국)	- BTS, 'ON'(2020) - BLACKPINK, 'How You Like That'(2020) - BLACKPINK, 'Pink Venom' (2022)(공동 참여)	젊은 세대 안무가로, 파워풀하고 트렌디한 힙합 기반 안무로 K-POP의 글로벌 퍼포먼스에 기여하고 있음
최효진(한국)	- aespa(에스파), 'Next Level'(2021), 디근 춤 포함 - ITZY, 'SNEAKERS'(2022)	개성 있는 포인트 안무와 스토리가 담긴 안무를 주로 만듦. '스트릿 우먼 파이터'를 통해 실력을 인정받으며 주목받는 안무가로 활동하고 있음

K-POP 안무는 이제 K-POP 콘텐츠의 핵심이자 전 세계 팬들이 K-POP에 열광하는 중요한 이유가 됐어요. 안무가들의 위상이 이렇게 바뀐 건, K-POP 산업 안에서 창작자의 가치가 제대로 평가받기 시작했다는 긍정적인 신호랍니다.

여러분은 어떤 K-POP 안무를 가장 좋아하시나요? 혹시 직접 따라 해 본 적도 있으신가요?

K-POP, 글로벌 성공 비결은
바로 '눈 호강 비주얼'

여러분, K-POP이 글로벌하게 성공한 이유를 얘기할 때, **비주얼 만족도**는 절대 빼놓을 수 없는 핵심 중 핵심입니다! 멤버들의 외모가 잘생기고 예쁜 것을 넘어 안무, 퍼포먼스, 그리고 특히 뮤직비디오의 시각적 완성도와 깊이까지 다 포함하는 이야기입니다. 예전엔 라디오로 음악 듣다가 TV, MTV를 거쳐 지금의 유튜브 시대가 되면서, K-POP이 비주얼 콘텐츠를 제대로 터뜨리는 데 결정적인 역할을 했답니다.

Q1. K-POP 비주얼, 뭐가 그렇게 특별할까요?

눈으로 즐기는 퍼포먼스

K-POP은 '보는 음악'이라는 인식이 강하잖아요? 안무는 그냥 춤이 아니라 곡의 메시지를 눈으로 전달하는 핵심 수단이고, 멤버들 표정 연기, 의상, 무대 연출까지 다 유기적으로 합쳐져서 하나의 종합 예술 퍼포먼스를 만들어 냅니다. 이건 관객들에게 미친 듯한 시각적 쾌감을 선사하죠.

화려하고 감각적인 뮤직비디오

K-POP 뮤직비디오는 마치 영화처럼 높은 수준의 영상미를 자랑해요. 비싼 장비와 특수효과, 온갖 화려한 세트, 감각적인 편집 기술까지 총동원돼서 눈을 뗄 수 없는 강렬하고 아름다운 영상물을 만들어 낸답니다. 이게 곡의 분위기와 콘셉트를 시각적으로 제대로 보여 주면서 팬덤을 만드는 데 결정적인 역할을 하죠.

스토리와 세계관이 눈앞에

많은 K-POP 그룹들이 자기들만의 독특한 세계관을 가지고 있는데. 그 세계관이 뮤직비디오를 통해서 눈으로 보이게 구현돼요. 뮤직비디오는 곡 홍보 영상이 아니라, 그룹의 스토리를 이어 가는 중요한 장치이자 팬들이 세계관에 완전 몰입하게 하는 핵심 콘텐츠로 기능한답니다. 덕분에 팬들은 음악을 들으면서 동시에 스토리텔링까지 경험할 수 있는 거죠.

멤버별 매력이 돋보임

그룹 내 각 멤버의 개성과 매력을 돋보이게 하는 데 비주얼 전략이 적극적으로 활용돼요. 멤버별 클로즈업이나, 특정 멤버에게 주어지는 시각적인 특징(헤어, 의상, 소품) 같은 것들이 뮤직비디오에 반영되어서 팬들이 각 멤버에게 빠져들고 '최애'를 고르는 데 영향을 미친답니다.

Q2. 다른 나라 팝 음악도 비주얼이 중요한데, K-POP은 뭐가 더 특별한가요?

비주얼적인 요소가 대중음악에서 중요한 건 K-POP만의 특징은 아니에요. 서구 팝 스타들도 뮤직비디오와 퍼포먼스에 돈 엄청 쏟아붓잖아요? 하지만 K-POP은 이런 비주얼 요소들을 **전략적으로, 그리고 시스템적으로 극대화**해서 K-POP 아이돌 시스템의 본질적인 부분으로 만들었다는 점에서 특별하죠.

K-POP은 데뷔 전부터 철저한 비주얼 트레이닝과 함께, 콘셉트 기획 단계에서부터 음악과 퍼포먼스, 그리고 뮤직비디오의 시각적인 요소들을 다 유기적으로 연결해서 제작한답니다. 게다가 그룹 전체의 완벽한 칼군무와 정교한 대형 변화는 다른 팝 문화권에서는 찾아보기 힘든 K-POP만의 독보적인 시각적 강점이죠. 이게 바로 K-POP이 단순히 음악을 듣는 걸 넘어서, 보는 행위 자체가 핵심적인 즐거움이 되는 장르로 자리매김하는 데 크게 기여했어요.

Q3. 비주얼로 성공한 뮤직비디오 사례들에는 뭐가 있나요?

K-POP의 성공은 시선을 사로잡는 뮤직비디오와 아주 밀접하게 연결되어 있어요. 조회수 대박은 물론이고, 콘텐츠 질도 아주 높은 뮤직비디오들을 소개할게요.

그룹/ 아티스트	곡 제목 (연도)	주요 특징 및 성공 요인	누적 조회수 (2025. 5. 기준)
싸이	강남스타일 (2012)	뮤직비디오 자체가 코믹하고 중독성이 넘쳐 전 세계적인 신드롬을 일으킴. 말춤과 싸이의 익살스러운 표정 연기, 유머러스한 상황 설정 등이 언어의 장벽을 넘어 만국 공통의 웃음을 선사하며 유튜브 역사상 최초로 10억 뷰를 돌파하는 등 폭발적인 성공을 거둠. 이 뮤직비디오는 K-POP이 글로벌 시장에서 비주얼 콘텐츠로 얼마나 강력한 파급력을 가질 수 있는지를 증명함	유튜브 50억 뷰 이상
BLACK PINK	DDU-DU DDU-DU (2018)	블랙핑크의 강렬한 카리스마와 고급스러운 영상미가 돋보이는 뮤직비디오. 화려한 세트와 의상, 독보적인 비주얼이 어우러져 시각적인 쾌감을 최대로 끌어올림. 특히 뮤직비디오에 나오는 상징적인 장면들(총 춤, 거대한 왕관 등)은 팬들에게 강렬한 인상을 남김	유튜브 22억 뷰 이상

그룹/ 아티스트	곡 제목 (연도)	주요 특징 및 성공 요인	누적 조회수 (2025. 5. 기준)
BTS	Dynamite (2020)	밝고 경쾌한 디스코 팝 장르에 맞춰 다채로운 색감과 레트로 콘셉트를 완벽하게 구현함. 방탄소년단의 자유롭고 즐거운 모습이 담겨 있어 팬들에게 긍정적인 에너지를 전달하고, 코로나19 팬데믹 시기에 전 세계에 희망을 선사함. 단순하면서도 세련된 영상미로 대중적인 호감도까지 높임	유튜브 19억 뷰 이상
aespa (에스파)	Next Level (2021)	에스파의 메타버스 세계관을 눈으로 가장 잘 보여 준 뮤직비디오로 평가받음. 현실과 가상 공간을 넘나드는 CG 효과와 독특한 캐릭터 설정, 강렬한 안무가 어우러져 압도적인 몰입감을 선사함. 특히 악당 블랙맘바의 존재를 암시하는 시각적인 장치와 멤버들의 아이(æ)와의 교감 장면은 팬들에게 깊은 인상을 남김	유튜브 3억 뷰 0 상
New Jeans (뉴진스)	Hype Boy (2022)	각 멤버별로 다른 시나리오를 가진 6개의 뮤직비디오를 공개해 팬들에게 신선한 충격을 줌. 청량하고 자연스러운 분위기에 하이틴 드라마 같은 스토리텔링이 더해져 멤버들의 순수하고 트렌디한 매력을 최대로 끌어올림. 획일적인 K-POP 뮤직비디오 문법에서 벗어나 신선한 시도를 보여 주며 팬들의 'n차 관람'을 유도함	각 버전 합산 1억 뷰 이상 (버전별 분산)

Q4. K-POP 뮤직비디오의 화려함은 어떤 의미를 지닐까요?

K-POP 뮤직비디오는 그냥 눈으로만 화려한 게 아니에요. 아주 세심한 제작 방식과 깊은 메시지까지 담아내면서 작품성까지 높인답니다. 우선 정교한 편집 기술과 효과가 적용된 예시를 살펴보면 다음과 같아요.

블랙핑크 뮤직비디오의 '박자에 맞춘 화면 흔들기'

주로 힙합 기반의 강렬한 비트가 나오는 부분에서 쓰이는 기법이에요. 화면을 미세하게 흔들거나 빠르게 전환해서 음악의 리듬감과 퍼포먼스의 역동성을 눈으로 최대로 보여 주죠. 이런 효과는 관객들에게 시각적인 충격을 줘서 곡의 에너지를 더 강하게 전달한답니다. 단순한 기술 같지만 곡의 특정 부분에 집중도를 높이는 데 굉장히 효과적이에요.

'슬로우 모션' 및 '고속 전환'

곡의 감정선이나 퍼포먼스의 하이라이트 부분을 강조하려고 슬로우 모션을 쓰거나, 장면 전환을 엄청 빠르게 해서 몰입도를 크게 높여 줘요.

색감 및 조명 활용

곡 분위기에 꼭 맞는 색감과 조명 연출은 뮤직비디오 전체의 톤앤매너를 결정하고, 멤버들의 비주얼을 훨씬 더 돋보이게 한답니다.

숨겨진 메시지와 상징

BTS의 'IDOL' 뮤직비디오: '스스로를 사랑하고 즐긴다'는 메시지를 담고 있지만, 뮤직비디오에는 방탄이 성장하면서 겪는 내면의 갈등이나 트라우마를 상징하는 그림, 오브제 같은 게 잠깐씩 스쳐 지나가는 식으로 삽입되었다는 해석이 있어요. 예를 들어, 멤버들 과거를 상징하는 요소들이나 내면의 고통을 암시하는 이미지들이 순간적으로 비치면서, 팬들에게 해석의 여지를 남기고 더 깊이 있는 몰입을 유도하죠. 이건 팬덤 내 해석과 일부 평론가 의견을 바탕으로 한 거예요.

aespa(에스파)의 'Armageddon' 뮤직비디오: 에스파 세계관에서 중요한 빌런인 '악마 벌레(디멘션 에러)'나 '리얼 월드의 빌런'이 뮤직비디오 곳곳에 등장해요. 그들이 때로는 배경에 흐릿하게 보이거나, 순간적으로 스쳐 지나가는 이미지로 삽입돼서 팬들에게 '숨은 그림 찾기'를 하는 듯한 즐거움을 준답니다. 이런 디테일은 제작에 굉장한 시간과 노력이 들어갔다는 걸 보여 주고, 세계관에 대한 팬들의 몰입도를 최대로 끌어올리는 요소로 작용하죠. 이런 시각적인 요소들은 뮤직비디오의 단순한 배경이 아니라, 세계관의 스토리를 확장하고 팬들에게 더 깊은 의미를 전달하는 장치입니다.

여러분이 생각하는 '레전드 비주얼'을 지닌 K-POP 뮤직비디오는 어떤 것인가요? 뮤직비디오 속 숨겨진 의미를 찾아서 더 재미있게 본 경험이 있으신가요?

에스파의 'Supernova'와 'Armageddon' 뮤비 사례

여러분, 에스파는 정말 독특한 그룹이랍니다. SM엔터테인먼트의 특별한 메타버스 세계관(SMCU)을 기반으로 하며, 복잡한 스토리와 온갖 시각적인 장치들로 팬들에게 깊은 몰입감을 안겨 주죠. 특히 'Supernova'와 'Armageddon'은 에스파 세계관 시즌 2의 시작을 알리는 곡들인데, 멤버들 **초능력**과 세계관의 핵심 갈등을 눈으로 보여 주는 데 엄청 공들였습니다.

1. 에스파의 'Supernova' 뮤직비디오 파헤치기

'Supernova'는 에스파 정규 1집 'Armageddon'의 선공개곡인데, 강렬한 힙합 비트와 중독적인 신시사이저 사운드가 특징이에요. 뮤직비디오는 멤버들이 초능력을 각성하는 모습과 함께 새로운 위협이 등장할 거라는 암시를 주면서 세계관이 더 넓어진다는 걸 보여 준답니다.

뮤직비디오 흐름 & 세계관 연관성

뮤직비디오는 각 멤버들이 평범한 일상 속에서 자기 안에 숨겨진 초월적인 힘(Superbeing Powers)을 깨닫고 사용하는 장면들을 중심으로 이야기가 펼쳐져요.

카리나(초인적인 힘): 뮤직비디오가 카리나가 고층 건물에서 떨어져 차 위로 박히는 충격적인 장면으로 시작하는데, 놀랍게도 카리나는 아무렇지도 않게 일어나서 부서진 차를 맨손으로 번쩍 들어 올리고, 주차된 차 사이드미러를 그냥 뜯어 버리죠. 현실 세계로 유입된 이세계 에너지(superbeing) 때문에 카리나의 잠재된 힘이 터졌다는 걸 보여 주는 모습이죠.

윈터(공간/비행 능력): 윈터는 빌딩 숲 사이에서 공중을 떠다니거나 엄청 빠른 속도로 날아다니는 능력이 있습니다. 윈터의 발이 바닥에서 뜨는 모습은 중력을 무시하는 힘을 눈으로 보여 주는 것이고, 주변 사물이 윈터의 움직임에 따라 왜곡되거나 흔들리는 연출은 공간에 영향을 줄 수 있다는 걸 암시하죠. 윈터가 물리적인 제약을 넘어서 자유롭게 이동하고 공간을 조작할 수 있는 힘을 가졌다는 걸 시각적으로 표현한 거랍니다.

닝닝(불의 능력/염화력): 닝닝은 자기 주변에 불꽃을 피우거나 불을 마음대로 조종하는 능력이 있습니다. 평범한 아파트에서 불을 지르거나, 팝콘이 너무 과하게 튀겨져서 불이 나는 연출 등은 닝닝의 능력이 아직 완벽하게 통제되지 않거나, 아니면 일부러 혼란을 일으키는 모습인 거죠. 닝닝이 강력한 에너지를 다루는 능력을 가졌다는 걸 나타낸답니다.

지젤(시간 회귀 능력): 뮤직비디오 후반부에 멤버들이 초능력을 써서 혼란이 생기자, 지젤이 그걸 알아차리고 시간을 되돌립니다. 지젤이 손을 휘젓자 부서진 물건들이 원래대로 돌아오고, 망가진 휴대폰이 복구되는 등 시간 역행 능력을 보여 주죠. 이건 지젤이 단순히 초능력을 각성하는 걸 넘어서, 발생한 사건을 되돌려서 세계의 균형을 맞추거나 다음 국면을 준비하는 중요한 역할을 한다는 걸 암시한답니다.

AI 및 통제에 대한 암시

뮤직비디오 중간에 CAPTCHA(로봇이 아님을 증명하는 테스트)가 등장하고, AI와 인간의 경계를 보여 주는 장면들이 삽입돼요. 이건 에스파 세계관의 핵심인 가상과 현실, 그리고 AI 'æ'의 존재와 그들을 위협하는 존재(블랙맘바 등)에 대한 질문을 계속 던지는 거죠. 특히 멤버들이 AI처럼 정지된 상태에서 특정 부분만 움직이는 **시네마그래프** 기법이 사용된 장면은 현실과 AI 사이의 모호함을 시각적으로 크게 강조합니다.

전반적인 흐름

'Supernova' 뮤직비디오는 각 멤버의 초능력 각성이라는 흥미로운 소재를 통해 에스파 세계관의 새로운 챕터, 즉 **슈퍼히어로로서 에스파의 시작**을 알린답니다. 화려한 CG와 멤버들의 파워풀한 퍼포먼스, 그리고 미래지향적인 영상미가 어우러져 곡의 강렬함을 시각적으로 최대로 끌어올렸죠.

2. 에스파의 'Armageddon' 뮤직비디오 분석

'Armageddon'은 'Supernova'에 이어 세계관의 핵심을 꿰뚫는 타이틀곡인데, 더 심화된 세계관과 파격적인 비주얼을 선보입니다. 이 뮤직비디오는 '최후의 전쟁'이라는 곡 제목처럼, 에스파가 맞설 대규모 위협과 그들의 결의를 암시하는 다양한 상징과 이미지로 가득하죠.

뮤직비디오 흐름 & 숨겨진 메시지

뮤직비디오는 전반적으로 어둡고 디스토피아적인 분위기를 풍기면서, 에스파 멤버들이 자신들의 힘을 완전히 받아들이고 궁극적인 존재로 거듭나는 과정을 시각적으로 보여 줘요.

시작 장면, 갈라진 땅과 십자가, 희미한 얼굴: 뮤직비디오 초반에 땅이 갈라지고 그 틈 사이로 거대한 십자가 형태의 균열이 드러나는 장면은 'Armageddon' 이라는 제목처럼 종말론적인 분위기를 강하게 풍깁니다. 이 십자가는 종교적인 상징을 넘어서, 두 세계(현실과 광야)의 충돌과 붕괴를 암시하는 균열의 상징으로 해석될 수 있지요. 또, 땅의 갈라진 틈 사이나 특정 구도에서 희미하게 보이는 얼굴 형상들은 광야의 깊숙한 곳에 있는 알려지지 않은 존재들이나, 멤버들 내면의 또 다른 자아, 아니면 세계관의 진짜 빌런(블랙맘바 외의 또 다른 존재)을 암시할 수 있죠. 이는 K-POP 뮤직비디오에서 자주 쓰이는 **'떡밥(clue)'**으로, 팬들에게 해석의 여지를 남긴답니다.

날아다니는 빌런들: 뮤직비디오 내내 기괴한 모양의 벌레나 유기체 형태의 '디멘션 에러' 혹은 '빌런'들이 계속 등장해요. 그들은 멤버들 주변을 맴돌거나 공격적인 모습을 보이면서, 세계관의 핵심 위협 요소인 '싱크 아웃 현상'($æ$가 현실 세계로 넘어와 혼란을 일으키는 것)을 시각적으로 보여 준답니다. 이 빌런들은 완벽하게 구현되지 않고 흐릿하거나 빠르게 스쳐 지나가는 형태로 연출되죠. 이는 아직 완전한 모습을 드러내지 않았거나, 아니면 현실과 가상의 경계가 모호해진 상황 자체의 혼란을 상징하는 겁니다. 이런 디테일은 제작진이 그냥 시각 효과를 넘어서 세계관의 깊은 의미를 전달하려고 노력했다는 걸 보여 줘요.

뒤에 보이는 빌런들(희미한 존재): 특정 장면에서 멤버들 뒤편이나 배경에 거대한 형태의 빌런이나 알 수 없는 존재들이 희미하게, 또는 그림자처럼 비쳐요. 이건 에스파가 아직 모르고 있지만 위협이 도사리고 있다는 걸 암시하거나, 아니면 K-POP 세계관의 더 큰 스토리를 위한 복선으로 작용한답니다. 이런 연출은 보는 사람에게 긴장감과 동시에 '뭔가 더 있는데?' 하는 궁금증을 유발해서, 팬들이 세계관을 더 깊이 파고드는 중요한 동기가 돼요. 제작진은 이런 **'이스터 에그'**를 통해서 반복 시청을 유도하고 팬덤의 몰입을 더 심화하죠.

눈동자가 바뀌는 의미: 뮤직비디오에는 멤버들 눈동자 색깔이 순간적으로 변하거나, 눈매가 섬뜩하게 변하는 장면들이 등장합니다. 이는 멤버들이 '리얼 월드'에서 '광야'의 존재(혹은 블랙맘바)에게 잠식당하거나, 아니면 자기들 'æ'와 완전한 싱크를 이루면서 인간적인 면모를 잃고 초월적인 존재로 변모하는 과정을 암시한답니다. 에스파 세계관의 핵심 주제인 **인간과 æ의 공존**, 그리고 그 과정에서 생기는 **정체성 혼란**과 **변화**를 시각적으로 보여주는 중요한 장치예요. 특히 멤버들이 강렬한 포스와 함께 화면을 응시하는 장면에서 이런 눈동자 변화는 비주얼적인 충격을 최대로 끌어올리죠.

어두운 분위기와 압도적인 스케일: 'Armageddon' 뮤직비디오는 전반적으로 어둡고 그로테스크한 색감과 연출을 사용해요. 거대하고 폐허 같은 배경, 폭발하는 듯한 에너지 표현, 그리고 멤버들의 강력한 퍼포먼스가 어우러져서 '최후의 전쟁'이라는 곡의 메시지를 시각적으로 **압도적인 스케일**로 구현한답니다.

전반적인 흐름: 'Armageddon' 뮤직비디오는 'Supernova'에서 각성한 초능력을 바탕으로 에스파가 직면한 거대한 위협에 맞서 싸우고, 궁극적으로 자기들의 정체성을 확립하며 새로운 시대로 나아가는 스토리를 시각적으로 보여 줘요. 어려워 보일 수 있는 세계관을 화려한 CG와 상징적인 연출로 풀어내면서, K-POP 뮤직비디오의 시각적, 서사적 깊이를 한 단계 끌어올렸다는 평가를 받습니다.

여러분은 에스파 세계관, 어디까지 이해하셨나요? 아니면 혹시 다른 그룹의 세계관 중에 궁금한 게 있으신가요?

K-POP, 선한 영향력의 대명사가 된 이유

K-POP이 **'선한 영향력'의 대명사**가 된 이유를 아시나요? 여러 가지 요인이 복합적으로 작용해서 이런 긍정적인 이미지를 만들어 냈는데, 덕분에 부모님들도 K-POP덕질을 지지하는 든든한 배경이 되고 있답니다.

Q1. K-POP, 왜 선한 영향력의 아이콘이 됐을까요?

K-POP이 선한 영향력의 대명사가 된 주된 이유, 지금부터 털어 볼게요!

긍정적이고 희망적인 메시지

많은 K-POP 그룹 노래 가사에는 자기 사랑, 꿈과 희망, 역경 극복, 연대 같은 보편적인 가치들이 녹아 있잖아요? 특히 방탄소년단의 'Love Yourself' 캠페인처럼, 아이돌이 직접 유엔(UN) 같은 국제적인 무대에서 의미있는 메시지를 전달하면서 전 세계 팬들에게 깊은 감동과 영감을 줬죠. 이런 메시지들은 청소년 팬들이 정서적으로 안정감을 찾고, 자존감을 높이고, 긍정적인 가치관을 형성하는 데 엄청나게 기여한답니다. 부모님들이 자녀가 이런 건전한 메시지를 접하고 성장하는 걸 어찌 지지하지 않을 수 있겠어요?

팬덤의 대박 기부 및 사회 공헌 활동

K-POP 팬덤은 그냥 음반 사고 스밍 돌리는 걸 넘어서, 좋아하는 아이돌 이름으로 자발적으로 기부 활동을 펼치거나 환경 보호, 사회적 인식 개선 캠페인에 참여하는 걸로 아주 유명하죠. 예를 들어, 방탄소년단 팬덤인 '아미(ARMY)'는 그룹 데뷔 기념일이나 멤버들 생일에 맞춰 대규모 기부 캠페인을 벌여서 어려운 이웃을 돕거나 나무를 심는 등 긍정적인 영향을 크게 퍼뜨렸어요. 이런 팬덤의 선한 영향력이 언론을 통해서 널리 알려지면서 K-POP의 긍정적인 이미지를 만드는 데 크게 기여했답니다.

아이돌의 건강한 자기 관리와 롤모델

K-POP 아이돌은 끊임없는 연습과 철저한 자기 관리를 통해 완벽한 무대와 퍼포먼스를 보여 줍니다. 이런 성실함과 프로페셔널한 모습이 팬들에게는 너무나 긍정적인 롤모델이 된답니다. 팬들은 아이돌을 보면서 '나도 노력하면 꿈을 이룰 수 있겠구나.' 하는 희망을 얻고, 공부나 운동에 대한 동기 부여를 받기도 해요. 정말 멋지죠?

Q2. 선한 영향력은 K-POP만의 특징일까요?

선한 영향력 자체가 K-POP만의 독점적인 특징이라고 보긴 어려워요. 서양 팝 음악에도 마이클 잭슨의 'Heal the World'나 라이브 에이드(Live Aid) 같은 자선 공연처럼 사회적 메시지를 담거나 기부를 독려하는 사례가 많거든요. 하지만 K-POP의 선한 영향력은 몇 가지 점에서 다른 팝 음악과는 확실히 차이가 있어요.

팬덤의 조직적인 참여와 파급력

다른 팝 아티스트들의 자선 활동은 주로 아티스트 개인이나 소속사 주도로 이루어지는 경우가 많은데, K-POP에서는 팬덤 자체가 강력한 조직력을 바탕으로 자발적이고 대규모의 기부 및 사회 공헌 활동을 기획하고 실행해요. 이는 팬들이 좋아하는 아이돌의 가치를 공유하고 이걸 직접 실천하려는 강한 의지에서 시작된 거죠. 이런 팬덤의 적극적인 움직임은 다른 팝 음악에서는 찾아보기 힘든 독특한 현상이에요.

아이돌과 팬 간의 긴밀한 상호작용

K-POP 아이돌은 팬들과 소셜 미디어, 라이브 스트리밍, 팬 사인회 등 다양한 채널을 통해서 소통하면서 깊은 유대감을 형성하잖아요. 이런 소통 과정에서 아이돌이 전하는 긍정적인 메시지는 팬들에게 훨씬 더 강력하게 다가오고, 팬들은 아이돌의 가치관을 자기 것으로 만들어서 사회적 실천으로 이끌어 낸답니다.

성장 스토리와 팬들과의 공감대

많은 K-POP 아이돌 그룹은 연습생 시절부터 데뷔하고, 그리고 성공하기까지의 역경을 팬들과 모두 공유하면서 성장하는 모습을 보여 줘요. 이런 '성장 서사'는 어떤 역할을 할까요? 바로 팬들에게 깊은 공감대를 형성하기 해 주죠. 이로써 팬들은 아이돌의 성공을 자기 성공처럼 여기면서, 아이돌이 추구하는 가치에 함께하려는 경향을 보인답니다. 같이 성장하는 거죠.

Q3. 선한 영향력의 대명사, BTS의 구체적 활동을 알아볼까요?

방탄소년단(BTS)은 선한 영향력의 대표적인 사례로 손꼽히죠. 그들의 활동은 여러 방면에서 긍정적인 파급 효과를 낳았어요. 특히 그들의 노래는 팬들에게 즐거움과 함께 치유와 위로의 메시지를 전달하는데, 자폐 스펙트럼 장애를 가진 분들에게도 예외가 아니었답니다.

유니세프의 'Love Yourself' 캠페인

BTS는 2017년부터 유엔아동기금(UNICEF)과 함께 'Love Yourself' 캠페인을 진행하면서 폭력으로부터 어린이와 청소년을 보호하고, 자존감을 높이도록 돕는 메시지를 전 세계에 확산했어요. 이 캠페인은 BTS의 음악적 메시지인 '자기 사랑'을 사회 운동으로 확장한 것으로, 이를 통해 팬들에게 자기 삶을 긍정적으로 바라보고 다른 사람들과 함께하는 가치를 심어 줬죠.

자폐 스펙트럼 장애 아동에게 긍정적인 영향

BTS의 여러 곡들이 담고 있는 치유와 위로, 공감의 메시지는 자폐 스펙트럼 장애를 가진 분들에게도 긍정적인 영향을 미쳤다는 사례가 아주 많아요. 예를 들어, 2020년 7월 미국 로스앤젤레스에 사는 한 어머니는 자기 아들이 BTS 노래를 들으면서 큰 변화를 보였다고 말했어요. 그 아들은 이전에는 거의 말을 하지 않던 상태였는데, BTS 노래를 들으면서 가사를 따라 부르기 시작했고, 심지어는 어머니와 처음으로 대화를 나누는 놀라운 경험을 했다고 했죠. 이 사례는 특정 곡에 의도적인 목적이 없었어도, BTS 음악이 가진 따뜻한 멜로디, 진정성 있는 가사, 그리고 팬들에게 전달되는 긍정적인 에너지가 언어적 소통에 어려움을 겪는 분들에게도 닿을 수 있다는 걸 보여 준답니다.

치유와 위로의 노래들

BTS 노래 중에 특히 'Magic Shop', 'Answer: Love Myself', 'Whalien 52' 같은 곡들은 자신을 사랑하는 법, 내면의 고통을 극복하는 법, 외로움 속에서도 희망을 찾는 법에 대한 메시지를 담고 있어요. 이런 곡들은 불안, 우울, 소외감을 느끼는 많은 분들에게 위로와 공감을 제공하고, 자폐 스펙트럼 장애로 인해 사회적 소통에 어려움을 겪거나 감각적으로 예민한 분들에게도 심리적 안정감을 줄 수 있답니다. 음악이 가진 언어의 장벽을 넘어선 소통 능력과 감성적 교류가 이런 긍정적인 사례를 가능하게 한 주요 요인인 거죠.

결론적으로, K-POP의 선한 영향력은 긍정적인 메시지, 팬덤의 사회 공헌, 아이돌의 롤모델 역할 등이 다 같이 작용해서 만들어진 독특한 현상이에요. 특히 BTS의 활동은 이런 선한 영향력을 가장 강력하게 보여 주었죠. BTS의 음악은 팬들에게 단순한 엔터테인먼트를 넘어 치유와 희망을 주는 매개체가 되고 있답니다.

여러분은 K-POP의 어떤 선한 영향력에 가장 공감하시나요?

K-POP 성공의 치트키는
완성형 아이돌을 만들어 내는 연습 시스템

여러분, K-POP 성공의 또 다른 치트키는 바로 이제는 누구도 따라올 수 없는 **완성형 아이돌을 만들어 내는 연습 시스템**이랍니다. 이 시스템은 그냥 막 굴리는 훈련이 아니라, 아티스트의 모든 역량을 종합적으로 개발하는 매우 체계적인 과정으로 진화했어요.

Q1. 한국 아이돌 연습생 시스템의 시작이 모타운에서 온 거라고요?

한국 아이돌 연습생 시스템의 시작은 미국 **모타운(Motown) 레코드사**에서 찾을 수 있어요. 1960년대 모타운은 아티스트를 뽑아서 노래, 춤, 무대 매너까지 가르치고, 의상이나 헤어스타일 같은 전체적인 이미지까지 관리하는 수직 계열화된 시스템을 구축했었다고 해요. 이건 단순히 노래 잘하는 사람을 찾는 게 아니라, '스타를 만들어 내는 시스템' 같았죠. 모타운은 자체 스튜디오에서 데모 녹음부터 음반 제작, 홍보, 유통까지 모든 과정을 모두 책임지면서 아티스트 역량을 체계적으로 관리했답니다. 한국의 초기 엔터테인먼트 회사들이 바로 이런 모타운의 아티스트 육성 모델에서 영감을 받아서 연습생 시스템을 도입했다고 해요.

Q2. 한국 아이돌 연습생 시스템은 어디까지 진화했나요?

모타운의 아이디어를 가져온 뒤로, 한국 아이돌 연습생 시스템은 우리만의 방식으로 발전하면서 초고도로 체계화되었습니다. 지금의 시스템은 그냥 노래와 춤만 가르치는 걸 넘어서, 아이돌이 되기 위한 다방면의 역량을 종합적으로 훈련시키는 데 집중한답니다.

노래 및 발성

전문 보컬 트레이너 쌤들이 붙어서 안정적인 호흡법, 발성법, 음정. 박자 감각 등을 집중적으로 가르쳐 줘요. 온갖 장르의 곡을 다 소화할 수 있도록 폭넓은 보컬 트레이닝이 이루어집니다.

춤

K-POP 퍼포먼스의 핵심 중의 핵심이죠. 안무 소화 능력은 너무 중요합니다. 기본적인 스트레칭과 근력 운동부터 시작해서, 장르별 춤(힙합, 팝핀, 현대무용 등)과 팀별 안무 소화 능력을 최대로 끌어올리기 위한 고강도 트레이닝이 이뤄진답니다. 최신 유행하는 안무 습득도 필수예요.

외국어

글로벌 팬들과 소통해야 하니, 영어는 기본이고 일본어, 중국어 같은 주요 외국어 학습이 필수로 들어가요. 언어는 해외 시장 진출에 없어서는 안 될 요소가 됐죠.

인성 교육 및 심리 관리

긴 연습생 생활과 데뷔 후의 엄격한 관리를 버티려면 인성 교육과 정신 건강 관리가 아주 중요해요. 스트레스 관리, 팀워크, 다른 사람을 이해하는 공감 능력 등을 키우는 프로그램도 운영됩니다.

인터뷰 및 미디어 응대

데뷔하고 나서 언론과 소통하는 능력도 키워야죠. 모의 인터뷰를 하거나, 카메라 앞에서 자연스럽게 말하는 법, 올바른 태도 등을 교육받는답니다.

체력 및 몸매 관리

고된 연습 스케줄과 무대 퍼포먼스를 소화하려면 체력이 필수죠. 체력 훈련도 같이 한답니다. 게다가 비주얼이 중요한 K-POP 특성상 전문 트레이너의 지도하에 식단 관리와 꾸준한 몸매 관리도 이루어져요.

작사·작곡 능력 및 프로듀싱

요즘엔 자기가 직접 곡 만드는 '자체 프로듀싱돌'이 많아졌기 때문에 연습생 때부터 작사, 작곡, 편곡 같은 음악적 역량을 키우는 교육도 제공된답니다.

이렇게 전방위적인 훈련 덕분에 연습생들은 데뷔하자마자 바로 '완성형'의 모습을 보여 줄 수 있는 기반을 다지게 되는 거죠.

Q3. 평균 연습 기간은 얼마나 되나요?

한국 아이돌 연습생들의 평균 연습 기간은 대략 3~5년이라고 알려져 있지만, 짧게는 몇 달 만에 데뷔하기도 하고, 길게는 10년 넘게 연습생 생활을 하는 경우도 있답니다. 개인 역량이나 데뷔 시기에 따라 천차만별인 거죠.

대부분의 엔터테인먼트사 연습 시스템은 비슷한 커리큘럼을 따르지만, 각 회사의 경영 철학과 추구하는 아티스트상에 따라서 미묘한 차이를 보여요.

회사명	주요 특징
SM엔터테인먼트	'개념돌'이라는 별명처럼 아이돌의 음악적 역량뿐만 아니라 바른 인성을 엄청 중요하게 생각함. 이수만이 강조하는 '컬처 테크놀로지(CT)'를 기반으로 체계적인 트레이닝 시스템을 구축해 옴. 데뷔 전부터 철저한 콘셉트 기획과 글로벌 시장을 노린 **언어 교육**에 강점이 있음
JYP엔터테인먼트	박진영의 경영 철학인 '진실, 성실, 겸손' 아래 **인성 교육**을 특히 강조함. 인성 교육 과정을 필수로 이수해야 함. 대중과의 소통과 팬들과의 교감을 중시하는 아티스트를 키워 내는 데 집중함
YG엔터테인먼트	아티스트의 **개성과 자유로운 음악적 표현**을 중시하는 경향이 강함. 힙합 기반의 음악적 색깔이 강함. 연습생 개개인의 창의성과 자작곡 능력을 키우는 데 초점을 맞춤. 다른 회사보다 연습생 수가 적어서 소수 정예로 집중 관리하는 경향이 있음
HYBE (빅히트 뮤직)	방탄소년단(BTS)의 성공으로 너무나 잘 알려진 하이브는 아티스트의 **성장 서사와 진정성 있는 메시지 전달**을 중요하게 생각함. 연습생들의 자율성을 존중하고, 아티스트가 직접 곡 작업에 참여하는 비율이 높은 편임. 팬덤과의 소통과 유대감을 강화하는 시스템에 강점을 보임

Q5. 한국 연습생 시스템, 왜 아무나 못 따라 할까요?

한국의 연습생 시스템을 다른 나라가 쉽게 따라 하기 어려운 데는 여러 요인들이 있어요.

오랜 시간과 막대한 투자

몇 년에 걸친 연습 기간 동안 연습생들에게 숙소, 밥, 트레이닝 비용 등을 회사에서 다 대줘야 해요. 그러니까 자금이 아주 많지 않으면 불가능한 투자인

데, 데뷔에 성공한다는 보장도 없으니 리스크가 아주 크죠.

집약된 전문성

노래, 춤, 외국어, 인성, 체력 관리 등 각 분야의 최고 전문가들이 오랜 기간 쌓아 온 노하우와 커리큘럼을 가지고 연습생을 교육해요. 이런 전문 트레이너 풀과 체계적인 교육 시스템을 짧은 시간에 만들기는 엄청 어렵죠.

치열한 경쟁과 간절함

매년 수많은 지원자들이 연습생이 되려고 난리인데, 연습생 중에서도 극소수만 데뷔 기회를 잡을 수 있어요. 이런 엄청난 경쟁 환경으로 인해 연습생들은 더 피 터지게 노력하죠. 그래서 결과물의 완성도도 더 높아질 수밖에 없고요. 다른 문화권에서는 이렇게 오랫동안 높은 강도로 훈련받는 것에 대한 동기 부여가 약할 수 있죠.

K-POP 산업 생태계

음악 제작, 안무, 스타일링, 뮤직비디오 제작, 마케팅 등 아이돌 데뷔와 성공에 필요한 모든 요소들이 유기적으로 연결된 K-POP 산업 생태계가 한국에는 이미 아주 탄탄하게 구축되어 있어요. 이건 특정 요소만 가지고는 절대 따라 할 수 없는 종합적인 시스템이랍니다.

이런 요소들이 다 합쳐져서 한국의 아이돌 연습생 시스템은 단순한 아이돌 훈련 체계를 넘어서, **완성형 아이돌을 배출하는 독보적인 경쟁력**으로 자리 잡았어요. 그리고 이게 바로 K-POP이 전 세계적으로 성공하게 되는 데 결정적인 역할을 하고 있는 거죠.

여러분은 K-POP 아이돌의 어떤 '완성형' 모습에 가장 감탄하시나요?

K-POP 성공의 또 다른 비결은
퍼포먼스도, 곡도 다 만드는 만능 아이돌

K-POP 성공에 또 다른 중요한 요소는 이제는 독보적인 위치를 차지하게 된 '완성형 아이돌'을 만들어 내는 시스템이에요. 특히 이 친구들이 단순히 무대 위에서 노래하고 춤추는 걸 넘어서, **퍼포먼스 팀이면서 동시에 창작자**라는 점이 중요하죠. 자신들의 음악에 직접 참여하면서 예술적 진정성을 크게 더하는 현상으로 발전했답니다.

Q1. 퍼포먼스도 하고 곡도 쓰는 만능 아이돌은 언제 등장했나요?

아이돌이 퍼포먼스와 창작을 동시에 하기 시작한 건 K-POP 산업이 발전하면서부터였습니다. 초기 K-POP에서는 대부분 기획사가 만든 음악을 아이돌이 소화하는 방식이었는데, 2000년대 후반부터 아이돌의 자체 프로듀싱 능력이 강조되기 시작했죠. 이게 단순히 음악적 재능을 넘어서 아이돌 그룹의 정체성과 메시지를 강화하는 엄청 중요한 요소로 작용했습니다. 특히 2010년대 중반 이후에는 이런 경향이 더 크게 두드러져서, 많은 아이돌 그룹이 자기들

앨범에 직접 작사, 작곡, 편곡 등으로 참여하면서 **'아티스트'로서의 면모**를 제대로 보여 주고 있답니다.

Q2. K-POP의 '창작자 아이돌'은 뭐가 특별한가요?

서양 음악 시장에서도 마이클 잭슨이나 프린스, 테일러 스위프트, 에드 시런처럼 자기 음악을 직접 만들고 퍼포먼스까지 완벽하게 하는 아티스트들이 많았죠. 하지만 K-POP은 다음과 같은 점에서 좀 다르답니다.

'아이돌 시스템' 안에서의 창작

서양의 싱어송라이터들이 개인적인 역량과 독립적인 활동을 기반으로 하는 경우가 많다면, K-POP 아이돌은 기획사의 체계적인 시스템 안에서 전문적인 트레이닝을 받으면서 창작 능력을 발전시켜요. 이는 그룹의 정체성과 음악적인 방향에 맞춰서 창작 활동이 이루어진다는 걸 의미하죠.

'완성형 퍼포먼스'와의 폭발적인 결합

K-POP 아이돌은 작사, 작곡 능력뿐만 아니라 고도로 훈련된 칼군무와 무대 연출 능력까지 동시에 갖춰야 해요. 즉, 창작의 결과물이 눈으로도 완벽하게 구현되는 퍼포먼스와 결합될 때 K-POP의 큰 힘이 생긴답니다. 이는 다른 팝 장르에서 창작자의 퍼포먼스에 대한 강조가 상대적으로 덜한 것과는 완전 다른 점이죠.

그룹 내 다양한 창작 역할 분담

K-POP 그룹은 멤버들이 각자 능력에 따라서 작사, 작곡, 편곡, 안무 창작 등 다양한 창작 역할에 나눠서 참여하는 경우가 많아요. 이는 그룹 전체의 음악적 스펙트럼을 넓히고 시너지를 만들어 내는 효과를 가져온답니다.

Q3. 한국의 대표적인 '퍼포먼스 팀 겸 창작돌'은 누구인가요?

한국에서는 옛날부터 퍼포먼스와 창작을 다 잘하는 아이돌들이 등장해서 K-POP의 수준을 한 단계 더 높여 줬어요.

그룹/ 아티스트	주요 창작 멤버	대표작	특징
빅뱅 (BIGBANG)	지드래곤 G-Dragon	'거짓말', '마지막 인사', 'Fantastic Baby', '뱅뱅뱅' 등	K-POP 아이돌 중에 '창작돌'의 선구자로 인정받음. 2000년대 중반부터 빅뱅 음악 대부분을 직접 작사, 작곡. 프로듀싱하면서 그룹만의 색깔을 확립함. 솔로 앨범에서도 대단한 음악적 역량을 보여 줌
악동뮤지션 (AKMU)	이찬혁	'200%', 'Give Love', 'DINOSAUR', '낙엽송' 등	남매 듀오. 이찬혁이 모든 곡을 작사, 작곡, 프로듀싱하면서 독특하고 서정적인 음악 세계를 구축함. 대중성과 음악성을 동시에 인정받는 곡들을 쏟아 냄. 퍼포먼스보다는 음악적 진정성과 독창성에 더 집중하는 스타일임
아이들	소연	'LATATA', 'TOMBOY', '퀸카(Queen card)' 등	멤버 소연이 그룹 대부분의 곡을 작사, 작곡, 프로듀싱하면서 독특한 콘셉트와 강력한 음악적 색깔을 만들어 냄. 소연의 참여로 탄생한 대표곡들임
세븐틴 (SEVENTEEN)	우지, 호시 등	'아낀다', '아주 NICE', '박수', 'HOT' 등	'자체 제작 아이돌'이라는 수식어처럼 멤버 우지를 중심으로 거의 모든 앨범의 작사, 작곡, 프로듀싱에 참여함. 안무도 멤버 호시를 필두로 자체 제작함. 수많은 히트곡을 통해 탄탄한 음악적 역량을 제대로 보여 줌
방탄소년단 (BTS)	RM, 슈가, 제이홉 등	'봄날', 'IDOL', 'Fake Love', 'Dynamite' 등	멤버 RM, 슈가, 제이홉을 중심으로 대부분의 곡 작업에 적극적으로 참여하면서 그룹의 메시지와 스토리를 음악에 담아냄. 장르와 메시지를 넘나드는 다채로운 곡들을 선보이면서 세계적인 아티스트로 성장함

아이돌이 그냥 기획된 상품이 아니라, 자기 이야기를 담은 음악을 직접 만들고 퍼포먼스할 때 대중과 평론가들로부터 훨씬 더 큰 예술적 진정성을 인정받아요. 창작에 참여하는 아이돌은 자기 감정, 경험, 생각 등을 음악으로 표현하면서 팬들과 훨씬 더 깊은 공감대를 형성하거든요. 이건 팬들에게 아이돌이 단순한 '우상'을 넘어서 '공감할 수 있는 아티스트'로 인식되게 한답니다.

게다가 자작곡 능력은 아이돌 그룹에게 독자적인 음악적 색깔을 부여하고, 오래 활동할 수 있는 기반을 만들어 줘요. 유행만 좇는 게 아니라, 자기들만의 고유한 음악 세계를 구축함으로써 음악적 스펙트럼을 넓히고 아티스트로서의 가치를 높일 수 있죠. 이런 '창작돌'이 많아지는 건 K-POP이 다양한 장르와 메시지를 품는 예술적 영역으로 확장하는 데 기여하죠. 또한 대중음악계에서 K-POP의 위상 또한 높인답니다.

여러분은 어떤 창작돌의 음악에 가장 감동받으셨나요? 그 곡에 얽힌 여러분만의 특별한 이야기가 있다면 들려주세요!

팬 참여형 문화의 확산 과정, 그 비밀은 뭘까

K-POP이 이렇게까지 성공하게 된 핵심 요인 중에 하나는 바로 팬들이 스스로 참여해서 콘텐츠를 만들고 퍼뜨리는 독특한 **확산 과정**에 있답니다. 이는 정말 단순한 팬 활동을 넘어선 아주 적극적인 상호작용이며, K-POP의 글로벌 파급력을 어마어마하게 증폭시킵니다.

Q1. K-POP 콘텐츠는 팬들을 통해 어떻게 퍼져 나가나요?

K-POP이 확산되는 과정은 마치 살아있는 유기체처럼 다음의 흐름을 통해 이루어져요.

뮤직비디오 공개 & 팬들의 첫 반응

새로운 아이돌 그룹이나 신곡이 나오면 제일 먼저 공식 뮤직비디오가 '짠!' 하고 공개되죠. 그럼 팬들은 그걸 몇 번이고 돌려 보면서 음악과 퍼포먼스를 분석하고, 트위터나 인스타그램, 온라인 커뮤니티에서 폭발적인 반응을 보인답니다. '이 부분 미쳤다!', '저 안무 대박!' 이러면서요.

커버 댄스 팀 등장

뮤직비디오가 뜨면 전 세계의 커버 댄스 팀들이 빛의 속도로 원곡 안무를 익혀서 커버 영상을 만들고 유튜브 등의 플랫폼에 바로 올려요. 이는 원곡 안무를 대중한테 더 널리 알리고 퍼뜨리는 데 큰 역할을 하죠.

전문가 & 팬덤의 심층 분석

안무가, 음악 평론가, 유튜버 같은 전문가들은 뮤직비디오 안무, 연출, 음악적 요소에 대한 분석이나 코멘트 영상을 만들어서 올려요. 동시에 팬덤 안에서는 콘서트나 음악 방송 때 필수인 응원 구호(응원법)를 직접 만들고 연습하죠. 이건 팬들이 현장에서 하나 되는 핵심 요소가 됩니다.

방송국 '직캠' & 팬들 '홈마 직캠'

음악 방송에서는 특정 멤버를 집중해서 찍은 '직캠(직접 찍은 카메라)' 영상을 제공해서 팬들이 최애의 퍼포먼스를 더 자세히 볼 수 있게 해 줘요. 게다가 '홈마(홈페이지 마스터)'라고 불리는 팬들은 직접 고화질 카메라로 아이돌 무대나 행사 모습을 촬영해서 자기들 채널이나 웹사이트에 공유한답니다. 이건 공식 콘텐츠와는 또 다른 각도에서 아이돌의 매력을 보여 주면서, 팬덤 안에서 콘텐츠 소비를 더 활발하게 만들어요.

아이돌 간 '챌린지' & 숏폼 확산

아이돌 그룹 멤버들이 다른 아이돌이나 연예인들과 같이 신곡 안무의 특정 부분을 따라 하는 챌린지 영상을 만들어서 틱톡, 유튜브 쇼츠, 인스타그램 릴스 같은 숏폼 플랫폼에 올리는 건 이제 기본이죠. 이건 짧고 중독성 있는 콘텐츠로 대중의 참여를 유도하고, 일반 대중들도 쉽게 따라 하고 자기만의 숏폼 영상으로 다시 만드는 바이럴 마케팅 효과를 제대로 터뜨린답니다.

팬들의 자발적인 '랜덤 플레이 댄스'

팬들은 K-POP 음악이 나오는 대로 즉흥적으로 안무를 추는 랜덤 플레이 댄스 모임을 열고 그걸 영상으로 공유해요. 이건 팬들 간의 교류를 촉진하고, K-POP 팬덤 문화를 바깥으로 알리는 데 큰 역할을 한답니다.

이렇게 한 번 만들어진 콘텐츠는 팬들에 의해서 무한히 변형되고 재해석되면서 퍼져 나가죠. 그만큼 강력한 순환 구조를 만들어 내 생명력을 유지한다고 볼 수 있어요.

Q2. 팬 참여 확산 과정의 대표적인 예시가 있나요?

블랙핑크의 'DDU-DU DDU-DU'는 이런 팬 참여형 확산 과정의 대표적인 예시 중 하나예요.

단계	'DDU-DU DDU-DU' 사례
뮤직비디오 공개	2018년 6월, YG엔터테인먼트가 공식 뮤직비디오를 공개하자마자, 화려한 비주얼과 중독성 있는 후렴구, 강렬한 퍼포먼스가 전 세계 팬들의 눈을 크거 사로잡음
커버 댄스 열풍	뮤직비디오 뜨자마자 국내외 수많은 커버 댄스팀들이 'DDU-DU DDU-DU'의 상징적인 '총 쏘는' 안무를 포함한 퍼포먼스를 커버해서 유튜브 채널에 겨 속 업로드함. 이런 커버 영상들이 원곡 안무를 널리 알리는 데 크게 기여함
안무 분석 & 팬덤의 응원법 제작	안무가들은 안무 난이도와 특징을 분석하는 영상을 올림. 팬덤 '블링크(BLINK)'는 공식 팬카페나 소셜 미디어로 노래 구간별 응원 구호를 만들고 공유하면서 응원법을 퍼뜨림
직캠 & 홈마 콘텐츠 확산	음악 방송에서의 멤버별 직캠 영상과 팬들이 직접 찍은 고화질 홈마 영상들이 온라인에 쏟아져 나오면서, 팬들은 최애의 퍼포먼스를 다양한 각도에서 즐길 수 있었음. 이는 팬들의 몰입도를 최고치로 끌어올림

단계	'DDU-DU DDU-DU' 사례
챌린지 & 숏폼 트렌드	'DDU-DU DDU-DU'는 특정 안무 동작을 활용한 챌린지보다는, 그들의 강렬한 '걸크러시' 콘셉트와 중독성 있는 후렴구 자체가 숏폼 콘텐츠의 배경 음악으로 많이 사용되면서 자연스럽게 확산되었음. 일반 대중들이 이 음악에 맞춰서 자기만의 짧은 영상들을 만들고 올리면서 인지도를 더 높임
랜덤 플레이 댄스	전 세계 곳곳에서 열리는 K-POP 랜덤 플레이 댄스 행사에서 'DDU-DU DDU-DU'는 절대 빠지지 않는 곡이 됨. 이는 팬들 간의 교류를 촉진하면서 K-POP의 즐거움을 더 넓게 퍼뜨림

이렇게 'DDU-DU DDU-DU'는 팬들의 자발적인 참여와 다양한 형태의 콘텐츠 재창조를 통해 전 세계적으로 폭발적인 인기를 얻는 데 성공한 거예요.

Q3. 팬 참여형 콘텐츠 확산이 K-POP만의 특별한 현상일까요?

위에서 설명한 팬 참여형 확산 과정이 K-POP만의 특별한 현상이라고 보긴 어려워요. 디지털 시대가 되면서 다양한 대중문화 콘텐츠들이 비슷한 방식으로 퍼져 나가는 경향을 보이거든요. 예를 들어, 미국 팝스타나 틱톡에서 유행하는 챌린지 댄스도 짧은 시간 안에 전 세계로 확산되면서 커버 영상, 챌린지 영상 등으로 다시 만들어지잖아요. 특정 영화나 드라마의 명대사, 유행어 등이 팬덤을 넘어서 대중문화 전반에 걸쳐 패러디되고 재탄생하는 현상도 흔하고요.

하지만 K-POP의 확산 과정은 다음과 같은 점에서 독특한 강점과 차별성을 가진답니다.

팬덤의 조직력과 충성도

K-POP 팬덤은 다른 장르의 팬덤에 비해 아주 조직적이고 충성도가 높아요. 그들은 그냥 소비하는 것을 넘어 아이돌의 성공을 위해 적극적으로 활동하죠. 그래서 콘텐츠를 생산하는 원동력이 된답니다. 팬들이 스스로 **'홍보 대사'**

역할을 하면서 콘텐츠 확산에 기여하는 정도가 정말 강력하죠.

'팬 중심'의 기획 & 피드백 순환

K-POP 기획사들은 팬들의 니즈를 파악하고 피드백을 아주 적극적으로 받아들여서 콘텐츠를 기획하는 경향이 강해요. 직캠 제공이나 소통 플랫폼 운영 같은 게 그 예시죠. 이는 팬들이 자기가 '주체'가 돼서 콘텐츠를 만들고 퍼뜨리는 데 더 적극적으로 참여하게 만드는 요인인 거죠.

시각적 퍼포먼스의 압도적인 중요성

K-POP은 음악뿐만 아니라 고도로 연마된 안무와 시각적으로 화려한 뮤직비디오가 핵심이잖아요. 이런 시각적인 요소는 커버 댄스, 챌린지처럼 **따라 하기 좋은 콘텐츠**로 다시 만들어지기에 아주 유리하고, 언어의 장벽을 넘어 전 세계 팬들을 끌어들이는 강력한 매개체가 된답니다.

결론적으로, 팬 참여형 콘텐츠 확산은 디지털 시대의 보편적인 현상이지만, K-POP은 팬덤의 강력한 조직력, 팬 중심의 콘텐츠 기획, 그리고 시각적 퍼포먼스의 압도적인 중요성을 바탕으로 이 현상을 가장 효과적으로 활용하고 극대화해서 글로벌 성공을 이뤄 냈다고 할 수 있어요.

여러분은 K-POP 콘텐츠 중에 어떤 것을 직접 만들거나 공유해 본 경험이 있으신가요? 혹시 여러분만의 최애 확산 방식이 있다면 알려 주세요.

BTS 성공의 비밀은
음악 속에 숨겨진 '깊은 이야기'

여러분, 방탄소년단(BTS)이 어째서 성공한 걸까요? 그냥 음악을 잘해서? 아니면 퍼포먼스가 최고여서? 물론 그것도 있지만 거기에 더해 그들의 음악에는 시기마다 깊이 있는 **철학적인 메시지**와 **이야기**가 담겨 있기 때문이에요. 그게 전 세계 팬들에게 큰 영향을 주고 깊은 공감대를 형성했답니다. 이런 철학적인 기반이 BTS가 **아티스트로서 위상**을 확립하도록 하는 데 결정적인 역할을 했어요.

Q1. BTS 음악, 시기별 철학적 탐구의 여정을 살펴볼까요?

BTS의 음악 여정은 크게 세 단계의 철학적인 탐구를 거치면서 발전했어요.

1기(2013~2017년): 젊은 세대의 고민과 어려움

데뷔 초 BTS는 '학교 3부작'이라고 불리는 앨범들, 그러니까 『2 COOL 4 SKOOL』(2013)과 『O!RUL8,2?』(2013)을 통해서 10대들의 꿈, 행복, 사랑, 그리고 사회 시스템 속에서의 고민과 저항을 아주 솔직하게 노래했어요. 이 시기 앨범들은 그때 젊은 세대가 겪는 학업 스트레스, 경쟁 사회의 압박, 그리고 불확실한 미래에 대한 불안감을 가감 없이 드러내면서 또래 팬들의 격한 공감을 얻었죠.

그 후에는 '화양연화(The Most Beautiful Moment in Life)' 시리즈, 즉 『The Most Beautiful Moment in Life, Pt.1』(2015), 『Pt.2』(2015), 『Young Forever』(2016)와 『YOU NEVER WALK ALONE』(2017) 앨범으로 이어졌답니다. 이 시기에는 방황하고 흔들리는 청춘의 아름다움과 불안감을 다루면서, 힘든 현실 속에서도 같이 나아가자는 위로와 연대의 메시지를 전달했어요. '청춘'이라는 보편적인 주제를 통해 팬들에게 깊은 정서적인 유대감을 형성하는 기반이 된 거죠.

2기(2017~2018년): 나 자신을 사랑하자

BTS는 2017년부터 'Love Yourself' 시리즈, 즉 『Love Yourself 承 'Her'』(2017), 『Love Yourself 轉 'Tear'』(2018), 『Love Yourself 結 'Answer'』(2018)를 통해 자기 사랑과 존경이라는 메시지를 본격적으로 파고들었어요. 이 캠페인은 단순히 앨범 발매를 넘어서 유니세프(UNICEF)와의 글로벌 캠페인으로까지 확장돼서, 전 세계 청소년들에게 폭력을 멈추고 자신을 사랑하라는 메시지를 널리 퍼뜨렸답니다.

앨범 제목	담고 있는 메시지
『Love Yourself 承 'Her'』	사랑의 설렘과 다른 사람을 사랑하는 과정에서 자신을 발견하는 시작을 다룸
『Love Yourself 轉 'Tear'』	사랑의 어두운 면, 이별과 상처 속에서 자기혐오와 마주하는 고통을 다룸
『Love Yourself 結 'Answer'』	결국 모든 상처와 고통을 인정하고 받아들이면서 자기 자신을 온전히 사랑하는 것이 진정한 행복의 시작임을 깨닫는 과정을 담그 있음

이 시리즈는 '자신을 사랑하는 것이야말로 진정한 사랑의 시작'이라는 핵심 메시지를 통해 팬들에게 깊은 통찰과 함께 긍정적인 영향을 줬답니다.

3기(2019년 이후): 내 안의 나를 찾아서

2019년 발매된 『Map of the Soul: Persona』는 특히 심리학자 **칼 구스타프 융 (Carl G. Jung)의 철학**을 기반으로 했어요. 앨범 제목부터 융의 제자인 머레이 스타(Murray Stein)의 책 『Jung's Map of the Soul』에서 영감을 받았고, 융의 핵심 개념들을 음악 속에 녹여 냈답니다.

융의 개념	BTS 음악에 담긴 메시지
페르소나 (Persona)	앨범의 주요 테마인 '페르소나'는 융 심리학에서 '사회생활을 위해 쓰는 가면' 또는 '외부 세계에 보여지는 자기'를 의미함. 타이틀곡 '작은 것들을 위한 시(Boy With Luv)'는 화려한 아이돌로서의 페르소나와 그 뒤에 숨겨진 솔직한 자아 사이의 균형, 그리고 팬덤 '아미'를 향한 사랑을 표현함. RM의 솔로곡 'Persona'는 겉으로 보이는 '나'와 내면의 '나'에 대한 질문을 던지면서 진정한 자아를 탐색함
에고(Ego) & 섀도우(Shadow)	앨범 수록곡들은 자아(Ego)와 그림자(Shadow)라는 융의 개념을 다루면서, 자기 자신을 찾아가는 여정을 노래함. 'Mikrokosmos'는 '작은 우주'라는 뜻으로, 각 개인의 존재가 소중하고 서로 연결되어 빛나는 존재임을 노래하며 내면의 세계를 탐구함. 'Dionysus'는 술의 신 디오니소스를 통해 예술가로서의 열정과 광기를 뿜어 내면서, 자아의 다양한 측면을 드러냄. 이는 융이 말하는 자아의 여러 면과도 연결됨
자기 자신을 찾는 여정	『Map of the Soul: Persona』는 결국 다른 사람의 시선과 사회적 기대 속에서 진짜 '나'는 누구인지, 어떻게 자신을 찾아나갈 것인지에 대한 철학적인 질문을 던지는 곡. 청춘의 고민을 넘어서 더 보편적이고 깊이 있는 인간 존재에 대한 탐구로 나아갔다는 걸 보여 줌

2020년에 발표된 싱글 'Black Swan'은 융의 개념을 넘어서 예술가로서의 BTS를 더 부각했어요. 이 곡은 예술가로서 영감을 잃을지도 모른다는 깊은 두려움과 창작의 고통을 표현하면서, 진정한 예술적 자아를 찾아가는 과정을 암시하죠. 이 곡은 마사 그레이엄 무용단의 현대무용 공연으로 먼저 공개된 후에,

BTS의 퍼포먼스로 이어지면서 음악과 순수 예술의 경계를 허무는 시도를 보여 줬답니다. 그러니까 음악을 넘어서 종합 예술로서의 지향점을 드러낸 거죠.

이와 함께 2020년에 진행된 'CONNECT, BTS - global art project'는 런던, 베를린, 부에노스아이레스, 서울, 뉴욕의 주요 박물관 및 갤러리와 협력해서 현대미술 작가들을 지원하고 대중에게 예술을 소개하는 프로젝트였어요. 이는 BTS가 음악을 넘어서 문화 예술 전반에 걸쳐 '연결'과 '치유'의 메시지를 퍼뜨리려는 철학적인 의지를 보여 주는 사례랍니다.

그 후 코로나19 팬데믹 시기에는 'Dynamite', 'Butter', 'Permission to Dance' 같은 밝고 희망적인 메시지를 담은 곡들을 통해서 전 세계에 위로와 긍정적인 에너지를 전달하며, 어려운 시기에 전 세계인에게 희망의 등대가 되었어요. 힘든 시기를 그들 덕분에 버틴 아미들이 많죠?

Q2. 철학적인 메시지가 팬들에게 미친 영향은 무엇일까요?

BTS의 깊이 있는 철학적인 메시지는 팬들에게 다음과 같은 영향을 미쳤고, 이게 곧 BTS의 폭발적인 인기로 이어졌답니다.

깊은 공감과 유대감 형성

BTS는 젊은 세대의 보편적인 고민, 그러니까 꿈과 현실 사이의 괴리, 사회적인 압박, 자아 정체성 혼란 등을 솔직하게 다루면서 팬들에게 "내 이야기를 해 주네?" 하는 느낌을 주면서 깊은 공감대를 형성했어요. 팬들은 음악을 통해서 위로받고, 자기 삶에 대한 통찰을 얻으면서 BTS와 강력한 정서적인 유대감을 형성했답니다.

자기 성찰과 성장 동기 부여

'Love Yourself' 캠페인과 'Map of the Soul' 시리즈는 팬들에게 자기 자신

을 사랑하고, 내면을 탐구하고, 자아를 찾아가는 여정의 중요성을 깨닫게 해 줬어요. 이건 팬들이 음악을 통해서 개인적인 성장과 긍정적인 변화를 경험하는 계기가 되었고, 덕질을 통해서 삶의 의미를 찾게 되는 경우도 많았죠.

지성적인 이미지와 선한 영향력 확산

융 심리학 같은 깊이 있는 철학적인 개념을 음악에 담아내면서 BTS는 그냥 아이돌이 아니라 **'생각하는 아티스트'**, '메시지를 전달하는 그룹'이라는 지성적인 이미지를 구축했어요. 이건 팬들에게 엄청난 자부심을 줬고, BTS가 유니세프 캠페인 등에 참여하면서 보여 준 선한 영향력은 팬덤의 사회 참여를 독려하는 강력한 동기가 되었답니다. 팬덤 '아미'가 BTS의 이름으로 기부, 환경 보호 같은 활동을 활발히 펼치는 것도 이런 철학적인 기반의 영향이 크죠.

글로벌 대중의 확장

BTS 음악의 메시지는 언어와 문화를 초월하는 보편성을 가지고 있어요. 젊은 세대의 고민, 자아 탐색, 자기 사랑이라는 주제는 전 세계 어디에서나 공감할 수 있는 내용이었고, 이건 다양한 배경을 가진 사람들을 팬으로 끌어들이는 데 결정적인 역할을 했답니다. 특히 융의 철학을 담은 앨범들은 학술적인 관심까지 불러일으키면서 팬층을 더 넓혔어요.

결론적으로, BTS의 철학적인 기반은 BTS의 음악을 단순한 엔터테인먼트를 넘어서 '인생의 동반자'이자 '생각하게 만드는 대상'으로 격상시켰어요. 이게 팬들에게 깊은 몰입과 충성도를 이끌어 냈고, 결과적으로 BTS를 글로벌 슈퍼스타로 만든 가장 중요한 성공 요인 중 하나로 작용했답니다.

여러분은 BTS 음악의 어떤 메시지에 가장 깊이 공감하셨나요? 최애 곡의 가사나 그 곡이 여러분의 삶에 어떤 영향을 줬는지 이야기해 주세요.

제니는 왜 선종을 선택했나: 제니의 'ZEN'에 숨은 이야기

여러분, 블랙핑크 제니의 'ZEN' 뮤직비디오 보셨나요? 이거 그냥 대충 만든 거 아니랍니다. 공개되자마자 아주 심오한 메시지와 상징들로 가득 차 있어서 난리가 났잖아요. 특히 한국학 에세이 유튜브 채널에서 문광 스님이 이 뮤직비디오를 선(禪) 불교적 관점에서 해석한 영상이 정말 대단했어요. 스님이 보신 'ZEN'에 담긴 선적인 의미, 지금부터 살펴볼까요?

Q1. 'ZEN'에 담긴 제니의 깊은 세계는 무엇일까요?

'ZEN'은 제니의 내면세계와 선(禪) 사상을 연결하려는 시도가 돋보이는 곡이에요. 곡 제목 'ZEN'이 발음상 제니(Jennie)와 비슷한데, 이를 통해 제니가 선의 경지에 도달하고자 하는 의지를 이 곡에 담고 있다고 해석할 수 있다고 해요. 문광 스님은 영상에서 이 뮤직비디오에 나오는 여러 요소들이 불교, 특히 선 사상과 엄청 깊이 연결되어 있다고 분석했답니다.

Q2. 스님은 'ZEN' 뮤비 가사와 상징을 어떻게 해석했을까요?

문광 스님은 'ZEN'의 가사와 뮤직비디오는 다음과 같은 선적인 의미를 품고 있다고 해석합니다.

올빼미: 뮤직비디오 초반에 나오는 올빼미! 그리스 신화의 미네르바 올빼미 같기도 하지만, 불교에서도 어둠을 쫓아내고 빛과 지혜를 드러내는 존재로 해석된다고 해요. 무지(無知)를 벗어나 깨달음으로 나아가는 과정을 상징하는 거죠.

'Down now': '머리를 숙여라'나 '무릎을 꿇어라'는 의미가 아니라, 모든 집착과 번뇌를 내려놓으라는 선적인 가르침을 담고 있대요. 조주선사님의 화두인 "하(下)하라."와 연결된다고 하니, 정말 대단하죠?

검은 옷을 입은 사람들: 이건 화랑도 무리 같기도 하고, 내면의 고통과 번뇌를 상징한대요. '내려놓으라'는 메시지는 이런 부정적인 감정에서 벗어나라는 의미로 해석될 수 있죠.

'Cross me please': '감히 나를 건드려 봐라'는 도발적인 표현 같지만, 선 수행을 통해서 자아를 초월한 '무아(無我)'의 경지에 도달했음을 의미한대요. 어떤 감정이나 번뇌도 더 이상 자신을 흔들 수 없다는 자신감을 뿜어내는 거죠.

'I'ma keep it Z, Zen': 알파벳 마지막 글자인 'Z'와 'Zen'의 발음이 비슷하잖아요? 이걸 이용해서 끝까지 선의 경지를 유지하겠다는 강한 의지를 나타낸대요.

'Present, bless, zen': 문법적으로는 좀 어색해 보이지만, 선 수행에서 얻는 '선열락(禪悅樂)', 즉 선의 기쁨과 축복을 의미한대요. 외부에서 오는 축복이 아니라, 자기 내면에서 샘솟는 기쁨을 뜻한다는 거죠.

'Money can't buy sixth sense': 돈으로 살 수 없는 여섯 번째 감각, 즉 의식(意

識) 을 의미한대요. 이건 선 수행을 통해서 얻을 수 있는 깨달음의 경지를 뜻하고, 물질적인 가치로는 얻을 수 없는 정신적인 가치를 강조하는 거랍니다.

'Fire aura': 부처님 후광처럼, 깊은 선정(禪定) 상태에서 나타나는 빛을 의미한대요. 동시에 내면의 '조용한 수다(quiet chatter)'는 아직 수행이 완벽하게 끝나지 않았음을 암시하고요.

하얀 옷으로 바뀐 사람들: 선 수행을 통해서 어느 정도 정화된 상태를 나타낸답니다.

'My matter, something': 서산대사의 '선가귀감'에 나오는 구절인 '본래면목(本來面目)', 즉 본래부터 갖추고 있는 청정한 마음을 의미한대요.

가면을 쓴 사람들: 칼 융의 '페르소나(persona)' 개념과 연결돼요. 선 수행을 통해서 수많은 '나'를 초월하고 진정한 자아를 찾는 과정을 보여 주는 거죠.

흔들리는 사람들: 내면의 불안과 번뇌를 상징한대요. 하지만 선 수행을 통해서 흔들리지 않는 마음을 얻게 된다는 의미를 담고 있답니다.

'All this power': 단순한 힘이 아니라, 선의 힘, 즉 마음의 힘, 본래 갖추어진 청정한 본성의 힘을 의미한대요.

'My glow': 본래 갖추어진 불성(佛性)에서 나오는 빛, 즉 깨달음의 빛을 의미한대요. 화엄경의 '광명의 빛'과도 연결된다니, 정말 대단하죠?

'Shape me': 말이나 글자로 표현할 수 없는 깨달음의 경지를 표현하려는 시도래요. 제니의 얼굴이 막 빠르게 바뀌는 장면은 '진정한 자아가 뭐야?' 하고 묻는 것 같죠.

사대 요소(땅, 물, 불, 바람): 불교의 우주관을 나타낸대요.

하얀 올빼미: 지혜의 상징인 올빼미가 하얗게 변한 건, 검은 번뇌를 이겨 내고 순수한 지혜를 얻었음을 의미한대요.

사슬: 인드라망의 비유처럼, 수많은 삶을 거치면서 쌓인 업(業)을 상징한대요.

흰색 상의와 검은색 하의: 한국 국기의 태극 문양 같기도 하고, 음양의 조화를 나타낸대요.

활짝 펼친 손과 쏟아지는 비: 관세음보살님의 감로수처럼, 정화와 해탈을 상징한대요.

'Midnight bloom': 진흙 속에서 피어나는 연꽃처럼, 어둠 속에서 피어나는 깨달음을 의미한대요. 불교에서는 연꽃을 '진흙탕에 물들지 않는 청정함'으로 비유하죠.

육감(六感): 불교에서 말하는 여섯 가지 감각 기관(시각, 청각, 후각, 미각, 촉각, 의식)을 의미한대요. 돈으로 살 수 없는 여섯 번째 감각은 바로 '의식', 즉 깨달음의 경지를 뜻하는 거죠.

벌집 모양의 육각형: 가장 안정적인 형태를 나타내면서, 모든 존재가 서로 연결되어 있음을 상징한대요.

'Can't be two of one': 세상 모든 사람이 본래 부처이고, 마음을 비우고 선을 행하면 모두 하나가 된다는 의미래요. 정말 심오하죠.

Q3. 'ZEN'이 우리에게 어떤 깨달음을 주었을까요?

제니의 'ZEN'은 단순한 대중음악을 넘어서, 선 사상이라는 심오한 주제를 대중에게 소개해 주는 역할을 했어요. 특히 젊은 세대에게는 좀 어렵게 느껴질 수 있는 불교적 가르침을 현대적인 언어와 감각적인 영상으로 풀어내서, 종교나 문화를 초월한 공감대를 형성했답니다. 이 곡은 듣는 사람에게 자기 성찰과 내면의 평화를 추구하도록 이끄는 힘을 가지고 있고, K-POP의 예술적 깊이를 한층 더 확장했다는 평가를 받고 있어요.

　여러분은 'ZEN' 뮤직비디오를 보면서 어떤 장면이나 가사에 가장 깊은 인상을 받으셨나요? 혹시 '이건 이런 의미가 아닐까?' 하고 해석해 본 부분이 있다면 알려 주세요!

참고자료

문광스님.(2025년 5월 24일). 지금까지 이런 해석은 없었다!
스님이 본 '제니 ZEN' 소름돋는 반응
#제니 #젠 #zen #문광스님 #한국학에세이

K-POP 성공의 숨은 주역들!
한국 4대 엔터사 파헤치기!

K-POP이 이렇게 전 세계적으로 성공하게 되기까지 큰 역할을 한 숨은 주역들이 있어요! 바로 한국의 대형 엔터테인먼트 4사 SM, JYP, YG, 그리고 HYBE 랍니다. 각 회사마다 자기만의 경영 방식과 아티스트 키우는 철학이 있는데, 이게 실적이나 시장 평가에도 영향을 줍니다. 그럼 이 네 회사가 어떻게 다른지, 덕심 가득 담아 파헤쳐 볼까요?

1. SM엔터테인먼트: '시스템'으로 완벽하게 만드는 아티스트

SM엔터테인먼트는 체계적인 시스템으로 아티스트를 발굴하고 키우는 데 강점을 보여 온, 말 그대로 '최초의 기획사' 중 하나입니다. 이수만 전 총괄 프로듀서가 밀었던 **컬처 테크놀로지(CT)** 전략은 아티스트 기획부터 트레이닝, 프로듀싱, 마케팅까지 전 과정을 시스템화해서 '완성형 아이돌'을 만들어 내는 데 집중했답니다.

경영 방식

SM은 아티스트의 음악적인 실력뿐 아니라 바른 인성을 엄청 중요하게 생각합니다. 데뷔 전부터 철저한 콘셉트 기획과 글로벌 시장을 노린 외국어 교육에 강점이 있죠. 'SM루키즈' 시스템처럼 데뷔 전부터 연습생들 인지도를 쌓고 무대 경험까지 시켜 줘서 실전 감각을 키우도록 한답니다.

아티스트 특징

'칼군무의 원조'라는 수식어처럼 퍼포먼스에 강한 아이돌을 많이 배출하고, 다양한 장르와 콘셉트를 소화할 수 있는 넓은 음악 스펙트럼을 자랑합니다. 동방신기, 슈퍼주니어, 소녀시대, 샤이니, 엑소, 레드벨벳, NCT, 에스파가 바로 SM 대표 아티스트들이죠!

실적 및 평가

2025년 1분기 기준으로 SM엔터테인먼트는 **매출 2,314억 원, 영업이익 326억 원**을 기록하면서 매출과 영업이익 모두 작년보다 늘었습니다. 이건 신인 그룹 성공적인 데뷔와 기존 아티스트들 활발한 활동 덕분이라고 하네요. 증권가에서도 실적이 더 좋아질 것이라며 긍정적으로 보고 있다고 해요.

2. JYP엔터테인먼트: 노력하는 아티스트 & 인성 교육은 필수

JYP엔터테인먼트는 박진영 총괄 프로듀서의 경영 철학인 '진실, 성실, 겸손'을 기반으로 아티스트를 키우는 것으로 완전 유명하죠. JYP는 아티스트 실력만큼이나 인성을 진짜 중요하게 생각해서, 데뷔 전부터 철저한 인성 교육과 멘탈 케어 프로그램을 운영한답니다.

경영 방식

JYP는 '성장의 속도보다는 성장의 질'을 우선시하면서, 아티스트가 사회적 콘텐츠를 만드는 데 참여하고 환경 보호 활동까지 하는 등 사회적 책임을 다하는 걸 응원합니다. 게다가 해외 시장에 딱 맞는 아티스트를 키우는 시스템도 일찍부터 강화해 왔답니다.

아티스트 특징

타고난 재능보다는 '꾸준한 노력'으로 성장하는 아티스트 이미지를 강조합니다. 대중과 소통하고 팬들과 교감하는 걸 중요하게 생각하는 아티스트를 배출하려고 하죠. 원더걸스, 2PM, 미쓰에이, 트와이스, 스트레이 키즈, ITZY, NMIXX 친구들이 JYP를 대표하는 아티스트랍니다.

실적 및 평가

2025년 1분기 JYP엔터테인먼트는 **매출 1,408억 원, 영업이익 196억 원**을 기록했습니다. 매출은 조금 늘었지만 영업이익은 작년보다 줄어서 4대 엔터사 중에서는 시장 기대치가 좀 낮은 편이라고 해요. 이건 일부 핵심 아티스트들 활동이 좀 뜸했고 신인 그룹 성장 속도가 시장 기대만큼은 아니어서 그렇다고 분석되네요. 그래도 믿고 보는 JYP!

3. YG엔터테인먼트: '잘난 사람'들의 개성 넘치는 음악

YG엔터테인먼트는 아티스트의 개성과 자유로운 음악적 표현을 중요하게 생각하는 경향이 강하고, 힙합 기반의 음악적 색깔이 완전 특징입니다. 'YG 보석함'이라는 별명처럼 소수 정예 아티스트들을 뽑아서 오랫동안 빡세게 훈련한 후에 데뷔시키는 전략을 써 왔답니다.

경영 방식

YG는 아티스트 각자의 **창의성**과 자작곡 능력을 키우는 데 초점을 맞춥니다. 다른 회사들보다 컴백 주기가 길어서 '신비주의' 전략이라고 불리기도 했는데, 최근에는 이런 기조에 변화를 줘서 아티스트들 활동 주기를 좀 더 당기려는 시도를 보이고 있대요.

아티스트 특징

강렬한 음악적 색깔과 독보적인 스타일, 그리고 대단한 무대 장악력을 가진 아티스트들을 배출합니다. 빅뱅, 2NE1, 위너, 아이콘, 블랙핑크, 악동뮤지션, 트레저 등이 YG를 대표하는 아티스트들이죠. 특히 지드래곤, 악동뮤지션 이찬혁처럼 자체 프로듀싱 능력을 갖춘 아티스트들을 통해서 음악적 깊이를 더한답니다.

실적 및 평가

2025년 1분기 YG엔터테인먼트는 **매출 1,001억 원, 영업이익 95억 원**을 기록하면서 흑자 전환에 성공했어요. 이건 블랙핑크 같은 주요 아티스트들 활동이 다시 시작되고 신인 그룹들도 잘 성장한 덕분인 것 같네요.

4. HYBE: 'BTS 운빨'을 넘어 새로운 영역으로

HYBE는 방탄소년단(BTS)의 폭발적인 성공을 발판 삼아 엄청나게 빠르게 성장해서 기존 '빅3' 엔터사들을 넘어 '업계 1강' 으로 자리매김했어요. 단순히 아티스트 매니지먼트만 하는 게 아니라, IT 기업의 특징을 결합한 비즈니스 모델과 멀티 레이블 시스템을 갖춘 것이 특징이랍니다.

경영 방식

HYBE는 **멀티 레이블 시스템**을 통해서 각 레이블에 자율적인 운영 권한을 주고, 다양한 아티스트들이 동시에 활동할 수 있는 환경을 제공해요. 자체 팬덤 플랫폼 '위버스(Weverse)'를 통해서 아티스트와 팬들 소통을 강화하고 IP 시너지를 최대로 끌어올리면서, 직접 수익뿐만 아니라 간접 수익 비중을 높이는 데 성공했죠. 게다가 아티스트의 성장 서사와 진정성 있는 메시지 전달을 엄청 중요하게 생각한답니다.

아티스트 특징

방탄소년단(BTS)의 성공은 아티스트가 직접 곡 작업에 참여해서 진정성 있는 메시지를 전달하는 게 팬덤에 얼마나 큰 영향을 미치는지 제대로 보여 줬습니다. BTS의 RM, 슈가, 제이홉은 대부분의 곡 작업에 참여하면서 그룹의 철학적인 기반을 단단히 다졌죠. 투모로우바이투게더, 엔하이픈, 르세라핌처럼 다양한 음악적 색깔을 가진 아티스트들이 각 레이블에서 활발하게 활동하고 있답니다.

실적 및 평가

2025년 1분기 HYBE는 **매출 5,006억 원, 영업이익 216억 원**을 기록하면서 창사 이래 최대 매출을 달성했습니다. 비록 영업이익률은 다른 회사들보다 낮은 편이지만, 압도적인 매출 규모와 해외 매출 비중(약 67%)을 통해서 글로벌 시장에서의 강력한 영향력을 제대로 보여 주고 있죠. 증권가에서는 주요 아티스트들 활동이 본격화되면서 2분기부터 실적이 더 가파르게 좋아질 것이라 전망하고 있답니다.

이 네 대형 엔터테인먼트사들은 각자의 강점과 차별화된 전략을 통해서 K-POP 산업을 이끌고 있습니다. SM의 체계적인 시스템, JYP의 인성 중심 철학, YG의 개성 강한 음악, 그리고 HYBE의 플랫폼 기반 멀티 레이블 전략은 모두 K-POP이 글로벌 시장에서 성공하는 데 크게 기여했어요. 각 회사가 치열하게 경쟁하면서도 서로에게 영감을 주고 발전하는 과정은 K-POP 산업이 계속해서 성장하는 원동력이 되고 있죠.

여러분은 이 네 회사 중에 어떤 회사의 아티스트들을 가장 좋아하시나요? 각 회사별 아티스트들의 매력 포인트는 뭐라고 생각하세요? 댓글로 덕심을 불태워 주세요!

한때 아시아 최고였던
일본 아이돌의 인기는 왜 떨어졌을까

여러분, 일본 아이돌 산업이 한때 아시아 대중문화의 최정상을 차지했던 거 아시죠? 그런데 고유한 발전 방식과 글로벌 트렌드가 바뀌면서 그 위상도 변했답니다. 특히 우리 K-POP과 비교해 보면 일본 아이돌 산업의 특징과 현재를 더 잘 이해할 수 있어요!

1. 일본 아이돌 산업의 전성기, 그때 그 시절

일본 아이돌 산업은 1970년대부터 1990년대까지 완전 '아이돌 황금기'를 누렸어요. 그때 일본은 아시아를 넘어서 전 세계적으로도 독자적인 아이돌 문화를 만들었죠.

1970년대

핑크 레이디처럼 듀오 그룹이 'SOS', 'Kiss in the Dark' 같은 노래로 엄청난 인기를 얻으면서 일본형 아이돌의 기틀을 다졌답니다.

1980년대

마츠다 세이코, 나카모리 아키나 같은 솔로 아이돌들이 폭발적인 인기를 누리면서 음반 시장을 거의 점령해 버렸습니다. J-POP이라는 용어가 등장하면서 일본 대중음악의 전성기를 이끌었죠.

1990년대

스마프(SMAP), 아라시(Arashi) 같은 남성 그룹과 아무로 나미에 같은 솔로 아티스트들이 시대를 완전 풍미했습니다. 이들은 뛰어난 퍼포먼스와 대중성을 다 갖추면서 일본 음악 시장을 지배했죠. 록 밴드 엑스 재팬(X Japan)처럼 독특한 음악적 색깔과 강력한 팬덤을 가진 아티스트들도 있었고요.

이 시기 일본 아이돌들은 다양한 예능 활동, 드라마 출연, 광고 모델 등으로 활동 영역을 넓히면서 대중에게 완전 친숙한 존재로 자리 잡았어요.

2. 일본 아이돌 산업의 아쉬운 변화 이유

2000년대 중반 이후 일본 아이돌 산업은 **'성장형 아이돌'** 모델에 너무 집중하면서 글로벌 경쟁력을 잃기 시작했다고 볼 수 있습니다. 대표적인 그룹이 AKB48인데, 이들의 성공 방식은 '만나러 갈 수 있는 아이돌'이라는 콘셉트와 악수회, 총선거 같은 걸로 대표된답니다.

악수회 중심의 팬 서비스

음반 사면 악수회 참가권 주는 건 팬들에게 아티스트와 직접 소통할 기회를 줘서 음반 판매량은 높았어요. 이건 팬덤 충성도를 높이는 데 효과적이긴 했지만, 퍼포먼스나 음악적 실력 향상보다는 팬심에 의존하는 구조를 만들었죠. 악수회를 하려고 앨범을 아주 많이 사야 한다니, 우리와는 좀 다르죠?

'성장형' 콘셉트의 한계

연습생 기간을 짧게 가져가고 아직 미숙한 상태에서 데뷔시켜서 팬들과 같이 성장하는 모습을 보여 주는 '성장형' 콘셉트는 일본 안에서는 성공적이었지만, 완성도 높은 퍼포먼스를 요구하는 글로벌 시장에서는 경쟁력이 크게 떨어졌어요. K-POP 아이돌들은 데뷔부터 완벽해야 하는데 말입니다.

갈라파고스화(Galapagosization)[1]

일본 특유의 시장 환경과 팬덤 문화에 너무 갇히면서, 글로벌 트렌드와 동떨어진 독자적인 발전을 하게 된 겁니다. 이로써 해외 팬들이 들어오기 어려워지고 일본 내수 시장에만 집중하게 되었죠. 그렇게 고립된 거예요.

디지털 콘텐츠 전환 부진

음반 판매 중심의 비즈니스 모델을 고수하면서 스트리밍 서비스나 유튜브 같은 디지털 플랫폼 활용이 너무 늦었어요. 그래서 글로벌 팬들이 일본 아이돌 콘텐츠에 접근하기 어려워졌답니다. 시대는 변하고 있는데, 따라잡지 못한 거죠.

지나친 인력 확장과 낮은 퍼포먼스 기준

멤버가 너무 많은 그룹들이 쏟아져 나오면서 개별 멤버들 실력 관리가 어렵고, 퍼포먼스 완성도에 대한 기대치도 낮아지는 경향을 보였어요.

이런 요소들이 복합적으로 작용하면서, 일본 아이돌 산업은 옛날의 위상을 잃고 일본 내수 시장에만 머무르는 한계에 부딪히게 됐답니다.

---

1   갈라파고스화는 특정 국가나 시장이 고립되어 그들만의 독자적인 표준이나 기술을 발전시키다가 결국 세계 시장의 흐름에서 뒤처지는 현상을 의미합니다. 이 용어는 진화론으로 유명한 갈라파고스 제도의 고유 생물들이 외부와 단절된 환경에서 독자적으로 진화한 것에 비유하여 만들어졌습니다.

3. 한국으로 오고 있는 일본 아이돌들

일본 아이돌 산업의 한계 속에서, 더 넓은 무대와 더 높은 수준의 퍼포먼스를 원하는 일본 출신 아이돌들이 우리 한국 엔터테인먼트 시스템으로 눈을 돌리기 시작했어요.

구분	아티스트	특징
기성 아이돌의 한국 재데뷔	르세라핌 (LE SSERAFIM) 사쿠라(宮脇咲良)	일본 인기 아이돌 그룹 HKT48 및 한일 합작 프로젝트 그룹 아이즈원(IZ*ONE) 멤버로 이미 일본과 한국에서 인지도가 엄청 높았음. 르세라핌으로 재데뷔하면서 압도적인 퍼포먼스와 완성도 높은 비주얼로 '성장형 아이돌' 이미지 벗고 '완성형 아이돌'로 완전 다시 태어남
신인 아이돌의 한국 데뷔	르세라핌 카즈하(中村一葉)	발레리나 출신으로, 일본에서 정식 아이돌 활동 경험이 없었음. 네덜란드에서 유학 중에 HYBE 오디션으로 발탁돼서 르세라핌으로 데뷔함. '신인'으로 한국 시스템에서 체계적인 트레이닝을 거쳐 '완성형 아이돌'로 데뷔한 케이스임

이러한 사례들은 일본 아이돌 산업의 틈새를 보여 주며, 한국 시스템이 제공하는 체계적인 교육과 글로벌 데뷔 기회가 일본 아티스트들에게 매력적인 대안이 되고 있음을 증명해요.

4. 일본 내 한국 아이돌의 위상과 시각

일본 내에서 한국 아이돌의 위상은 매우 높아요. 과거 한류 붐을 넘어서 이제는 J-POP 시장의 주요 플레이어로 자리 잡았답니다.

음악 방송 출연

우리 한국 아이돌 그룹들은 일본의 대표적인 연말 음악 축제인 '홍백가합

전(NHK 紅白歌合戰)'에 매년 여럿 출연하면서 일본 전국적인 인기를 증명하고 있어요. 동방신기, 트와이스, 방탄소년단, 스트레이 키즈 등 많은 그룹들이 출연했죠. 게다가 '뮤직 스테이션(Music Station)' 같은 주요 음악 프로그램에도 단골로 나온답니다.

높은 음반 판매량 및 스트리밍

일본 오리콘 차트 상위권을 한국 아이돌 그룹들이 꾸준히 차지하고 있고, 디지털 음원 시장에서도 엄청난 강세를 보여요.

긍정적인 시각

일본 대중들은 한국 아이돌의 압도적인 퍼포먼스, 높은 완성도, 팬들과의 적극적인 소통 방식, 세련된 비주얼 등을 긍정적으로 평가한대요. 특히 칼군무와 라이브 실력에 대한 칭찬이 많죠. 일부에서는 일본 아이돌 산업이 한국 아이돌의 강점을 배워야 한다는 자성의 목소리도 나온답니다.

5. 한국과 일본의 아이돌 산업 비교

한국과 일본의 아이돌 산업은 다음과 같은 주요 차이점을 보인답니다.

구분	한국 아이돌 산업(K-POP)	일본 아이돌 산업(J-POP)
목표 시장	글로벌 시장 (해외 팬덤 유입 최우선)	국내 시장 (내수 팬덤 유지 및 강화)
트레이닝	장기간(평균 3~5년) 고강도 트레이닝 (노래, 춤, 외국어, 인성 등)	단기간 또는 데뷔 후 성장 (개인의 재능, 예능 활동 강조)
퍼포먼스	**완성형**: 칼군무, 라이브 안정성, 고퀄리티 무대 연출	**성장형**: 팬과 함께 성장, 라이브 중 실수가 용인되는 분위기

구분	한국 아이돌 산업(K-POP)	일본 아이돌 산업(J-POP)
콘텐츠 생산	기획사 주도 체계적 생산, 아티스트 참여도 높음	기획사 및 아티스트, 팬덤의 니즈 반영 다양
팬덤 상호작용	온/오프라인 소통(SNS, 플랫폼), 팬덤의 조직적 서포트(스밍, 총공)	직접적인 소통(악수회, 팬미팅), 특정 이벤트 통한 경쟁
비즈니스 모델	음반/음원, 투어, 굿즈, IP 활용(플랫폼 수익)	음반/음원, 악수회 티켓, 굿즈, 미디어 출연료
글로벌 경쟁력	압도적인 경쟁력 보유, 지속적인 성장	상대적으로 낮은 경쟁력, 내수 시장 의존
뮤직비디오	고예산, 고퀄리티, 시각적 효과 극대화	상대적으로 낮은 예산, 아티스트 위주, 다양한 버전 존재
언어	영어, 일본어, 중국어 등 다국어 구사 능력 강조	일본어 중심, 일부 해외 활동 시 현지어 사용

여러분은 K-POP과 J-POP의 이런 차이점들 중에서 어떤 부분이 가장 흥미로우셨나요?

제4장

K-POP 성공 비밀 II: 정부의 정책적 지원

K-POP만의 뛰어난 인재와 특별한 교육 시스템

여러분, K-POP의 성공이 단순히 자금을 마구 투입하거나 마케팅을 잘해서 된 건 아니라는 거 이제 아시겠죠. 엄청난 실력의 인재들이 계속 들어오고, 그걸 또 잘 키워 내는 시스템이 결정적인 역할을 했답니다. 이는 진짜 한국만의 독특한 교육과 산업 생태계가 만들어 낸 대박 선순환 구조의 결과랍니다.

Q1. K-POP 인재는 어디서 키워질까요?

지금 한국에는 K-POP 산업의 다양한 분야(춤, 노래, 작사/작곡 등)를 전문적으로 가르치는 다양한 교육기관들이 능력자들을 키워 내고 있어요.

고등학교(예술고 & 특성화고)

한림연예예술고등학교: 실용음악과, 실용무용과 등 K-POP 아티스트 키우는 데 특화된 과정을 운영합니다. 이곳에서 정말 많은 아이돌 동문이 나왔답니다.

서울공연예술고등학교(SOPA): 실용음악과, 실용무용과 등을 통해서 아이돌 지망생이나 연기자 지망생들이 전문 교육을 받습니다. 노란 교복 입은 연예인들 보면 거의 SOPA 출신이에요.

그 외 서울예술고등학교, 한국예술고등학교 같은 일반 예술고에서도 음악/무용 전공을 통해 K-POP 인재들이 성장할 기회를 얻는답니다.

대학교 & 전문대학

동아방송예술대학교: K-POP 전공, 실용음악과, 공연예술계열 등 K-POP에 특화된 커리큘럼으로 실무 중심의 교육을 제공해요.

서울예술대학교: 실용음악과, 연극과, 무용과 등 종합 예술 분야에서 K-POP과 연결되는 능력자들을 키워 낸답니다.

호원대학교: 실용음악학부 보컬, 작곡, 기악 등 탄탄한 음악 교육으로 K-POP 프로듀서나 세션으로 진출하는 인재가 많대요.

글로벌사이버대학교: 방송연예과 등 K-POP 관련 학과가 있는데, 여기 방탄소년단(BTS)이 재학했다고 해서 완전 주목받았죠.

명지전문대학: 실용음악과, 연극영상과 등에서 K-POP 아티스트나 관련 스태프를 키우는 데 기여하고 있답니다.

이 외에도 전국에서 많은 대학이 실용음악, 실용무용, 방송연예 관련 학과를 통해서 K-POP 인재 양성에 힘쓰고 있어요.

대학원

직접적인 'K-POP 퍼포먼스' 대학원 과정은 많지 않지만, 중앙대학교, 한양대학교, 경희대학교, 한국예술종합학교 같은 주요 대학원에는 문화예술경영,

공연예술학, 대중음악학 등 K-POP 산업의 이론적인 부분이나 경영 전략을 연구하는 과정들이 열려 있어요. 이는 K-POP 산업을 더 고도화하는 데 필요한 전문 인력을 키워 내는 거죠.

Q2. K-POP 교육기관은 언제 생겼을까요?

K-POP 관련 특성화 고등학교와 대학 학과들은 **2000년대 초중반**부터 본격적으로 생기기 시작했어요. 딱 이때가 한국 대중문화, 특히 아이돌 음악이 아시아 시장에서 두각을 나타내기 시작한 시점하고 똑같답니다.

그리고 뛰어난 인재들이 K-POP 산업으로 몰리기 시작한 시점은 **김대중 정부(1998~2003)의 문화 산업 육성 정책**과 깊은 관계가 있어요. 김대중 정부가 IMF 외환위기 이후 나라를 다시 일으킬 동력을 '문화 산업'에서 찾으면서 문화 콘텐츠 산업에 대한 투자를 엄청 늘렸거든요. 이런 정책적인 지원이 엔터테인먼트 산업의 기반을 닦고, 대중문화의 위상을 높여서 젊은 친구들이 연예계 진출을 꿈꾸게 하는 분위기를 만들었죠. 2000년대 초반 보아, 동방신기 같은 1세대 아이돌들의 해외 성공은 이런 흐름에 기름을 부었고요.

처음에는 그냥 스타가 되고 싶다는 열망으로 몰렸지만, 산업 규모가 커지고 성공 사례가 계속 쌓이면서 '전문적인 직업'으로서의 K-POP 아티스트와 관련 직종에 대한 인식이 퍼졌어요. 그래서 타고난 재능뿐만 아니라 체계적인 교육으로 잠재력을 최대로 끌어올리려는 똑똑한 인재들이 들어오기 시작한 거랍니다.

Q3. K-POP 우수 인재 유입의 선순환 메커니즘은 어떨까요?

지금 K-POP 산업은 '우수 인재 유입 → 산업 발전 → 더 우수한 인재 유입'이라는 강력한 선순환 구조를 만들었어요.

성공 모델의 강화와 동기 부여

방탄소년단(BTS), 블랙핑크 같은 K-POP 그룹들의 글로벌 성공은 K-POP 아티스트라는 직업이 얼마나 매력적이고 큰 보상을 주는지 제대로 보여 줬습니다. 이는 전 세계 젊은이들에게 "나도 K-POP 스타가 될 수 있다!" 하는 엄청난 동기를 부여했죠.

치열한 경쟁과 '완성형 인재' 육성

스타를 꿈꾸는 수많은 재능 있는 젊은이들이 국내외에서 K-POP 오디션에 지원합니다. 이 엄청난 경쟁 속에서 엔터테인먼트 기획사는 가장 뛰어난 인재만 뽑아서, 몇 년 동안 완전 혹독하고 체계적인 트레이닝 시스템에 투입하죠. 이 과정에서 노래, 춤, 외국어, 퍼포먼스, 인성 교육까지 다방면에서 '완성형 인재'로 다시 태어나는 거예요.

고품질 콘텐츠 생산과 글로벌 팬덤 확대

이렇게 키워진 '완성형 아이돌'들은 높은 수준의 음악, 퍼포먼스, 뮤직비디오 같은 고품질 콘텐츠를 만들어 냅니다. 이는 다시 전 세계 팬덤을 확대하고, K-POP의 브랜드 가치를 높여서 더 큰 성공을 거두는 기반이 된답니다.

산업의 투자 확대 및 인재 유입 강화

K-POP의 글로벌 성공은 관련 산업(음반, 공연, MD, 미디어 등)의 성장을 이끌고, 엔터테인먼트 회사들은 이걸 통해서 더 많은 투자를 유치합니다. 늘어난 돈은 다시 우수한 인재를 발굴하고 키우는 데 재투자돼서, 더 많은 재능 있는 인재들이 K-POP 산업으로 들어오는 매력적인 환경을 만들죠. 이 과정에서 아티스트뿐만 아니라 작곡가, 안무가, 프로듀서, 스태프 등 관련 분야의 전문 인력들도 함께 성장하고 유입된답니다.

이런 메커니즘이 K-POP이 하나의 튼튼한 산업으로 자리 잡는 데 핵심적인 역할을 했어요.

Q4. K-POP 인재 선순환, 한국만의 독점적인 특성인 걸까요?

이런 인재 선순환 구조가 한국만의 독점적인 특성이라고 딱 잘라 말하기는 어렵습니다. 미국의 할리우드나 일본의 애니메이션 산업 같은 세계적인 문화 콘텐츠 산업들도 비슷한 방식으로 우수한 인재를 유치하고 성장시키는 선순환을 경험했거든요. 하지만 K-POP의 경우, 그 **집약도와 시스템화의 정도, 그리고 상대적으로 짧은 시간 안에 글로벌 규모로 성장한 속도** 면에서 진짜 독특한 특성을 보인답니다.

어린 시절부터의 체계적인 교육

한국의 연습생 시스템은 아주 어린 나이부터 여러 분야의 전문적인 훈련을 제공하는데, 이는 다른 나라 대중음악 산업에서는 찾아보기 힘든 수준이에요.

완성형 지향

'성장형' 아이돌(J-POP 등)과는 다르게, 데뷔 전부터 **'완성형' 퍼포먼스**를 지향하면서 높은 수준의 실력을 요구하는 문화가 강하답니다.

글로벌 시장에 대한 명확한 지향

처음부터 해외 시장을 생각하고 교육 시스템(외국어, 문화 이해 등)과 비즈니스 전략이 강하게 녹아 있어요.

이런 요소들이 다 합쳐져서 K-POP은 '인재 선순환'이라는 보편적인 현상을 한국적인 방식으로 최대로 끌어올려서 글로벌 경쟁력을 확보했습니다.

Q5. K-POP, 앞으로는 어떻게 더 발전할까요?

앞으로도 더 뛰어난 인재들이 K-POP 산업으로 들어오고 계속 발전하려면 다음과 같은 방향으로 나아가야 해요.

아티스트 복지 및 지속 가능성 강화

너무 심한 경쟁과 혹독한 트레이닝 과정에서 생기는 아티스트들의 정신적, 신체적 건강 문제를 해결하기 위한 시스템을 강화해야 합니다. 공정한 계약과 장기적인 커리어 계획으로 아티스트가 안정적으로 활동할 수 있는 환경을 만드는 게 진짜 중요하답니다.

다양한 재능 발굴 및 육성

아이돌이라는 특정 포맷에만 집중하기보다는, 싱어송라이터, 프로듀서, 밴드처럼 다양한 음악 스펙트럼을 가진 인재들을 발굴하고 지원해야 합니다. 게다가 음악 외에 스토리텔링, 비주얼 아트, 기술 융합처럼 K-POP의 확장성을 높일 수 있는 인재 유입도 적극적으로 장려해야겠죠.

글로벌 교육 및 협력 확대

한국 교육 시스템의 장점을 해외에 널리 알리고, 동시에 해외의 뛰어난 인재들이 한국 시스템을 경험할 수 있는 국제 교류 프로그램을 늘려야 합니다. 해외 유명 음악 대학이나 예술 학교와 협력해서 K-POP 교육의 질을 높일 수도 있고요.

기술 융합형 인재 양성

메타버스, AI, NFT 같은 새로운 기술이 K-POP 콘텐츠 제작과 유통에 미치는 영향이 점점 커지고 있습니다. 이런 기술을 이해하고 활용할 수 있는 융합형 인재를 키워서 K-POP 산업의 미래 경쟁력을 확보해야 하겠죠.

윤리적이고 투명한 산업 환경 구축

사생활 침해, 사재기 같은 K-POP 산업의 부정적인 면을 개선하고 투명하고 윤리적인 시스템을 만들어서 건강한 인재 유입이 계속되도록 해야 해요.

이런 노력들을 통해서 K-POP은 단순히 한류 열풍을 넘어서, 전 세계 문화 예술을 이끄는 지속 가능한 산업으로 발전할 수 있을 거예요.

여러분은 K-POP이 이렇게 성공하는 데 어떤 부분이 가장 중요하다고 생각하시나요? 아니면 앞으로 K-POP이 어떤 방향으로 나아갔으면 좋겠다고 생각하세요?

정부의 지원도 K-POP이
월드클래스가 되는 데 한몫했다

여러분, 우리 K-POP이 전 세계를 뒤흔든 이유가 뭘까요? 자본과 마케팅도 물론 중요하지만 진짜 핵심은 바로 **정부의 특급 지원** 덕분이라는 겁니다. 특히 '지원은 하되 간섭하지 않는다'는 대원칙이 K-POP 산업의 창의력이 최대로 확장될 수 있도록 길을 터 줬죠! 덕후라면 꼭 알아야 할 정부의 K-POP 성장 서포트, 지금부터 파헤쳐 볼까요?

1. K-POP 키우기, 김대중 정부가 시작했다

K-POP 산업 발전에 대한 정부 지원이 진짜로 시작된 건 김대중 정부 시절 (1998~2003)이에요. 1997년 IMF 외환위기를 겪으면서 한국 정부가 '아, 이제 새로운 성장 동력은 문화산업이다!' 하고 깨달았거든요. 그때 '21세기 국가 경쟁력은 문화 콘텐츠에서 나온다.'는 인식이 쫙 퍼지면서, 소프트웨어 산업으로서의 문화 콘텐츠에 대한 투자와 육성 정책이 막 생겨나기 시작했답니다.

법적 기반 마련

1999년에 문화산업진흥기본법이 만들어지면서 문화산업을 키우기 위한 법적 토대가 마련됐어요. 이걸로 정부가 체계적으로 문화산업을 지원할 수 있는 근거가 생긴 거죠.

전담 기구 설립

문화산업진흥기본법에 따라 2001년에는 한국문화콘텐츠진흥원(한국콘텐츠진흥원의 전신)이 설립돼서 문화 콘텐츠 산업 전반에 대한 지원 사업을 총괄하기 시작했답니다.

디지털 인프라 구축

우리 집에도 다 깔려 있는 초고속 인터넷망이 K-POP 콘텐츠가 온라인을 통해서 전 세계로 뻗어 나갈 수 있는 기술적인 기반을 제공했지요. 뮤직비디오, 팬덤 콘텐츠 같은 K-POP의 핵심 디지털 콘텐츠를 유통하는 데 필수적이었습니다.

금융 지원 확대

문화 콘텐츠 산업을 위한 정책 자금, 펀드 조성, 저금리 융자 지원 등을 통해서 당시 영세했던 엔터테인먼트 회사들이 안정적으로 투자하고 성장할 수 있는 돈줄을 마련해 줬어요.

이런 정책적인 기반 덕분에 그때 이수만, 박진영, 양현석, 방시혁 같은 대단한 엔터 사업가들이 자기들의 비전과 잠재력을 최대한 발휘할 수 있는 환경이 만들어졌어요. 정부가 직접 콘텐츠 만드는 데 끼어들기보다는, 시장의 자율성을 존중하고 창작의 자유를 보장하는 방향으로 지원을 해 줬으니까 혁신적인 시도들이 가능했던 거죠. 역시 K-POP은 자유로운 영혼에서 나오는 걸까요!

2. K-POP 아이돌 꽃길 걷게 해 준 법적·제도적 서포트

정부는 K-POP 아티스트와 산업이 성장하는 과정에서 생길 수 있는 여러 어려움들을 해결하기 위해서 제도적인 노력을 아끼지 않았답니다.

의무교육 예외 조항 및 학업 병행 지원

K-POP 아이돌들은 어린 나이부터 연습생 생활을 시작해서 진짜 혹독한 트레이닝을 받잖아요. 그래서 정규 학업에 어려움을 겪는 경우가 많았는데, 정부가 대중문화예술 분야 인재 양성을 위해서 학업 병행과 유연한 교육 과정 이수에 대한 제도적인 장치를 마련해 줬어요. 예를 들어, 학교생활기록부 반영 방식 개선이나 방송연예 활동 중 학업 시간 인정 같은 것들은 연습생들이 공부와 트레이닝을 같이 할 수 있게 도와준 거죠. 완전 '의무교육 면제'는 아니고, 특수한 상황에서 유연하게 공부할 수 있도록 도와준 거랍니다.

저작권 보호 강화

K-POP 콘텐츠가 힘들게 만든 창작물이니, 이를 보호하기 위한 저작권 법적 제도를 강화하고 불법 복제나 유통을 막았습니다. 덕분에 창작자들이 정당한 보상을 받고, 엔터테인먼트 회사들이 안정적인 수익을 내서 다시 투자할 수 있는 기반이 마련된 거죠.

해외 활동 지원

한국콘텐츠진흥원 같은 정부 기관들이 K-POP 아티스트들의 해외 진출을 직접적으로 또는 간접적으로 도와줬어요. 해외 K-POP 쇼케이스를 열어 주고, 해외 방송 출연을 지원해 주고, 비자 발급도 쉽게 해 주는 등 행정적인 지원이 이루어졌답니다. 게다가 해외 한국문화원을 통해서 K-POP 콘텐츠를 홍보하고 국제 교류를 늘리는 데도 큰 기여를 했어요.

대중문화예술인 표준계약서 도입

연습생이나 아티스트들이 소속사와 불공정한 계약을 맺는 경우가 있었잖아요. 이런 관행을 고치기 위해서 문화체육관광부가 대중문화예술인 표준전속계약서를 만들어서 사용을 권장했습니다. 이는 아티스트들의 권리를 보호하고 공정한 활동 환경을 만드는 데 기여했죠. 또 장기적으로는 산업이 건강하게 성장하도록 유도하는 정책이었답니다.

3. K-POP을 월드클래스로 만들어 준 인프라 & 홍보 지원

정부는 K-POP 콘텐츠를 만들고 유통하는 데 필요한 물리적인 인프라와 네트워크 인프라 구축에도 크게 기여했어요.

문화 산업 클러스터 및 시설 투자

K-POP 콘텐츠 제작에 필요한 스튜디오, 공연장, 복합 문화 시설 같은 곳에 정부가 직간접적으로 투자를 해 줬답니다.

국제 문화 교류 및 '한류 확산' 지원

정부는 해외에서 열리는 K-POP 관련 대형 행사(예: KCON)에 지원을 해 줘서 K-POP이 글로벌하게 더 많이 노출되도록 돕고, 한국 문화에 대한 긍정적인 이미지를 만드는 데 한몫했어요. 우리 K-POP 위상 높아지는 데 정부도 큰 역할을 했죠!

4. '지원하되 간섭하지 않는다'의 기적

정부의 이런 정책적인 지원은 K-POP이 전 세계적인 산업으로 성장하는 데 진짜 중요한 밑거름이 되었답니다. 특히 '지원하되 간섭하지 않는다'는 원칙은

천재적인 사업가들과 아티스트들이 자기들의 창의력과 잠재력을 최대로 터뜨릴 수 있는 자유로운 환경을 제공했어요. 의무교육의 유연성 부여, 저작권 보호 강화, 해외 진출 지원 등 실질적인 장애물 제거는 K-POP이 국내 시장의 한계를 넘어서 글로벌 시장에서 독보적인 경쟁력을 갖추는 데 필수적인 요인이었습니다.

여러분은 K-POP이 지금처럼 성장하는 데 정부의 어떤 지원이 가장 중요했다고 생각하시나요?

K-POP 성공의 숨은 공신은
바로 '문화상품권'

여러분, 우리 K-POP이 전 세계적으로 대박 난 데에는 진짜 다양한 이유가 있겠지만, 정부의 숨겨진 공신! 바로 **문화상품권** 이야기도 빼놓을 수 없다는 거 아세요? 이게 단순한 종이 쪼가리가 아니라, 우리 덕후들의 문화 소비를 직접적으로 부추기고 K-POP 산업 전체를 간접적으로 밀어 준 중요한 수단이었습니다. 문화상품권의 덕후 친화적인 역사, 지금부터 파헤쳐 봅시다!

Q1. 문화상품권, 넌 어디서 왔니?

문화상품권은 국민들이 문화를 더 많이 즐기게 하고 문화 산업을 활성화하려고 정부의 지원 아래 탄생한 제도예요.

최초 등장

문화상품권은 1990년대 후반에 처음 나왔어요. 그때는 문화체육관광부(옛 문화관광부)의 지원을 받아서 한국문화진흥 같은 민간 기관에서 발행하기 시작했죠. 처음에는 책, 공연, 영화 같은 특정 문화 분야에서만 쓸 수 있었대요.

점점 커지는 사용처

시간이 흐르면서 문화상품권 사용 범위가 점점 넓어졌어요. 처음엔 책과 공연만 되던 게, 음반, 온라인 콘텐츠 결제, 게임, 웹툰 등 다양한 문화 상품 구매로 확장됐죠. 특히 2000년대 중반 이후 인터넷이 보편화되면서 온라인 게임이나 디지털 콘텐츠 결제에도 문화상품권이 쓰이기 시작했는데, 이게 디지털 문화 소비를 늘리는 데 큰 역할을 했답니다.

세금 혜택까지

문화상품권 자체에 직접적인 세금 혜택이 있는 건 아니지만, 문화비 소득공제 제도와 연결돼서 문화상품권 사용 금액도 소득공제 대상에 포함될 수 있게 됐습니다. 2018년부터 시행된 '도서 · 공연비 소득공제'는 연봉 7,000만 원 이하 직장인들이 신용카드 등 사용 금액의 최대 100만 원까지 추가 소득공제를 받을 수 있게 해 주는데, 문화상품권으로 결제하고 현금영수증을 받으면 이 혜택을 챙길 수 있습니다. 이는 소비자들이 문화 상품을 살 때 돈을 아낄 수 있게 해 줘서 문화 소비를 더더욱 부추겼답니다.

Q2. 문화상품권이 K-POP에 어떻게 기여했을까요?

문화상품권은 팬들이 K-POP 앨범을 사거나 디지털 음원을 구매하는 데 직접적으로 활용되면서 K-POP 산업의 국내 소비를 크게 늘리는 데 기여했어요.

음반 및 음원 구매 촉진

팬들은 문화상품권으로 우리 아이돌 앨범을 사거나, 온라인 음원 사이트에서 노래를 결제할 수 있었어요. 이는 팬덤 활동의 일환으로 음반 판매량과 음원 스트리밍 수치를 올리는 데 간접적으로 도움이 됐죠. 특히 용돈으로 문화상품권을 산 청소년들이 좋아하는 아이돌 콘텐츠를 소비하는 아주 중요한 통로가 되어 주기도 했답니다. 학생 때 문화상품권으로 앨범 사 본 사람, 꽤 있죠?

콘텐츠 접근성 향상

문화상품권은 현금이 부족한 학생이나 청소년들에게 문화 콘텐츠를 소비할 수 있는 대체 수단이 되어주면서 K-POP 콘텐츠에 대한 접근성을 크게 높였어요. 덕분에 K-POP 팬덤의 저변이 넓어지고, 미래의 잠재적 팬층을 확보하는 데도 큰 도움이 됐죠.

산업 생태계 활성화

문화상품권 사용이 늘어나면서 음반 가게, 온라인 음원 플랫폼 등 K-POP 관련 유통 채널들의 매출도 쑥쑥 늘었어요. 이는 K-POP 산업 생태계 전체가 활성화되는 데 도움을 줬답니다.

Q3. 문화상품권, 규모가 얼마나 될까요?

문화상품권이 딱 K-POP에만 얼마나 쓰였는지 정확히 집계되지는 않지만, 전체 문화상품권 시장은 상당한 규모를 자랑한답니다. 2023년 기준으로 우리나라 전체 종이 상품권(백화점, 주유소, 문화상품권 등 다 포함) 발행액은 약 **9조 1,157억 원**에 달한다고 해요. 이 중에서 문화상품권은 매년 수천억 원 규모로 발행되고 사용되는 것으로 추정되고요.

이런 수치들은 문화상품권이 국민들의 문화 소비에 얼마나 큰 영향을 미치고 있는지 보여 줘요. 비록 K-POP 소비에 정확히 얼마가 사용됐는지는 알 수 없지만, K-POP이 전체 문화산업에서 차지하는 엄청난 비중을 생각해 보면 문화상품권이 K-POP의 수요를 끌어올리는 데 상당한 기여를 했다고 볼수 있죠.

문화상품권은 정부의 **'지원하되 간섭하지 않는' 원칙** 아래, 국민들의 자율적인 문화 소비를 적극적으로 장려하면서 K-POP을 포함한 문화 콘텐츠 시장 전체의 성장을 간접적으로 뒷받침한 아주 중요한 제도적 장치 중 하나랍니다.

여러분은 문화상품권을 K-POP 관련 소비에 사용해 본 경험이 있으신가요? 어떤 방식으로 사용하셨는지 궁금하네요.

K-POP 창의력 폭발의 비밀, '끔찍한 검열'이 사라진 덕분

여러분, 우리 K-POP의 대단한 창의력과 혁신이 어디서 왔는지 아세요? 바로 옛날 한국 사회에 존재했던 끔찍한 검열 제도들이 사라진 덕분이라는 거예요! 예전에는 대중문화에 대한 정부의 통제와 검열이 한국 음악의 자유로운 표현을 막았지만, 이런 제도들이 없어지면서 K-POP이 폭발적인 창의력을 보여 줄 수 있었습니다. K-POP 덕후라면 꼭 알아야 할 '표현의 자유' 쟁취 스토리, 지금부터 파헤쳐 볼까요?

1. 한국 대중음악 검열 제도의 암흑기

한국 대중음악 검열의 역사는 일제강점기인 1933년 '축음기레코드취체규칙'이 시행될 때부터 시작됐습니다. 해방 이후에도 미군정 시기를 거쳐서 권위주의 정권 밑에서는 검열이 더더욱 강화됐죠.

1960년대

한국예술문화윤리위원회(예륜)라는 곳이 생겨서 음반 심의를 담당했습니다. 이때는 '왜색(일본 느낌)', '퇴폐성', '반사회적' 같은 애매모호한 기준으로 수많은 곡이 금지곡으로 지정됐었어요. 이런 기준으로 좋아하는 가수의 노래를 막았다고 생각하면 화가 나지 않나요?

1970년대(유신 정권)

공연윤리위원회(공륜)가 생기면서 검열은 절정에 달했습니다. '공연활동 정화대책'이라는 이름으로 가수들 머리카락 길이까지 단속하고, 미니스커트 길이까지 검열했죠. 가사 내용, 창법, 옷차림까지 모두 심의해서 금지곡으로 만들었죠. 특히 정부 비판적이거나 저항적인 메시지는 물론, 건전하지 못하다고 생각되는 가사나 멜로디도 금지 대상이었어요. 심지어 '동백아가씨' 같은 국민 명곡도 '왜색'이라는 이유로 금지되기도 했다니, 말 다 했죠? 상상만 해도 숨 막히는 것 같네요.

1980년대

군사정권의 통제는 계속됐지만, 민주화 운동이 확산되면서 대중문화계에서도 '표현의 자유를 달라'는 목소리가 점점 커지기 시작했어요. 1988년 서울 올림픽 전후로 일부 검열 기준이 조금 완화되기도 했답니다.

2. 검열 제도, 드디어 폐지되다

대중음악에 대한 사전 심의 제도가 완전히 사라진 건 **1996년**이에요! 이는 가수 정태춘 같은 아티스트들의 끈질긴 저항과 법정 투쟁, 그리고 시민사회의 지지가 합쳐진 결과였답니다.

1990년대 초

1990년에 정태춘이 자신의 음반에 대한 사전 심의를 거부하고 음반법 개정을 요구하는 운동을 시작했습니다. 검열에 반대해서 자기 앨범을 비합법적으로 유통하기도 했다니, 정말 대단하죠? 표현의 자유를 위해 싸운 진정한 아티스트입니다.

1995년

국회에서 음반 및 비디오물에 관한 법률 개정안이 통과되면서 사전 심의 의무 조항이 없어졌어요.

1996년

개정된 법률이 드디어 효력을 발휘하면서 음반에 대한 검열성 사전 심의 제도가 최종적으로 사라졌답니다. 같은 해 헌법재판소도 음반 사전 심의가 위헌이라는 최종 결정을 내렸고요.

이로써 약 60년 넘게 이어져 온 대중음악에 대한 사전 검열의 역사가 공식적으로 막을 내렸어요! 영화 같은 다른 예술 분야에 대한 심의는 그 이후에도 남아 있었지만, 음악 분야에서는 창작의 자유가 엄청나게 확대됐답니다.

3. 검열 제도가 사라지자 K-POP이 터졌다

음악에 대한 사전 검열 제도의 폐지는 K-POP의 폭발적인 성장을 위한 결정적인 발판을 마련했어요.

창의성과 다양성의 폭발

검열이 없어지니까 아티스트와 프로듀서들은 어떤 주제, 장르, 표현 방식에도 제약 없이 음악을 만들 수 있게 된 거예요. 사회 비판, 개인의 감정, 실험적인 사운드 등 옛날에는 상상하기도 어려웠던 다양한 형태의 음악이 쏟아져 나왔죠. 이건 K-POP이 기존의 획일적인 대중가요에서 벗어나 독자적인 음악 색깔을 찾아가는 데 결정적인 역할을 했답니다.

새로운 시도와 도전의 자유

서태지와 아이들의 '시대유감' 사례처럼 검열에 대한 저항과 그로 인한 창작의 자유가 얼마나 중요한지 제대로 보여 줬어요. 검열 폐지 이후 음악가들은 기존의 틀을 깨는 파격적인 콘셉트, 비주얼, 퍼포먼스를 마음껏 시도할 수 있게 됐죠. 이는 K-POP이 **'보는 음악'으로서의 정체성**을 확립하고, 비주얼적인 요소를 강조하는 데 큰 영향을 미쳤답니다.

글로벌 경쟁력 확보의 기반

한국 대중음악이 국내 시장에만 갇히지 않고 글로벌 트렌드와 같이 성장할 수 있었던 것도 검열 폐지 덕분이에요. 자유로운 창작 환경은 해외 팝 음악의 다양한 장르와 요소를 적극적으로 받아들이고 섞을 수 있는 유연성을 제공했죠. 규제나 통제가 없으니까 아티스트와 기획사들은 글로벌 시장의 최신 트렌드를 빠르게 흡수하고 그걸 또 새롭게 창조할 수 있었답니다.

아티스트의 사회적 메시지 전달

검열이 사라지면서 아티스트들은 사회적, 개인적인 메시지를 음악에 자유롭게 담아낼 수 있게 됐어요. 이는 팬들과 깊은 공감대를 형성하고, K-POP이 단순한 오락을 넘어서 '진정성 있는 콘텐츠'로 인식되는 데 크게 기여했답니다.

결론적으로, 대중음악에 대한 검열 제도가 폐지된 건 한국 K-POP이 창의력을 제한받지 않고 자유롭게 실험하고 발전할 수 있는 비옥한 토양을 제공했습니다. 그것이 바로 K-POP이 지금처럼 혁신적인 문화 콘텐츠로 성장해서 전 세계를 사로잡는 데 필수적인 조건이었죠.

여러분은 K-POP에서 어떤 아티스트의 '표현의 자유'가 가장 인상 깊으셨 나요?

일본의 '쿨 재팬' 프로젝트,
왜 K-POP처럼 성공하지 못했을까

일본의 **'쿨 재팬(Cool Japan)'** 프로젝트에 대해 들어 보셨나요? K-POP을 비롯한 한류가 성공한 걸 보고 "우리도 해 보자!" 하고 시작한 국가 브랜드 전략이랍니다. 그런데 K-POP의 성공 방식과는 완전히 달랐고, 결국 기대했던 만큼의 성과를 내지 못했다는 평가가 지배적이에요. 왜 그랬는지 덕후의 시선으로 꼼꼼히 뜯어 볼까요?

Q1. 일본이 쿨 재팬을 시작한 이유가 무엇일까요?

'쿨 재팬'이라는 말은 2000년대 초 서양 언론에서 일본 만화, 애니메이션, 게임, 패션 같은 서브컬처가 서양 젊은이들 사이에서 인기 끄는 현상을 지칭하며 쓰이기 시작했어요. 그런데 이게 일본 정부의 공식 정책 슬로건이 된 건 **2010년대** 초입니다.

한국 한류의 부상

1990년대 후반부터 아시아에서 시작된 한류는 2000년대 중반 이후 드라마, 영화, 그리고 특히 우리 K-POP을 중심으로 전 세계적인 현상으로 떠올랐잖아요? 일본은 자기들 문화 콘텐츠의 국제적인 영향력이 상대적으로 약해지는 걸 보면서 위기감을 느꼈답니다. 하긴, 우리 K-POP이 너무 잘나가긴 했죠.

소프트 파워의 중요성 인식

토니 블레어 영국 총리의 **'쿨 브리타니아'** 정책 성공을 보고 "우리도 문화적인 소프트 파워로 국가 브랜드 가치를 높이고 경제도 살려야 한다."는 인식이 퍼졌어요. 특히 만화, 애니메이션, 게임 같은 일본의 서브컬처가 이미 해외에서 인기를 얻고 있었으니까, 이걸 정부가 체계적으로 지원하면 더 대박 날 거라고 기대했죠.

경제 활성화 절실

오랫동안 불황을 겪던 일본 경제에 새로운 성장 동력이 정말 절실했어요. 그래서 문화 콘텐츠 수출과 그걸 통한 관광객 유치가 중요한 해법으로 제시된 거랍니다.

Q2. 쿨 재팬의 추진 방식은 어땠을까요?

쿨 재팬은 주로 경제산업성 산하에 '쿨 재팬실'을 만들고, 2013년에는 민관 합동 투자 펀드인 '쿨 재팬 기구(Cool Japan Fund)'를 설립해서 추진됐어요. 처음 예산만 무려 500억 엔(약 5,000억 원)에 달할 정도로 엄청난 돈을 쏟아부었죠.

다양한 분야 지원

쿨 재팬은 K-POP처럼 특정 장르에만 집중하기보다는, 일본의 정말 광범위한 문화 요소를 대상으로 했습니다. 만화, 애니메이션, 게임처럼 원래 강점이었던 분야는 물론, 전통 공예, 음식, 패션, 관광, 지역 특산물, 첨단 기술, 교육, 헬스케어 등 거의 모든 산업을 '쿨 재팬' 범주에 넣었죠. 이는 '일본의 모든 것을 쿨하게 만들겠다'는 포괄적인 목표를 반영한 거였죠.

해외 진출 지원

쿨 재팬 기구는 일본 기업들이 해외로 진출하는 데 필요한 자금 지원, 전문가 파견, 컨설팅, 해외 시장 개척 및 홍보 활동 등을 지원했어요.

관광객 유치

외국인 관광객을 끌어들이기 위해 일본의 매력적인 지역 자원을 발굴하고 해외 홍보를 강화하는 **로컬 쿨 재팬** 전략도 같이 진행했답니다.

Q3. 쿨 재팬은 왜 실패했을까요?

쿨 재팬은 막대한 예산과 정부의 강력한 추진에도 불구하고, K-POP처럼 폭발적인 글로벌 성과를 내지 못하고 비판을 많이 받았어요. 그 실패 원인은 다음과 같이 분석된답니다.

모호하고 광범위한 목표

'일본의 모든 것'을 쿨하게 만들겠다는 목표가 너무 넓고 모호해서 정책의 집중도가 떨어졌다는 비판을 받았어요. 문화 콘텐츠라는 명확한 실체가 아니라, 그냥 추상적인 개념어가 되어 버린 거죠.

관(官) 주도와 전문성 부족

일본 정부가 K-POP의 성공을 '한국 정부의 지원' 덕분이라고 오해해서, 정부 주도적인 문화 산업 정책을 펼쳤다는 비판이 많아요. 쿨 재팬 기구 운영진 대부분이 정부 부처에서 내려온 공무원들로 채워지면서 민간의 창의성이나 시장 흐름을 이해하지 못하는 전문성 부족 문제가 발생했죠.

시장 수요와 동떨어진 투자

쿨 재팬 기구의 투자가 실제 해외 시장에서 원하는 콘텐츠나 사업 모델이 아니라, 정부의 판단이나 특정 대기업 위주의 투자로 이루어졌다는 비판이 제기돼요. 예를 들어, 애니메이션 제작 현장의 열악한 처우는 그대로인데 해외 외주 제작만 늘어나거나, 해외 스트리밍 서비스에 부적절한 투자를 해서 망하기도 했답니다. 팬들이 좋아하는 것들을 반영하지 못했죠.

내셔널리즘 고양에 치중

쿨 재팬 정책이 실제적인 경제적 성과보다는 일본 국민의 애국심을 부추기고 일본의 '대단함'만 강조하는 데 집중했다는 지적도 있어요. 그래서 국제적인 공감대 형성이 어려워졌죠.

창작 환경 개선 미흡

K-POP이 체계적인 인재 양성이나 공정한 계약 환경(정부의 표준계약서 유도 등)으로 창작자들을 보호하려고 했던 반면, 쿨 재팬은 기존 산업 문제 해결보다는 해외 홍보에만 집중해서 정작 콘텐츠를 만드는 창작자들의 실질적인 처우 개선에는 미흡했다는 비판을 받았어요.

한국과 일본의 문화 정책은 다음과 같은 주요 차이점을 보인답니다.

구분	한국 문화 정책(K-pop 중심으로)	일본 문화 정책(쿨 재팬 중심으로)
목표 지향점	'글로벌 시장 진출' 명확, 특정 장르 (음악, 영화, 드라마) 집중	'일본 문화 전반의 해외 확산 및 경제 활성화' 광범위
정부 역할	'지원하되 간섭하지 않는' 원칙, 인프라 및 법적 기반 조성, 간접 지원	'정부 주도, 직접 투자 및 개입' 성향 강함
주도 세력	민간 기업(엔터사) 및 아티스트의 창의성과 시장 자율성	정부 부처 및 관료 주도, 민간은 주로 협력
정책 자금	펀드 조성, 저금리 융자 등 금융 지원 (민간 투자 유도)	대규모 정부 예산 직접 투입, 쿨 재팬 기구의 직접 투자
인재 양성	체계적인 연습생 시스템, 전문 교육기관 지원(장기적 인재 육성)	기존 산업 인프라 활용, 인재 육성 시스템 지원 미흡
콘텐츠 전략	'완성형' 콘텐츠 지향, 트렌드 흡수, 대규모 투자(뮤직비디오 등)	기존 강점(만화, 애니, 게임) 유지, 다양한 문화 요인 포괄
팬덤 연계	적극적인 팬덤 플랫폼(위버스 등) 구축, 소통 강화	악수회 등 오프라인 중심, 글로벌 팬덤 유입 통로 부족
검열/규제	사전 검열 폐지, 창작의 자유 보장	사전 심의는 없지만, 시장 자율성에 대한 간섭 존재
성과	K-POP의 글로벌 메인스트림 진입, 강력한 경제 효과	기대 대비 미흡한 성과, 비판적인 내부 평가 많음

결론적으로, 한국은 정부가 창작의 자유를 보장하고 시장의 자율성을 존중하면서 인프라와 제도적 기반을 다져주는 **간접적인 지원 방식**을 택한 반면, 일본의 쿨 재팬은 정부가 직접 시장에 개입하고 투자를 주도하는 **직접적인 방식**을 택했죠. 이러한 차이가 두 국가의 문화 콘텐츠 산업이 글로벌 시장에서 엇갈린 성과를 내는 데 정말 큰 영향을 미쳤답니다.

여러분은 K-POP과 쿨 재팬의 성공·실패 사례를 보면서 어떤 생각이 드시나요? K-POP이 이렇게까지 성장한 데는 어떤 부분이 가장 중요하다고 생각하시는지 궁금하네요.

제5장

K-POP 성공 비밀 III:
너와 나, 우리 팬들

K-POP 대박의 진짜 주역, 팬덤

K-POP이 글로벌 현상이 될 수 있었던 진짜 중요한 이유 중 하나가 바로 **강력하고 조직적인 팬덤**이라는 거 아시죠? 우리 팬들은 단순한 소비자를 넘어서, 아티스트의 성공에 적극적으로 기여하는 '팬슈머(fansumer)'로 진화했답니다! K-POP 팬덤의 흥미진진한 역사와 활동 방식, 지금부터 덕후 시점으로 파헤쳐 봅시다.

Q1. K-POP 팬덤은 어떻게 발전해 왔나요?

K-POP 팬덤 문화는 한국 대중음악의 역사와 함께 쭉 진화해 왔어요.

1세대 팬덤(1990년대 중후반 ~ 2000년대 초반): 오빠 부대의 시작

등장: 1990년대 중반 서태지와 아이들을 시작으로 H.O.T., 젝스키스, S.E.S., 핑클 같은 1세대 아이돌 그룹이 등장하면서 팬덤 문화가 폭발적으로 성장했어요.

특징: '오빠 부대'라고 불리며, 특정 색깔의 풍선과 응원 도구를 들고 공연장을 가득 채우는 집단 응원 문화가 생겨났죠. 팬클럽을 통해서 체계적인 조직 활동(공개방송 참여, 앨범 구매 독려, 기념일 이벤트 등)이 시작됐지만, 주로 오프라인 활동이 중심이었답니다.

제한: 인터넷 보급이 초기 단계라 팬들끼리 소통은 주로 팬클럽 게시판이나 PC통신 동호회를 통해서 이루어졌어요. 해외 팬덤은 거의 없었다고 봐도 무방하죠.

2세대 팬덤(2000년대 중반 ~ 2010년대 초반): 디지털 시대 개막, 해외로 눈 돌리다

등장: 동방신기, 슈퍼주니어, 빅뱅, 소녀시대, 원더걸스 같은 2세대 아이돌이 활약하면서 팬덤 문화는 훨씬 더 정교해졌어요.

특징: 인터넷과 소셜 미디어(싸이월드, 팬카페 등)가 발달하면서 팬들끼리 소통하고 정보 공유하는 게 활발해졌어요. '조공(선물)', '총공(총공격: 특정 시간대에 음원 스트리밍 집중 등)' 같은 팬 활동 방식이 구체화되었죠.

해외 확산: 동방신기, 보아, 원더걸스 등이 일본과 미국에 진출하면서 K-POP이 아시아를 넘어 서구권에 이름을 알리기 시작했고, 소수의 해외 팬덤이 생겨나기 시작했어요. 이때는 주로 드라마 한류가 K-POP 팬덤 확산에 영향을 많이 미쳤답니다.

3세대 팬덤(2010년대 중반 ~ 현재): 글로벌 팬슈머 시대, 우리가 K-POP을 키운다

등장: 방탄소년단, EXO, 트와이스, 블랙핑크 같은 3세대 아이돌이 등장하면서 K-POP은 유튜브, 트위터, 페이스북 등 글로벌 소셜 미디어 플랫폼을 적극 활용해서 전 세계로 쫙 퍼져 나갔어요.

특징: 팬덤은 국경을 넘어 강력한 연대와 조직력을 가진 '팬슈머'로 진화했

죠. 단순히 소비만 하는 게 아니라, 앨범 공동 구매, 스트리밍 독려, 우튜브 조회수 올리기, 투표 참여 등 아티스트의 성공에 직접적으로 기여하는 활동을 펼친답니다.

기술 활용: '위버스(Weverse)' 같은 팬덤 플랫폼이 등장하면서 아티스트와 팬들 간의 소통이 훨씬 깊어지고, 팬덤 활동도 더 체계적으로 변했어요. 번역 기술이 발전한 것도 해외 팬덤 유입에 진짜 큰 영향을 미쳤죠.

Q2. K-POP 팬덤은 어떻게 전 세계로 퍼져 나갔나요?

K-POP 팬덤은 지리적으로 다음과 같은 확산 단계를 거쳤어요.

한국 내수 기반

1990년대 중후반, K-POP 팬덤은 주로 한국 내 10대~20대 초반 청소년층을 중심으로 형성됐죠.

동남아시아 및 중화권 확장(1차 한류)

2000년대 초반, 한국 드라마와 함께 H.O.T., 클론 같은 1세대 아이돌들이 중국과 동남아시아 시장에 진출하면서 초기 해외 팬덤이 생겨났습니다. 이 지역은 지리적으로도 가깝고 문화적으로도 통하는 부분이 많아서 한류 콘텐츠를 가장 먼저 받아들였죠. 보아의 일본 성공도 정말 중요한 전환점이었습니다.

글로벌 확산(2차 한류)

2010년대 중반 이후, 유튜브와 소셜 미디어 덕분에 K-POP은 아시아를 넘어 북미, 유럽, 남미 등 전 세계로 빠르게 퍼져 나갔어요. 싸이의 '강남스타일'이 전 세계적으로 대박을 치면서 K-POP의 가능성을 보여 줬고, 방탄소년단과 블랙핑크는 K-POP을 글로벌 주류 음악 시장에 제대로 안착시키는 데 결정적인 역할을 했답니다.

Q3. 요즘 K-POP 팬들은 주로 어떤 활동을 하나요?

현재 K-POP 팬덤은 전 세계에 걸쳐 진짜 다양하게 분포되어 있어요. 특정 지역에만 국한되지 않고, 온라인 플랫폼을 통해서 국적, 인종, 성별, 연령을 초월해서 연결된답니다. 한국을 제외하면 인도네시아, 태국 같은 동남아시아 국가에 팬이 가장 많고, 멕시코, 미국, 칠레 등 미주 지역에서도 팬덤이 굉장히 많습니다. 주요 활동을 살펴보면 다음과 같은 것들이 있어요.

콘텐츠 소비: 앨범과 음원 구매(스트리밍), 뮤직비디오 시청(조회수 올리기), 유료 팬덤 플랫폼 콘텐츠 구독.

홍보 및 확산: SNS로 아티스트 홍보, 챌린지 참여, 팬아티스트 제작 및 공유.

투표 및 총공: 음악 방송, 시상식 투표, 특정 시간대 음원 스트리밍 '총공' 등 아티스트의 순위와 성적에 직접적인 영향력 행사.

굿즈 구매 및 수집: 공식 굿즈, 앨범 포토카드, 응원봉 등 구매.

오프라인 이벤트 참여: 콘서트, 팬 사인회, 팬미팅, 팝업스토어 방문, 생일 카페 이벤트 등.

사회 공헌 활동: 아티스트 이름으로 기부, 자선 활동, 환경 캠페인 등 선한 영향력 행사.

Q4. 아이돌과 팬들은 어떻게 소통하나요?

아이돌과 팬들은 다양한 온/오프라인 채널을 통해 친밀하게 소통하면서 유대감을 형성해요.

공식 소셜 미디어: 트위터, 인스타그램, 페이스북 등을 통해 사진, 영상, 글을 올리면서 팬들에게 근황을 알리고 소통하죠.

팬덤 플랫폼: 위버스, 버블 같은 유료 팬덤 플랫폼을 통해서 아티스트가 직접 메시지를 보내거나 라이브 방송을 진행하면서 팬들과 일상적인 대화를 나눈답니다. 이는 팬들에게 **'나만 아는 비밀'** 같은 친밀감을 선물해 줘요.

라이브 방송: 유튜브, 위버스, V LIVE(지금은 종료) 등에서 실시간 라이브 방송으로 팬들과 직접 소통하고 질문에 답해 준답니다.

팬 사인회 및 팬미팅: 오프라인에서 팬들과 직접 만나서 대화하고 사인해 주는 기회를 제공해요.

콘서트: 무대 위에서 퍼포먼스를 통해서 팬들과 교감하고, 멘트와 소통으로 유대감을 강화하죠.

팬 커뮤니티: 공식 팬카페, 비공식 팬 커뮤니티 등을 통해서 팬들이 자체적으로 정보를 공유하고 소통한답니다.

Q5. K-POP 팬덤 중에 특히 유명한 팬덤이 있다면요?

물론이죠! K-POP 팬덤의 역사를 쓴 전설적인 팬덤들이 있답니다.

글로벌 팬덤의 정점: ARMY(방탄소년단)

방탄소년단(BTS)의 팬덤 ARMY(아미)는 K-POP 팬덤의 정점이자 글로벌 팬덤의 새로운 지평을 보여 준 대표적인 사례예요. 'Adorable Representative M.C. for Youth'의 약자로, 2014년에 공식 팬클럽이 생겼답니다.

규모와 조직력: 전 세계적으로 1억 명 이상으로 추산되는 강력한 팬덤을 자랑하며, 단순한 팬클럽을 넘어서 강력한 결속력과 조직력을 가진 공동체

로 평가받아요. 아미는 거의 하나의 우주죠!

자발적 활동: 아미는 앨범 구매, 스트리밍, 투표 같은 기본적인 팬 활동을 넘어서, 자발적으로 번역 팀을 꾸려서 방탄소년단의 콘텐츠를 여러 언어로 번역하고 전 세계 팬들에게 확산하는 역할을 해요.

사회 공헌 활동: 방탄소년단이 'Love Yourself' 캠페인처럼 사회적 메시지를 던지고 유니세프와 협력하면서 선한 영향력을 보여 준 것에 영감을 받아서, 아미 역시 아티스트 이름으로 기부, 자선 활동, 환경 보호 캠페인 등 다양한 사회 공헌 활동을 펼치면서 '선한 팬덤'의 모범을 보여 준답니다.

성장 서사 공유: 방탄소년단이 데뷔 초 '흙수저 아이돌'로 성장하는 스토리를 팬들과 함께 공유하면서 팬덤과의 깊은 유대감을 형성했고, 이게 아미의 강력한 충성심으로 이어졌어요.

초기 팬덤의 상징: 카시오페아(동방신기)

동방신기 팬덤 카시오페아(Cassiopeia)는 K-POP 2세대 팬덤의 상징이자, 강력한 조직력과 헌신적인 팬 활동의 초기 모델을 제시했어요. 동방신기의 공식 색상인 '펄 레드'로 상징되며, 북두칠성 별자리처럼 항상 동방신기를 지지하겠다는 의미를 담고 있답니다.

최대 팬덤 기록: 한때 기네스북에 등재될 만큼 세계 최대 규모의 단일 팬클럽을 자랑하며, 80만 명 이상의 유료 회원수를 기록하기도 했어요. 클라스가 다르죠?

집단 행동의 선두 주자: 카시오페아는 음반 공동 구매, 음원 차트 '총공', 방송국 방청 동원 등 조직적인 팬 활동을 선도했어요. 대형 기획사 SM엔터테인먼트의 아이돌 팬덤 중에서도 특히 강력한 결속력과 응집력을 보여 줬죠.

'레드 오션' 문화: 동방신기 콘서트장과 공식 행사에서 팬들이 붉은색 야광봉으로 거대한 '레드 오션'을 만드는 장관은 K-POP 팬덤 문화의 상징 중 하나로 자리 잡았답니다.

Q6. 앞으로 K-POP 팬덤 문화는 어떻게 변할까요?

K-POP 팬덤은 앞으로도 계속 진화하면서 K-POP 산업의 미래를 만들어 갈 거예요.

양방향 소통의 심화 및 맞춤형 콘텐츠 제공

단순한 일방적인 정보 제공을 넘어서, 아티스트와 팬이 직접 소통하고 함께 콘텐츠를 만들어 가는 참여형 모델이 더욱 확대될 거예요. 위버스 같은 팬덤 플랫폼은 더 고도화돼서 팬 개개인의 취향과 활동 이력에 맞는 맞춤형 콘텐츠와 경험을 제공할 거고요.

팬덤의 사회적 영향력 확장

아티스트와 팬덤의 선한 영향력 행사는 더욱 보편화될 거예요. 기부, 환경 보호, 사회적 인식 개선 등 K-POP 팬덤이 사회적 책임감을 가지고 긍정적인 변화를 이끌어내는 활동이 더 주목받을 거랍니다.

다양성과 포용성 증대

K-POP 팬덤은 이미 매우 다문화적이고 다양하지만, 앞으로는 더 다양한 배경과 정체성을 가진 팬들을 포용하고 존중하는 방향으로 발전해야 해요. 이게 K-POP의 글로벌 확장에 훨씬 더 중요한 요소가 될 거랍니다.

기술 접목 및 새로운 팬 경험

메타버스, AI, NFT 같은 신기술이 팬 활동과 콘텐츠 소비에 더 적극적으로 접목될 거예요. 가상 콘서트, AI 기반 아티스트와의 소통, 팬 참여형 디지털 콘텐츠 등이 새로운 팬 경험을 제공할 거랍니다. 미래의 콘서트는 내 방 안에서 이루어질지도 몰라요.

아티스트-팬 관계의 건강한 진화

팬덤 내 갈등, 사생활 침해, 과도한 비난 같은 부정적인 측면을 해결하고, 아티스트와 팬 모두가 건강하고 존중받는 관계를 만드는 노력이 중요해질 거예요. 엔터테인먼트사는 팬덤 가이드라인을 강화하고, 팬들은 성숙한 팬덤 문화를 지향해야 한답니다.

이런 발전 방향을 통해서 K-POP 팬덤은 단순한 소비자를 넘어서, K-POP의 지속 가능한 성장과 글로벌 확장을 이끄는 핵심 파트너로 더욱 강력해질 거예요.

여러분은 K-POP 팬덤 문화에서 어떤 점이 가장 매력적이라고 생각하시나요? 여러분이 생각하는 가장 이상적인 팬덤 활동이 무엇인지 궁금하네요.

K-POP 팬덤,
듣고 보는데서 끝나지 않는다

우리 K-POP이 전 세계를 뒤흔들 수 있었던 핵심 파워! 바로 우리 팬들이죠. 단순히 노래만 듣는 소비자가 아니라, 아이돌의 성장과 성공에 직접적으로 기여하는 '팬슈머(fansumer)'로 진화한 우리들! 한국에서 시작돼 전 세계로 퍼진 이 특별한 팬 문화가 바로 K-POP을 글로벌 현상으로 만들었다는 것, 앞에서 다 설명했죠? 이제는 K-POP 덕후라면 무조건 알아야 할 팬 문화 A to Z, 지금부터 덕후 시점으로 싹 다 파헤쳐 봅시다.

1. K-POP 팬들의 다양한 활동과 팬 용어

K-POP 팬들은 아이돌에 대한 사랑과 지지를 표현하기 위해 정말 다양한 활동을 조직적이고 자발적으로 펼친답니다. 이런 활동들은 팬덤 안에서만 통용되는 특별한 용어들과 함께 발전했어요.

덕질

특정 분야(예: 아이돌)에 완전 몰두해서 열정적으로 관련된 활동을 하는 걸 통틀어 말해요. 긍정적인 의미로 쓰이며, 팬 활동의 핵심 개념이죠.

홈마(홈페이지 마스터)

아이돌 스케줄을 따라다니면서 고화질 사진이나 영상을 찍고, 자기 팬 계정(홈페이지, SNS 등)에 공유하는 팬들을 말해요. 이들이 찍은 사진과 영상은 공식 콘텐츠만큼이나 팬덤 안에서 중요하고, 우리 아이돌 홍보에도 기여한답니다.

직캠(직접 찍은 카메라)

팬이 직접 특정 멤버나 무대 전체를 찍은 영상을 의미해요. 공식 영상은 무대 전체를 찍지만, 직캠은 특정 멤버의 디테일한 표정이나 춤을 집중적으로 담아서 팬들 사이에서 엄청난 인기를 얻죠. 특히 '레드벨벳 조이 직캠', 'EXID 하니 직캠'처럼 특정 직캠이 대박 터져서 아이돌이 역주행하거나 인지도 올리는 데 결정적인 역할을 하기도 했어요. 직캠은 K-POP 혁명이라 할 수 있죠.

응원 구호/응원법

팬들이 아이돌 노래에 맞춰 함께 외치는 정해진 구호나 박수 패턴이에요. 공식 팬카페나 소속사에서 알려 주기도 하는데, 콘서트나 음악 방송에서 팬들의 단합된 모습을 보여 주는 진짜 중요한 요소랍니다.

응원봉

각 그룹의 상징색과 디자인으로 만들어진 공식 야광봉! 콘서트나 팬미팅에서 팬들이 이걸 흔들어서 공연장을 그룹의 상징색으로 물들이는 장관을 연출하죠. 이 '응원봉 물결'은 K-POP 공연의 트레이드마크 중 하나예요.

2. K-POP 응원봉, 단순한 막대기가 아니다

K-POP 콘서트에서 팬들이 흔드는 응원봉(lightstick)은 단순한 응원 도구를 넘어서, 공연의 몰입도를 최대로 끌어올리는 핵심 요소로 진화했어요. 특히 블루투스 기반의 중앙 제어 시스템은 응원봉을 거대한 빛의 '캔버스'로 만들고, 동시에 위조품품 제작을 효과적으로 막아주는 역할까지 한답니다.

블루투스 중앙 제어 응원봉의 원리

고유 인식 기능: 각 응원봉에는 고유한 블루투스 식별자나 QR 코드 등이 부여되어 있어요. 팬들은 콘서트장에 들어가기 전에 공식 응원봉을 사거나 기존 응원봉을 콘서트 앱에 등록해서 자기 좌석 정보와 연결하죠.

중앙 서버 연동: 콘서트가 시작되면, 공연장 안에 설치된 중앙 제어 시스템(서버)이 등록된 모든 응원봉과 블루투스로 연결돼요. 이때 응원봉의 고유 식별자와 등록된 좌석 정보가 딱 맞춰져서 어떤 응원봉이 어디에 있는지 파악할 수 있답니다.

실시간 제어: 중앙 제어 시스템은 공연 진행에 맞춰서 각 응원봉에 실시간으로 신호를 보내요. 이 신호에는 응원봉 색깔, 밝기, 깜빡이는 속도, 패턴 같은 정보가 담겨 있죠. 예를 들어, 발라드 곡에서는 은은한 단색으로, 강렬한 댄스곡에서는 빠르고 화려한 색상 변화나 깜빡임을 지시할 수 있답니다.

역동적인 연출: 이 기술 덕분에 수만 개의 응원봉이 마치 하나의 거대한 LED 스크린처럼 움직여요. 특정 좌석 구역만 다른 색깔로 빛나게 하거나, 파도타기처럼 빛이 움직이는 연출, 아니면 복잡한 그림이나 글씨를 표현하는 등 다양하고 역동적인 시각 효과를 만들 수 있어요. 이는 공연의 예술적인 완성도를 높여 주고, 팬들에게 진짜 잊을 수 없는 경험을 선물한답니다. 그

러니 콘서트 갈 때 응원봉은 필수죠!

중앙 제어 시스템이 위조품을 막는 이유

블루투스 기반의 중앙 제어 시스템은 단순히 공연 연출 도구를 넘어서, 비공식 위조품 응원봉이 돌아다니는 걸 효과적으로 막는 강력한 방어선이 된답니다!

고유 인증의 필요성: 정품 응원봉은 콘서트 앱에 등록하고 인증 과정을 거쳐야만 중앙 제어 시스템과 연결돼요. 위조품 응원봉은 이런 고유 식별자나 인증 코드가 없어서 앱에 등록할 수 없고, 결국 콘서트 중에 중앙 제어의 혜택을 받을 수 없죠.

차별화된 공연 경험: 중앙 제어를 통해서 만들어지는 응원봉 연출은 K-POP 콘서트의 진짜 중요한 관람 경험 중 하나예요. 위조품 응원봉을 쓰는 팬은 공연장의 다른 응원봉과 함께 빛의 연출에 참여할 수 없으니까, 공연의 몰입감이나 일체감을 제대로 느낄 수 없게 된답니다. 이게 위조품 응원봉 사용의 가장 큰 단점으로 작용하는 거죠.

정품 구매 유도: 팬들은 공연의 일부가 되고 싶다는 강한 열망을 가지고 있어요. 위조품 응원봉이 중앙 제어에 참여할 수 없다는 사실은 팬들로 하여금 무조건 정품 응원봉을 사도록 유도한답니다. 아이돌에 대한 지지와 '한마음'이 되고 싶다는 팬심이 정품 구매의 강력한 동기가 되는 셈이죠.

기술적 복제 난이도: 중앙 제어 시스템과 연결되는 블루투스 통신 프로토콜은 기획사마다 고유하게 설계되는 경우가 많아요. 이걸 몰래 복제하거나 역설계해서 위조품 응원봉에 똑같이 구현하는 건 기술적으로 엄청 어렵고, 대량의 위조품 생산을 어렵게 만든답니다.

이처럼 K-POP 응원봉의 블루투스 중앙 제어 기술은 단순히 공연을 화려

하게 만드는 것을 넘어서, 팬들에게 특별한 경험을 제공하고 아이돌의 지식재
산권을 보호하며 불법 위조품 시장을 견제하는 여러 가지 중요한 역할을 하
고 있어요.

팬클럽: 아이돌을 공식적으로 지지하고 활동을 조직하는 팬들의 모임이에
요. 소속사에서 직접 운영하는 공식 팬클럽과 팬들이 자발적으로 만든 비
공식 팬클럽이 있죠. 공식 팬클럽은 유료 회원을 모집해서 독점 콘텐츠, 선
예매 혜택 등을 제공한답니다.

조공: 팬들이 자발적으로 돈을 모아서 아이돌에게 선물(옷, 명품, 비싼 장비
등)을 하거나, 아이돌 스태프들에게 간식 등을 제공하는 행위를 말해요. 요
즘은 아이돌 요청이나 팬덤 안에서 자정 작용으로 기부 조공(아이돌 이름
으로 기부) 형태로 바뀌는 추세랍니다. 우리 아이돌 이름으로 좋은 일 하는
거니 참 좋은 일이죠.

역조공: 아이돌이 팬들에게 고마움과 사랑을 담아서 직접 선물을 주는 행위
를 말해요. 주로 팬미팅이나 콘서트, 데뷔 기념일 등에 간식, 굿즈 등을 선
물하죠.

총공(총공격): 특정 목표(음원 순위 올리기, 유튜브 조회수 높이기, 투표 참
여 등)를 달성하기 위해 팬들이 조직적으로 특정 시간에 집중해서 활동하
는 걸 의미해요. 예를 들어, 음원 차트 '총공'은 특정 시간대에 음원 스트리
밍을 반복해서 순위를 끌어올리는 활동이랍니다.

스밍(스트리밍): 음원 사이트에서 음원을 계속 반복 재생해서 아이돌의 음원
순위와 차트 진입에 기여하는 활동이에요.

3. 레드벨벳 레벨럽(ReVeluv)의 팬 활동 예시

걸그룹 레드벨벳(Red Velvet)의 팬덤은 레벨럽(ReVeluv)이라고 불린답니

다. 'ReVeluv'는 레드벨벳(Red Velvet)의 'ReVe'와 'Love'를 합친 말로, 팬들과 레드벨벳이 서로 사랑하고 아끼는 관계라는 의미를 담고 있어요.

응원 구호

레드벨벳 노래에는 곡 분위기에 맞춰서 독특한 응원 구호들이 있어요. 예를 들어 '빨간 맛(Red Flavor)'에서는 "빨간 맛! 궁금해 허니! 깨물면 점점 녹아든 스트로베리 그 맛!" 같은 가사 사이에 팬들이 함께 외치는 부분이 있답니다.

응원봉

레드벨벳의 공식 응원봉은 '김만봉'이라는 애칭으로 불리며, 팬들의 상징색인 '페일 핑크'와 '네온 핑크'를 중심으로 한 파스텔 톤의 빛을 낸답니다. 콘서트 현장에서 '김만봉' 물결은 레벨럽의 강력한 결속력을 보여 주는 상징이 돼요.

'김만봉 씨' 명칭의 유래와 의미: 레드벨벳의 공식 응원봉은 디자인이 '김치만두 봉오리'를 닮았다는 팬들의 의견에서 시작됐어요. 여기서 착안해서 팬들은 응원봉을 친근하게 '김만봉'이라고 부르기 시작했죠.

그런데 여기서 한 발 더 나아가 팬들은 '김만봉'이라는 이름이 사람 이름처럼 들린다는 점에 주목했어요. 혹시 '김만봉'이라는 이름의 실제 인물이 있을 경우, 아무렇지 않게 '김만봉'이라고 부르는 게 실례가 될 수 있다는 배려심이 발동한 거랍니다. 이런 팬심이 반영돼서 응원봉에 존칭인 '씨(氏)'를 붙여 '김만봉 씨'라고 부르는 문화가 팬덤 안에 자리 잡았어요.

이는 단순한 별명을 넘어서, 팬들이 아이돌뿐만 아니라 아이돌과 관련된 모든 것에 대해 애정과 존중을 담아 소통하는 K-POP 팬덤 문화의 독특한 면모를 보여 준답니다. 마치 응원봉도 하나의 인격체처럼 소중히 여기는 팬들의 마음이 담겨 있다고 할 수 있죠. 레드벨벳 멤버들도 팬들이 응원봉을 '김만봉 씨'라고 부르는 걸 알고 방송이나 공연에서 언급하며 팬들과의 유대감을 더 돈독히 했답니다.

결론적으로 '김만봉 씨'는 레드벨벳 공식 응원봉의 진짜 이름은 아니지만, 팬덤이 자발적으로 부여하고 통용하는 애칭이자, K-POP 팬덤의 창의성과 존중, 그리고 아이돌과의 깊은 유대감을 상징하는 특별한 이름으로 자리매김했어요.

직캠 및 홈마 활동

레벨럽 홈마들은 레드벨벳 멤버들의 아름다운 비주얼과 매력적인 퍼포먼스를 담은 고화질 직캠과 사진을 꾸준히 공유하면서 팬덤 활성화에 기여한답니다. 특히 멤버들의 표정 연기가 돋보이는 직캠은 팬들 사이에서 엄청난 인기를 얻어요.

조공 및 역조공

멤버들 생일이나 데뷔 기념일에는 팬들이 힘을 합쳐서 지하철 광고, 숲 조성, 기부 같은 '조공'을 진행해요. 이에 화답해서 레드벨벳 멤버들도 팬들에게 손편지, 간식 같은 '역조공'으로 고마움을 표현하며 훈훈한 관계를 이어 간답니다.

4. 에스파 마이(MY)의 팬 활동 예시

걸그룹 에스파(aespa)의 팬덤은 마이(MY)라고 불린답니다. 에스파의 세계관에서 'MY'는 '가장 소중한 친구'를 의미하며, 그룹의 AI 아바타 'æ'와 멤버들이 소통하는 공간인 '광야'에 사는 '가장 소중한 친구들'이라는 의미를 담고 있어요.

세계관 기반 팬 활동

에스파는 '아바타'라는 독특한 세계관을 가지고 있어서, 팬덤 'MY'는 이 세계관에 대한 높은 이해도를 바탕으로 활동해요. 예를 들어, 뮤직비디오나 콘텐츠에 숨겨진 세계관 요소를 분석하고 공유하는 활동이 활발하죠.

응원 구호 및 응원봉

에스파의 공식 응원봉은 그룹 로고와 세계관을 반영한 독특한 디자인을 가지고 있고, MY들은 이걸 들고 에스파의 시그니처 사운드나 가사에 맞춰 응원 구호를 외친답니다. 특히 'Next Level'이나 'Spicy'처럼 강렬한 곡들에서 응원법이 더욱 돋보여요.

디지털 콘텐츠 소비 및 총공

에스파는 'Savage', 'Girls', 'Drama' 등 발표하는 곡마다 음원 차트에서 좋은 성적을 거두고 뮤직비디오 조회수를 높이는 데 MY의 조직적인 '스밍 총공' 및 '조회수 총공'이 큰 영향을 미친답니다. MY들의 화력은 언제나 대단하죠. 총공은 '총공격'의 줄임말로, 팬덤이 조직적으로 힘을 모아 특정 목표를 달성하는 활동을 의미해요. 마치 팬덤이 하나의 팀이 되어 아이돌을 위해 총력전을 펼치는 것과 같다고 이해하시면 됩니다.

팬덤 플랫폼 소통

에스파는 위버스, 버블 등을 통해서 MY와 적극적으로 소통하며, 멤버들이 직접 팬들에게 메시지를 보내거나 라이브 방송을 진행하면서 친밀감을 형성해요. 특히 세계관 기반의 스토리텔링을 통해서 팬들에게 더욱 몰입감 있는 경험을 제공하죠.

<u>**5. 한국 팬 문화, 전 세계로 퍼져 나가다**</u>

K-POP 팬덤 문화는 한국에서 시작돼서 아시아를 넘어 전 세계로 확산되며 K-POP의 글로벌 성공을 이끌었어요.

온라인 플랫폼 통한 전파

유튜브, 트위터, 인스타그램 같은 글로벌 소셜 미디어 플랫폼은 한국 팬 문화가 전 세계 팬들에게 퍼지는 중요한 통로가 됐답니다. 한국 팬들이 만든 '직캠', '응원법 영상', '총공 독려 짤' 등이 해외 팬들에게 공유되면서 한국 팬 활동 방식이 표준처럼 자리 잡았어요. 그렇게 우리 유행이 곧 월드 트렌드가 된 거죠!

번역 및 가이드 공유

해외 팬들은 자발적으로 한국 팬들의 활동 방식, 용어, 아이돌 관련 정보를 번역하고 팬 가이드를 만들어서 공유했어요. 덕분에 언어 장벽을 넘어서 팬덤 활동이 가능해졌죠.

조직화된 해외 팬덤

각 그룹의 해외 팬들은 한국 팬클럽의 활동 방식을 참고해서 자체적인 팬클럽, 팬 베이스를 만들고, 한국 팬들과 연대해서 글로벌 '총공'이나 '조공' 활동을 펼친답니다. 이게 K-POP이 빌보드 차트 같은 글로벌 주류 음악 시장에서 성공하는 데 결정적인 역할을 했어요.

선한 영향력 확산

아이돌의 선한 영향력 캠페인과 연결돼서 팬들이 자발적으로 기부, 봉사 활동 등을 펼치는 선한 팬덤 문화 역시 전 세계로 퍼져 나가서 K-POP에 대한 긍정적인 이미지를 형성하는 데 기여하고 있어요.

결국 K-POP 팬덤은 단순히 소비를 넘어서, 아이돌 활동에 깊이 관여하고, 자체적인 문화를 형성하며, 이를 전 세계로 전파함으로써 K-POP이 단순한 음악 장르를 넘어 하나의 글로벌 문화 현상으로 자리매김하는 데 중추적인 역할을 했답니다.

여러분은 K-POP 팬 활동 중에 어떤 것이 가장 보람 있고 재미있었나요?

K-POP 덕질의 꽃,
팬미팅과 콘서트는 뭐가 다를까

K-POP 덕질에서 우리 아이돌을 만나는 가장 중요한 행사는 바로 팬미팅과 콘서트 아니겠어요? 둘 다 소중한 시간인데, 사실 목적도, 분위기도, 심지어 티켓팅 난이도까지 완전 다르다는 차이점을 제대로 알아야 진짜 덕후라고 할 수 있죠. 지금부터 팬미팅과 콘서트의 모든 것을 덕후 시점으로 파헤쳐 봅시다.

Q1. 팬미팅과 콘서트, 뭐가 다를까요?

팬미팅은 우리 아이돌이 팬들과 좀 더 가깝고 친하게 소통하는 데 집중하는 행사예요. 주로 작은 데서 중간 규모 정도의 장소에서 열리고, 노래 부르는 것보다는 대화, 게임, Q&A, 팬 서비스 비중이 훨씬 높답니다. 아이돌의 인간적인 면모를 보여 주고 팬들과 직접 눈 맞추고 교감하는 게 목적이죠. 팬들한테는 아이돌의 무대 아래 모습을 볼 수 있는 진짜 특별한 기회를 줍니다. 내 가수 TMI 대방출 시간인 거죠!

공연(콘서트)은 우리 아이돌의 음악과 퍼포먼스가 중심이 되는 대규모 무대예요. 앨범 수록곡, 히트곡, 신곡 등을 라이브로 보여 주고, 화려한 무대 장치, 조명, 영상, 안무 등으로 눈과 귀를 압도하는 경험을 선사하죠. 아이돌의 음악적 능력과 퍼포먼스 실력을 제대로 뽐내고, 팬들한테는 아이돌의 본업인 무대 장악력을 마음껏 즐길 기회를 준답니다.

Q2. 팬미팅과 콘서트의 주요 차이점을 한눈에 보여 주세요!

팬미팅과 콘서트의 주요 차이점을 다음 표로 정리해 봤어요.

구분	팬미팅	공연(콘서트)
목적	팬들과의 친밀한 소통, 교감, 팬 서비스	음악적 퍼포먼스, 무대 역량 과시, 대규모 관람
형식/내용	대화, Q&A, 게임, 토크, 비하인드 스토리, 소규모 무대	라이브 음악, 안무, 화려한 연출, 대규모 퍼포먼스
규모	소규모 ~ 중규모(상대적으로 적은 인원)	대규모(수천 ~ 수만 명)
분위기	친밀하고 따뜻함, 유머러스함	역동적이고 열정적임, 웅장함
티켓 가격	비교적 저렴하거나 팬클럽 가입 시 우선권	비교적 고가, VIP 등 좌석 등급 다양

Q3. 팬미팅 티켓, 왜 이렇게 구하기 어려울까요?

팬미팅은 콘서트보다 규모가 작고, 팬들과 가까이 소통하는 게 목적이라 좌석 수가 완전 한정적이에요. 그런데 팬덤 규모는 갈수록 커지니까, 이 한정된 좌석을 차지하려는 경쟁이 진짜 너무 치열하답니다. '엔터사 사장도 티켓을 못 뺀다'는 말은 진짜 사장님이 티켓을 못 구한다는 뜻이라기보다는, 팬미팅 티켓팅이 그만큼 극악의 난이도를 자랑한다는 걸 비유적으로 표현하는 말이에요. 실제로 일부 엔터사는 사장님도 티켓을 못 구하는 경우가 있다고 하네요. 거기엔 다 이유가 있겠죠?

극심한 수요 대비 공급 부족

K-POP 팬덤은 수십만에서 수백만 명에 달하는데, 팬미팅은 소통을 위해 고작 수백 명에서 수천 명 규모로 진행돼요. 이렇게 엄청난 수요에 비해 공급이 너무 부족하니까 기본적으로 티켓이 귀할 수밖에 없죠.

공정성 중시

팬미팅은 팬들과 '교감'하는 게 중요하니까, 기획사나 아이돌 측도 티켓팅의 공정성에 완전 민감해요. 혹시라도 높은 사람이나 지인이 티켓을 빼돌리는 게 걸리면, 팬덤의 엄청난 비난과 불매 운동 같은 치명적인 역풍을 맞을 수 있거든요. 이는 아이돌과 팬덤 간의 신뢰를 깨트리는 행위로 간주된답니다. 우리 팬들이 호락호락하지 않죠!

팬덤 특혜 시스템

많은 팬미팅은 공식 팬클럽 회원에게만 먼저 예매할 기회를 주거나, 추첨으로 당첨자를 뽑아요. 철저하게 팬덤 내부의 규칙과 원칙에 따라 이루어지고, 외부 개입을 최소화하려는 노력이 반영된 거죠. 그러니까 엔터사 사장님이라 할지라도 팬 자격이 아니면 티켓을 구하기 어렵다는 인식이 강한 거랍니다. 역시 팬심이 최고죠!

이런 특성 때문에 팬미팅 티켓은 '하늘의 별 따기'로 여겨지며, 암표 거래도 극성이죠. 제발 암표는 근절되기를 바랍니다!

Q4. 팬미팅과 콘서트에는 각각 어떤 효과가 있나요?

팬미팅과 콘서트 모두 우리 아이돌의 활동에 아주 중요한 역할을 해요.

팬미팅의 효과

팬 충성도 강화: 아이돌과 직접 소통하고 개인적인 모습을 볼 수 있는 기회는 팬들한테 강력한 유대감과 소속감을 줘서 팬덤의 충성도를 최대로 끌어올려요.

팬덤 활성화: 팬들끼리 유대감을 형성하고 오프라인으로 만날 수 있는 장을 제공해서 팬덤 활동을 더 활성화한답니다.

아티스트 사기 진작: 팬들의 직접적인 사랑과 지지를 느끼면서 아이돌이 활동을 계속하는 데 큰 동기 부여가 돼요. 우리 아이돌들, 더 행복하게 해 줄 수 있겠죠?

공연(콘서트)의 효과

아티스트의 음악적/퍼포먼스 역량 과시: 최고 수준의 무대를 통해서 아이돌의 실력과 매력을 대중에게 제대로 각인시키고, 음악적인 정체성을 확고히 한답니다.

대규모 팬덤 결집 및 확장: 수만 명의 팬들이 한자리에 모여 응원봉 물결을 이루는 장관은 K-POP의 위상을 보여 주고, 새로운 팬들을 끌어들이는 데도 긍정적인 영향을 미쳐요.

경제적 효과 극대화: 티켓 판매, 굿즈 판매, 투어 수익 등을 통해서 엄청난 수익을 만들고 K-POP 산업의 핵심적인 수입원 역할을 하죠.

국가 브랜드 이미지 제고: 세계적인 규모의 K-POP 콘서트는 한국 문화 콘텐츠의 위상을 높이고 국가 브랜드 이미지까지 끌어올릴 수 있답니다.

<u>Q5. 라이즈(RIIZE)의 2024년 팬미팅과 공연 현황 예시는 어떤가요?</u>

SM엔터테인먼트 소속 보이그룹 라이즈(RIIZE)는 2023년 데뷔 이후 빠르게 성장하면서 2024년에 활발한 팬미팅 및 공연 활동을 펼쳤어요.

2024년 팬미팅 현황

2024 RIIZE FAN-CON 'RIIZING DAY': 라이즈는 2024년 5월 서울 잠실실내체육관에서 첫 팬 콘서트(팬미팅과 콘서트가 합쳐진 형태)를 시작으로, LA, 도쿄, 홍콩, 자카르타, 마닐라, 싱가포르, 방콕 등 아시아 주요 도시에서 투어를 진행했어요.

이 투어는 팬미팅의 친밀한 소통과 콘서트의 퍼포먼스를 결합한 형태로, 팬들에게 다양한 매력을 보여 주는 기회가 되었죠. 서울 공연은 전석 매진을 기록하며 라이즈의 강력한 티켓 파워를 입증했답니다.

2024년 공연 현황

2025 RIIZE CONCERT TOUR 'RIIZING LOUD': 2024년 하반기와 2025년 상반기에는 'RIIZING LOUD'라는 이름으로 첫 단독 콘서트 투어를 진행할 예정이에요. 서울 KSPO DOME(올림픽공원 체조경기장)에서의 공연을 시작으로 일본, 북미, 남미, 유럽 등 전 세계 20여 개 지역에서 공연을 개최한다고 합니다.

콘서트 투어는 팬미팅 투어보다 훨씬 큰 규모와 더 많은 도시에서 진행되며, 라이즈의 퍼포먼스 역량을 집중적으로 선보이는 무대가 될 거예요. 이것도 서울 공연 선예매가 전석 매진을 기록하는 등 폭발적인 반응을 얻었답니다!

이처럼 라이즈는 팬미팅을 통해서 팬들과 친밀한 관계를 다지고, 이어서

 당신이 알아야 할 **케이팝의 거의 전부**

대규모 콘서트 투어를 통해서 글로벌 아티스트로서의 입지를 확고히 하는 전략을 쓰고 있어요. 라이즈의 성장세, 과연 어디까지 갈까요?

여러분은 팬미팅과 콘서트 중에 어떤 행사가 더 좋으세요? 그리고 그 이유도 궁금하네요!

K-POP 팬덤의 신기한 문화: 한국어 응원 구호가 전 세계에서 울려 퍼지는 이유

여러분, K-POP 팬덤의 진짜 독특한 문화 중 하나가 뭔지 아세요? 바로 한국어 응원 구호(fanchant)가 전 세계 콘서트 현장에서 '한국어 그대로 우리말 그대로' 울려 퍼진다는 점이에요. 이는 단순한 언어 특성을 넘어서 K-FOP의 글로벌 성공을 상징하는 진짜 중요한 요소로 자리 잡았답니다. 왜 이렇게 됐는지 덕후 시점으로 파헤쳐 봅시다.

Q1. 한국어 응원 구호, 언제부터 퍼졌을까요?

한국어 응원 구호가 전 세계로 퍼지기 시작한 건 2010년대 중반 이후, K-POP이 유튜브와 소셜 미디어를 통해 본격적으로 글로벌 팬덤을 만들기 시작하면서부터예요. 싸이의 '강남스타일'이 전 세계적으로 히트를 치면서 K-POP 인지도가 폭발적으로 높아진 2012년을 기점으로, 방탄소년단, EXO, 트와이스, 블랙핑크 같은 3세대 아이돌이 해외 시장에서 두각을 나타내기 시작한 시기와 딱 맞물린답니다. 이렇게 된 이유, 궁금하시죠?

팬덤의 자발적 학습과 몰입

해외 팬들은 좋아하는 아이돌과 더 깊이 교감하고, '하나됨'을 느끼기 위해서 한국어 응원 구호를 스스로 학습해요. 이건 단순한 응원을 넘어서 K-POP 문화에 대한 깊은 몰입과 헌신을 의미하죠. 한국어로 구호를 외침으로써 아이돌에게 직접적인 사랑과 지지를 전달한다고 믿는답니다. 내 아이돌 이름은 한국어로 외쳐야 제맛이죠!

소속감 및 연대감 형성

한국어 응원 구호는 전 세계 K-POP 팬덤이 공유하는 공통의 언어가 돼요. 이는 언어와 국적을 넘어서 팬들끼리 강력한 소속감과 연대감을 형성하는 중요한 도구랍니다. 콘서트 현장에서 여러 나라 팬들이 한목소리로 한국어 구호를 외치는 모습은 K-POP이 단순한 음악을 넘어 하나의 거대한 문화 현상임을 보여 주는 증거죠.

공식 팬덤 문화의 표준화

한국 팬덤에서 시작된 조직적인 응원 문화가 K-POP 산업 발전과 함께 공식적인 형태로 자리 잡으면서, 해외 팬덤도 이걸 자연스럽게 받아들이고 따라해요. 이는 '진정한 팬'으로서의 정체성을 보여 주는 방식이기도 하답니다.

온라인 플랫폼의 역할

유튜브에 공식 또는 비공식 '응원법 가이드' 영상이 한국어 발음과 함께 올라오고, 이걸 해외 팬들이 자발적으로 번역하고 공유하면서 한국어 응원 구호 확산 속도가 엄청 빨라졌어요.

Q2. 응원 구호, 어떻게 만들어지고 퍼질까요?

K-POP 응원 구호는 주로 다음 두 가지 방식으로 만들어지고 전파된답니다.

기획사 및 아이돌 주도

대부분의 K-POP 그룹은 새 노래 나올 때 소속사나 아이돌이 직접 공식 응원법(fanchant guide)을 만들어서 배포해요. 이 응원법은 주로 공식 팬카페, 그룹의 소셜 미디어 채널, 그리고 유튜브를 통해 '응원법 영상' 형태로 공유되죠. 영상에는 아이돌 이름, 특정 가사, 박수 패턴 등이 한국어 발음과 함께 명확하게 제시되고, 종종 영어 자막도 같이 제공된답니다. 안무 배우듯이 응원법도 배우는 거죠.

팬덤의 자발적 형성

어떤 응원 구호는 팬들이 스스로 만들어 내기도 해요. 특히 데뷔 초나 활동 안 하는 시기에는 팬들끼리 이야기해서 비공식 응원 구호를 만들고 커뮤니티나 소셜 미디어로 공유하기도 하죠. 가끔은 아이돌이나 소속사가 팬들이 만든 응원 구호를 공식 응원법으로 채택하는 경우도 있답니다. 역시 찐팬의 센스는 남다르죠!

전파 방식은 주로 온라인을 통해서 이루어져요. 공식 응원법 영상이 유튜브에 올라오면, 해외 팬들은 이걸 계속 보면서 익힌답니다. 또, 팬 커뮤니티나 트위터, 인스타그램 등에서 서로 정보를 공유하고, 콘서트나 팬미팅 전에는 플래카드, 팸플릿 등을 만들어서 현장에서 공짜로 나눠 주면서 응원 구호를 직접 알려 주기도 해요.

Q3. 콘서트 현장의 팬클럽 활동에는 어떤 게 있나요?

다른 나라에서 열리는 K-POP 콘서트 현장에 가면, 해당 지역의 팬클럽이나 팬 베이스(fanbase)가 주도해서 다양한 팬 프로젝트를 진행하는 걸 볼 수 있어요. 이는 K-POP 팬 문화가 현지화되면서도 본질적인 한국적 특징을 유지하는 진짜 독특한 모습이랍니다.

무료 배포

콘서트장 입구에서 팬들은 **플래카드(hand banner)**, **팸플릿(pamphlet)**, 그리고 가끔은 작은 굿즈(포토카드, 스티커 등)를 무료로 나눠 줍니다.

플래카드

플래카드에는 아이돌에 대한 사랑이나 특정 메시지를 담은 문구가 한국어로 인쇄되어 있는 경우가 많습니다. 콘서트 중에 특정 곡이나 이벤트 시간에 팬들이 다 같이 플래카드를 들어 올리는 '팬 이벤트'를 기획하기도 한답니다.

응원 구호 안내 팸플릿

팸플릿에는 해당 곡의 응원 구호가 한국어 발음과 현지어 번역으로 자세하게 적혀 있습니다. 해외 팬들이 콘서트 전에 응원법을 못 익혔더라도 현장에서 바로 따라 할 수 있도록 돕는 역할을 하죠. 이는 해외 팬들이 한국 팬들과 똑같은 방식으로 응원에 참여하고, 공연의 일부가 되는 경험을 제공한답니다.

팬덤의 자발적 기금 마련

이런 플래카드나 팸플릿 만드는 비용은 대부분 팬클럽 회원들의 자발적인 모금(모금함 혹은 온라인 펀딩)을 통해서 마련됩니다. 팬들은 자기 아이돌을 더 빛내고, 다른 팬들과의 유대감을 강화하기 위해서 기꺼이 돈을 부담하는 거죠. 이게 바로 찐사랑 아니겠어요?)

Q4. 에스파(aespa) 마이(MY)의 응원 구호 예시를 알려주세요!

걸그룹 에스파(aespa)의 팬덤인 마이(MY)는 에스파의 독특한 세계관을 반영한 응원 구호와 함께 활발한 팬 활동을 펼친답니다. 에스파의 곡들은 강렬한 비트와 독특한 가사가 특징이죠. 응원 구호도 그에 맞춰서 개성 있게 만들어져요.

멤버 이름 외치기

에스파 응원법에는 보통 각 멤버의 이름을 연호하는 부분이 포함됩니다. 예를 들어, "카리나! 지젤! 윈터! 닝닝! 에스파!"처럼 멤버들 이름을 외치는 게 일반적이죠.

가사 삽입 구호

노래의 특정 구간에서는 가사에 맞춰 팬들이 짧은 구호를 외치거나, 특정 단어를 강조해서 함께 외치는 부분이 있어요. 에스파의 히트곡 'Next Level'이나 'Savage'의 응원법에 이런 요소가 잘 나타난답니다.

예를 들어, 'Next Level' 응원법에는 "난 세상 중심에 You're in the FLAT! (플랫!)"처럼 가사 일부나 곡의 핵심 메시지를 강조하는 구호가 포함됩니다.

'Savage'의 경우 "Ma Ma Ma Mamba(에스파!)"처럼 곡의 시그니처 사운드나 가사를 함께 외치는 부분이 있죠.

안무와 연계된 응원

어떤 응원 구호는 특정 안무 동작과 연결돼서 팬들이 함께 따라 하기도 해요. 이는 공연의 시각적인 재미를 더하고 팬들의 몰입도를 높이는 요소가 된답니다.

글로벌 확산

에스파 소속사인 SM엔터테인먼트는 공식 유튜브 채널을 통해서 새 노래가 나올 때마다 'CHEER GUIDE(응원법)' 영상을 올려 줍니다. 이 영상에는 한국어 발음과 영어 자막이 같이 제공돼서 전 세계 마이들이 쉽게 응원 구호를 익힐 수 있도록 돕죠. 해외 마이들은 이 영상을 통해서 한국어 응원 구호를 배우고, 콘서트나 팬 이벤트에서 한목소리로 외치면서 에스파와 교감한답니다.

결론적으로, 한국어 응원 구호가 전 세계로 퍼져 나간 건 K-POP 팬덤의 강력한 결속력, 아이돌과의 깊은 유대감, 그리고 온라인 플랫폼의 발달이 합쳐져서 만들어진 진짜 독특한 문화 현상이에요. 이는 K-POP이 단순한 음악을 넘어 하나의 언어이자 소통의 도구로 진화했음을 보여 주는 사례라고 할 수 있답니다.

여러분은 K-POP 콘서트에서 한국어 응원 구호를 외쳐본 경험이 있으신가요? 어떤 응원 구호가 가장 기억에 남으세요?

K-POP 보이그룹과 걸그룹의
활동 전략이 왜 나뉘었을까

여러분, 요즘 K-POP 시장을 보면 '보이그룹은 팬덤 중심, 걸그룹은 대중성 중심'으로 활동 전략을 가져가는 경향이 완전 뚜렷한 거 아시죠? 이런 현상은 K-POP 시장의 변화와 팬덤의 진화에 따라 나타난 특징인데, 그 속에는 각 그룹의 성공 전략과 지속 가능성에 대한 깊은 고민이 담겨 있답니다. 왜 이렇게 나뉘게 됐는지, 덕후 시점으로 속 시원하게 파헤쳐 봅시다.

Q1. 이런 현상, 언제부터 생겼을까요?

이런 경향이 확실해진 건 2010년대 중반 이후, 특히 3세대 아이돌이 등장하고 K-POP이 글로벌 팬덤을 본격적으로 확대하면서부터예요.

2000년대 중후반(2세대 아이돌 시기)

소녀시대, 원더걸스, 카라 같은 걸그룹들이 '훅송(Hook Song)' 유형을 이끌면서 대중적인 인기를 얻기 시작했어요. 보이그룹도 동방신기, 슈퍼즈니어,

빅뱅 등이 팬덤과 대중성을 동시에 잡으려고 노력했지만, 음반 판매량이나 팬덤의 결집력은 보이그룹이 더 강한 경향을 보였죠.

2010년대 중반 이후(3세대 아이돌 시기)

트와이스, 레드벨벳, 블랙핑크 같은 걸그룹들이 대중적 히트곡과 멤버들의 다양한 매력으로 대중적인 인기를 끌었어요. 반면 EXO, 방탄소년단, 세븐틴 같은 보이그룹은 팬덤 비즈니스 모델을 더욱 고도화하면서 높은 음반 판매량과 팬덤 경제를 구축했답니다. 특히 방탄소년단이 글로벌 팬덤을 통해 폭발적인 성공을 거두면서, 보이그룹은 '글로벌 팬덤 코어화' 전략의 성공 가능성을 제대로 입증했죠. 방탄소년단이 길을 닦았다고 볼 수 있죠.

Q2. 왜 이런 현상이 생겼을까요?

보이그룹과 걸그룹이 다른 전략을 택하게 된 건 성별 팬덤의 소비 특성, 시장의 변화, 그리고 수익 구조의 차이 때문이에요.

남성 팬덤과 여성 팬덤의 소비 특성 차이

보이그룹(주요 소비층: 10~30대 여성): 여성 팬덤은 아이돌에 대한 충성도와 몰입도가 엄청 높습니다. 이는 '유사 연애 감정'이나 '양육자 팬덤' 같은 심리적 요인하고도 연결된다고 분석하기도 하죠. 이들은 앨범 다량 구매(포토카드, 팬 사인회 응모 등), 굿즈 구매, 스트리밍 '총공', 투표 참여 등 팬 활동에 적극적으로 지갑을 열고 조직적으로 움직이는 경향이 강하답니다. 그래서 보이그룹은 소수의 '코어 팬덤'을 기반으로 높은 음반 판매량과 굿즈 수익을 내는 데 유리하죠.

걸그룹(주요 소비층: 남성 및 여성 대중): 걸그룹은 예전엔 남성 팬덤 중심이었지만, 요즘엔 '여성 팬덤'이 크게 늘면서 시장 내 위상이 확고해습니다. 걸

그룹은 보이그룹에 비해서 '음원 순위'나 '방송 활동을 통한 대중적 인지도'가 더 중요하게 여겨진답니다. 섹시 콘셉트, '훅송' 유행 등 대중의 취향을 저격하는 전략이 예전부터 효과적이었어요. 음원 수익, 광고 모델, 행사 출연료 등이 주요 수익 모델이 될 수 있죠.

시장 변화와 수익 모델

글로벌 팬덤 비즈니스 확장: 유튜브 같은 디지털 플랫폼이 발달하면서 K-POP이 전 세계로 퍼져 나갔습니다. 그래서 이제 국경을 초월한 팬덤을 만드는 게 중요해졌죠. 보이그룹은 코어 팬덤의 끈끈한 결집력을 바탕으로 이런 글로벌 팬덤 비즈니스 모델을 효과적으로 구축했답니다.

앨범 판매량 증대 경쟁: 팬덤을 기반으로 한 음반 판매량 경쟁이 심해지면서, 팬 사인회 응모권 같은 상술과 맞물려 '밀어내기'(유통사가 판매처에 음반을 대규모로 떠넘기는 행위) 같은 문제도 생겨납니다. 그래서 보이그룹은 이런 팬덤 소비를 유도하는 전략에 더욱 집중하는 편이죠.

광고 및 행사 수익: 걸그룹은 대중적 인지도를 기반으로 광고 모델 계약이나 국내외 행사 출연을 통해서 수익을 내는 비중이 상대적으로 높습니다.

Q3. 팬덤 중심 vs 대중성 확보 그룹, 뭐가 다를까요?

대부분의 보이그룹은 강력한 팬덤을 기반으로 활동하지만, 그중에서도 방탄소년단(BTS)과 라이즈(RIIZE)는 팬덤을 넘어 대중성까지 확보한 그룹으로 평가받아요.

에이티즈(ATEEZ), 보이넥스트도어(BOY NEXT DOOR), 세븐틴(SEVENTEEN) 등 팬덤 중심 그룹

강력한 코어 팬덤: 이 그룹들은 앨범 판매량, 콘서트 티켓 파워, 굿즈 소비 등

에서 진짜 강력한 코어 팬덤을 가지고 있어요. 팬들은 아이돌의 성장을 위해서 적극적으로 돈 쓰고 조직적으로 활동한답니다.

글로벌 투어 중심: 해외 코어 팬덤을 기반으로 전 세계 투어를 활발하게 진행하면서 안정적인 수익을 확보해요. 월드투어는 필수죠!

특정 팬층 집중 공략: 음악 스타일이나 콘셉트가 특정 팬층(예: 퍼포먼스, 서사, 멤버 간 케미 등)에게 훨씬 더 강력하게 다가갈 수 있습니다.

팬 소통 강조: 팬덤 플랫폼, 팬미팅 등을 통해서 팬들과 친밀하게 소통하는데 집중해서 팬 충성도를 높인답니다.

방탄소년단(BTS), 라이즈(RIIZE) 등 대중성 확보 그룹

매스 어필(Mass Appeal): 이 그룹들은 음악적 메시지, 독특한 세계관, 혹은 대중적 취향을 저격하는 퍼포먼스 등을 통해서 K-POP 팬이 아닌 일반 대중에게도 널리 알려지고 사랑받습니다.

음원 차트 강세: 팬덤 외에 대중적인 스트리밍과 다운로드를 통해서 국내외 주요 음원 차트에서 높은 순위를 기록한답니다. 진정한 음원 강자죠!

광고 및 미디어 노출: 대중적 인지도를 바탕으로 다양한 브랜드의 광고 모델로 활동하고, 국내외 주요 방송 및 미디어에 노출되는 빈도가 높죠.

음악적 확장성: 특정 장르에만 갇히지 않고 다양한 음악적 시도를 통해서 음악적 스펙트럼을 넓히며 대중적 공감대를 형성해요. BTS는 'Love Yourself' 시리즈처럼 사회적 메시지를 담은 음악으로 대중의 지지를 얻었죠. 라이즈는 'Get A Guitar', 'Love 119'처럼 청량하면서도 트렌디한 음악으로 대중적인 인기를 끌었답니다.

둘의 차이: 가장 큰 차이는 '주요 수익원'과 '인지도의 폭' 에 있어요. 팬덤 중심 그룹은 '코어 팬덤'의 직접적인 소비(음반, 굿즈, 콘서트)가 주된 수익원이고 인지도는 팬덤 안에서 높답니다. 반면 대중성 확보 그룹은 팬덤 소비

뿐만 아니라 대중적 음원 스트리밍, 광고, 방송 출연 등 광범위한 대중의 관심과 소비가 수익으로 이어지며, 인지도의 폭이 일반 대중까지 넓죠.

Q4. 충성 팬덤, 과연 좋은 걸까요?

충성 팬덤이 발전하는 건 K-POP 산업에 긍정적인 면도 있지만, 부정적인 면도 동시에 가지고 있답니다.

긍정적 측면

안정적인 수익 구조: 강력한 코어 팬덤은 경기가 안 좋거나 외부 환경이 변해도 꾸준히 앨범, 굿즈, 콘서트 티켓 등을 사줘서 아이돌과 기획사에 안정적인 수익을 제공해요. 이는 K-POP 산업의 핵심 엔진이죠.

자발적 홍보 및 마케팅: 팬덤은 아이돌을 위해서 '무보수 크리에이터 집단'처럼 자발적으로 홍보 콘텐츠(팬아트, 팬 영상, 번역 등)를 만들고 퍼뜨리며, SNS에서 '총공'을 통해 바이럴 마케팅 효과를 최대로 끌어올린답니다.

새로운 시장 창출: 포토카드, 팬굿즈 같은 팬덤 특유의 문화는 새로운 시장을 만들고 경제적 가치를 창출해요.

위기 대응력: 아이돌에게 문제가 생겼을 때 팬덤은 여론을 방어하고 지지해 주는 강력한 아군이 될 수 있죠.

높은 충성도: 아이돌의 활동 방향이나 음악적 변화에 대한 팬덤의 수용성이 높고, 오랜 기간 아이돌을 지지하며 함께 성장하는 모습을 보여 준답니다.

부정적 측면

지나친 팬덤 의존 및 팬덤 상술: 앨범에 여러 버전의 포토카드를 랜덤으로 넣어서 팬들의 중복 구매를 유도하거나, 팬 사인회 응모권을 미끼로 수십 장의 앨범 구매를 강요하는 등 지나친 '팬덤 상술'이 많아질 수 있습니다. 이러면 팬들에게 경제적인 부담을 크게 주고, 일부 팬들의 탈덕을 유발할 수 있죠.

환경 문제: 잔뜩 구매된 앨범이 개봉 후 버려지거나 포토카드만 모으고 버려지는 등 환경 문제(앨범 쓰레기)를 일으키죠.

대중성 확보의 어려움: 특정 팬덤만을 노리는 전략은 일반 대중에게 어필하는 힘을 떨어뜨려서 아이돌의 대중적인 인지도 확장에 한계를 가져올 수 있습니다. 이는 장기적으로 아이돌의 생명력에 부정적인 영향을 줄 수 있죠.

피로도와 통제 불가능성: 팬덤의 과도한 요구는 아이돌이나 기획사에 피로감을 줄 수 있고, 일부 극성 팬덤의 행동은 아이돌 이미지에 안 좋은 영향을 미치거나 기획사가 통제하기 어려운 상황을 만들 수도 있어요.

획일화: 팬덤의 니즈에만 집중하다 보면 음악이나 콘셉트가 획일화될 위험이 있다는 지적도 있답니다.

Q5. 앞으로 어떻게 발전해야 할까요?

K-POP 산업이 계속 성장하려면 충성 팬덤의 장점은 유지하되, 문제점은 보완하고 미래를 준비하는 고민이 필요해요.

지속 가능한 팬덤 비즈니스 모델 구축

환경 문제 해결: 앨범 구매 방식의 다양화(디지털 앨범, 친환경 소재 앨범), 포토카드 재활용 시스템 도입 등 환경 부담을 줄이는 노력이 필요합니다.

팬덤 상술 개선: 앨범 중복 구매를 유도하는 방식 대신 팬들에게 진정성 있는 가치를 제공하는 굿즈나 콘텐츠 개발에 집중해야 한답니다.

대중성과의 균형 추구

‘국민 아이돌’의 부재: 팬덤에만 의존하는 지금 보이그룹 시장은 예전 ‘국민 아이돌’처럼 대중에게 널리 사랑받는 아이돌의 등장을 어렵게 할 수 있죠.

다양한 음악적 시도: 팬덤의 취향을 넘어서 대중에게도 어필할 수 있는 음악적 스펙트럼 확장과 신선한 콘셉트 개발이 필요합니다.

미디어 활용 전략 다변화: 팬덤 플랫폼을 넘어서 대중매체 노출, 협업 프로젝트 등을 통해서 대중과의 접점을 늘려야 한답니다.

아티스트 복지 및 지속 가능성 강화

수명 주기 연장: 팬덤 소비에만 의존하면 군백기나 멤버 변화 등에 취약해질 수 있어요. 아이돌이 장기적으로 활동할 수 있도록 음악적 역량 강화와 개인 역량 개발을 지원해야 해요.

건강한 팬-아티스트 관계 형성: 팬덤의 과몰입이나 사생팬 문제 등에 더해서 기획사와 아이돌이 명확한 가이드라인을 제시하고 건강한 관계를 유지해야 한답니다.

기술 융합과 새로운 팬 경험 제공

메타버스, AI, NFT 같은 신기술을 활용해서 팬들에게 더욱 몰입감 있고 차별화된 경험을 제공하고, 새로운 수익 모델을 찾아야 해요.

궁극적으로 K-POP은 팬덤의 강력한 지지를 바탕으로 하되, 대중성과의 조화를 통해서 더 넓은 범위의 문화 현상으로 자리매김하고 꾸준히 발전해야 한답니다.

여러분은 지금의 K-POP 시장 전략에 대해 어떻게 생각하시나요? 우리 아이돌들이 팬덤과 대중성 두 마리 토끼를 다 잡으려면 어떻게 해야 할까요?

제6장

K-POP의 확장:
드라마, 영화도 같이 떴다니

드라마에 웹툰까지, K-컬처의 핵심 동력으로 활약하고 있는 K-POP의 힘

여러분, K-POP이 단순히 음악 장르를 넘어섰다는 거 다들 아시죠? 이제는 드라마, 영화, 웹툰, 패션 등 다양한 한국 문화 콘텐츠와 완전 찰떡같이 연결된 K-컬처의 핵심 동력으로 활약하고 있답니다. 이런 상호작용은 각 장르의 파급력을 키우고, 콘텐츠의 생명력을 쭉 연장시키는 아주 중요한 현상이에요. 왜 이렇게 됐는지 덕후 시점으로 속 시원하게 파헤쳐 봅시다.

Q1. K-POP과 다른 K-컬처 콘텐츠, 어떻게 서로 영향을 줄까요?

K-POP, 드라마, 영화, 웹툰 같은 K-컬처 콘텐츠들은 서로를 홍보하고, 새로운 가치를 만들고, 팬덤까지 공유하는 방식으로 영향을 주고받아요. 이는 마치 '원 소스 멀티 유즈(One Source Multi Use, OSMU)' 전략의 확장판이라고 할 수 있죠.

음악(K-POP) → 드라마/영화/웹툰

OST(Original Soundtrack): 드라마나 영화 OST를 우리 K-POP 아이돌이 부르면 드라마 흥행에도 크게 기여하고, 동시에 아이돌의 음원 성적과 대중적인 인지도까지 팍팍 올려 주죠. OST 히트곡은 드라마 끝나고도 팬들 덕분에 꾸준히 소비되면서 드라마의 감동을 쭉 이어 준답니다.

예시: 드라마 '도깨비' OST '첫눈처럼 너에게 가겠다'(에일리)와 'Stay With Me'(찬열, 펀치)는 드라마 인기에 힘입어 음원 차트에서 완전 성공해서 드라마의 상징처럼 됐죠. '응답하라 1988'의 '걱정 말아요 그대'(이적)처럼 리메이크곡이 다시 인기를 얻는 경우도 있고요.

아이돌 멤버의 배우 데뷔: K-POP 아이돌 멤버가 드라마나 영화에 출연하면서 배우로 활동 영역을 넓히는 경우가 있습니다. 이는 아이돌 그룹 인지도를 높여 주고, 드라마/영화는 아이돌 팬덤을 시청자로 끌어들이는 효과를 낳는답니다.

예시: 걸스데이 출신 혜리는 '응답하라 1988'로 배우로서 크게 성공하게 되었고, 2PM 이준호, 소녀시대 윤아처럼 많은 아이돌이 성공적으로 배우 활동을 하면서 그룹 활동과 시너지를 만들고 있어요. 라이즈 원빈처럼 데뷔 초부터 비주얼과 잠재력을 인정받아 배우 활동에 대한 기대를 모으는 경우도 있죠.

뮤직비디오의 스토리텔링: 일부 K-POP 뮤직비디오는 드라마나 영화처럼 서사적인 스토리를 담아서 팬들의 몰입을 유도해요. 이는 팬덤 안에서 '세계관 해석' 같은 추가적인 콘텐츠 소비까지 유발한답니다.

드라마/영화/웹툰 → 음악(K-POP)

드라마/영화 원작 웹툰/소설의 K-POP화: 인기 드라마, 영화, 웹툰의 세계관이나 캐릭터를 활용한 K-POP 앨범이나 유닛 그룹이 기획되기도 해요.

배우의 음악 활동: 드라마/영화 배우가 OST에 참여하거나 직접 음반을 내면서 새로운 팬덤을 만들기도 한답니다.

웹툰 OST: 인기 웹툰이 음원화되거나 웹툰 스토리를 담은 OST가 K-POP 아이돌에 의해 발표되면서 웹툰 인기를 음악 팬들에게도 확장해요.

'싱글 소스 멀티 유즈(Single Source, Multi Use)'의 확장: 혜리가 걸스데이 멤버이면서 '응답하라 1988' 드라마와 영화에도 출연하는 것처럼, 하나의 원천(아이돌, 스토리)이 음악, 드라마, 영화 등 다양한 매체를 통해 소비되면서 콘텐츠의 수명과 파급력을 최대로 끌어올리는 전략이랍니다.

Q2. K-POP과 K-컬처 콘텐츠들이 시너지를 내는 이유는 무엇인가요?

이런 상호작용은 다음과 같은 이유 때문에 자연스럽게 생기고 더욱 강해진답니다.

수익 극대화 및 위험 분산

하나의 원천 콘텐츠(음악, 스토리, 아이돌)를 여러 형태로 다시 만들어서 다양한 플랫폼에서 돈을 벌고, 특정 장르가 망할 위험을 분산할 수 있습니다.

팬덤 확장 및 교차 소비

각 콘텐츠가 서로의 팬덤을 흡수해서 전체적인 팬덤 규모를 키워 줍니다. K-POP 팬이 아이돌 멤버 나오는 드라마를 보거나, 드라마 팬이 OST 듣다가 K-POP에 입덕하는 식이죠. 이는 '덕질'의 범위가 넓어지는 효과를 낳는답니다.

브랜드 이미지 강화

특정 아이돌이나 콘텐츠 IP(Intellectual Property, 지식재산권)가 다양한 형

태로 노출되면서 전반적인 브랜드 인지도를 높이고 긍정적인 이미지를 만들
어 줘요.

글로벌 시장 진출 용이성

K-POP 덕분에 한국 문화에 대한 관심이 높아진 해외 팬들은 드라마, 영화
등 다른 한국 콘텐츠에도 쉽게 접근하게 된답니다. 이는 K-컬처 전체의 글로
벌 확산에 시너지를 내는 거죠.

산업 간 경계 허물기

콘텐츠 제작과 유통 환경이 디지털화되면서 장르 간의 경계가 흐려지고,
하나의 IP를 다양한 형태로 바꾸는 게 훨씬 쉬워졌어요.

Q3. K-POP과 다른 K-컬처 콘텐츠의 상호작용은 언제부터 본격적으로 나타났나요?

K-POP과 다른 K-컬처 콘텐츠의 상호 영향은 2000년대 초중반 '한류(Korean
Wave)'가 본격적으로 생겨나면서부터 그 조짐이 보이기 시작했답니다.

1세대 한류(2000년대 초중반)

'겨울연가', '대장금' 같은 한국 드라마가 아시아 지역에서 완전 인기가 많
아지면서 드라마 OST도 함께 주목받기 시작했어요. 이때 드라마에 나온 배
우들이 일본 등 해외에서 팬미팅을 열고, 드라마 OST 음반이 팔리면서 초기
적인 상호작용이 나타났죠. 보아, 동방신기 같은 K-POP 1.5~2세대 아이돌들
이 일본, 중국 시장에 진출하면서 아이돌 자체의 인기도 드라마와 함께 올랐
답니다.

2세대 한류(2010년대 중반 이후)

유튜브, 소셜 미디어 같은 디지털 플랫폼이 확산되면서 K-POP이 전 세계로 폭발적으로 퍼져 나가면서 상호작용의 범위와 깊이가 급증했어요. K-POP 아이돌의 배우 데뷔가 훨씬 활발해지고, 웹툰 원작 드라마/영화, 드라마 OST의 글로벌 흥행 등 OSMU(One Source Multi Use) 전략이 완전 고도화됐죠.

Q4. K-컬처는 어떻게 발전해 왔을까요?

초기 한류의 상호작용이 주로 '드라마가 K-POP을 견인'하거나 'K-POP 스타가 드라마에 출연'하는 비교적 단순한 형태였다면, 지금은 훨씬 더 복잡하고 여러 층위의 방식으로 발전했답니다.

IP(지식재산권) 중심의 확장

특정 웹툰, 웹소설, 드라마, K-POP 그룹의 세계관 등 하나의 강력한 IP를 기반으로 음원, 드라마, 영화, 게임, 굿즈 등 다양한 콘텐츠를 기획하고 생산하는 단계로 발전했죠.

글로벌 협업 강화

해외 제작사, 플랫폼과 손잡고 콘텐츠의 글로벌 접근성을 높이고, 현지 팬덤의 니즈를 반영한 맞춤형 콘텐츠를 만들기도 한답니다.

기술 융합

메타버스, AI, NFT 같은 신기술을 활용해서 콘텐츠 경계를 허물고 새로운 형태의 경험을 제공합니다. 예를 들어, K-POP 그룹 세계관을 메타버스 공간에서 구현하거나, 웹툰 캐릭터를 활용한 NFT를 발행하는 식이죠.

팬 참여형 콘텐츠 확대

팬들이 직접 콘텐츠 제작에 참여하거나, 스토리에 영향을 미치는 등 팬과 아이돌, 콘텐츠 간의 상호작용이 더욱 강해지고 있습니다.

기획사의 다각화된 사업 확장

기존의 음악 기획사들이 드라마 제작, 웹툰 제작, 게임 개발 등 다양한 콘텐츠 사업으로 영역을 넓히면서 직접적으로 시너지를 추구하고 있답니다.

Q5. 상호보완 시너지의 빛과 그림자에 대해 알아볼까요?

K-POP을 포함한 K-컬처의 상호작용에는 분명히 장점도 있지만, 주의해야 할 한계점도 있답니다.

장점

콘텐츠 생명력 연장: 하나의 콘텐츠가 다른 형태로 다시 만들어지면서 소비 기간이 길어지고, 계속 관심이 유지되는 데 유리합니다.

막대한 경제적 가치 창출: 음반, 음원, 드라마 시청료, 영화 티켓, 웹툰 유료 결제, 광고. 굿즈 등 다양한 경로로 돈을 벌어서 전체 산업 규모를 키운답니다.

글로벌 파급력 극대화: K-POP으로 입덕한 해외 팬들이 드라마, 영화 같은 다른 한국 문화 콘텐츠로 관심이 확장돼서 K-컬처 전체의 글로벌 확산에 기여합니다.

아티스트 활동 영역 확대: 아이돌 멤버들이 배우로 활동하거나, 배우가 음반을 내는 등 아이돌의 재능을 다양하게 활용하고 활동 영역을 넓힌답니다.

한계점

피로도 및 콘텐츠 질 저하 우려: 너무 막무가내로 OSMU를 하면 '우려먹기'라는 비판을 받거나, 원작의 매력을 못 살리고 질 낮은 콘텐츠를 마구 찍어낼 위험이 있습니다.

지나친 팬덤 의존: 특정 아이돌 멤버의 배우 활동이 연기력 부족에도 불구하고 팬덤 힘으로만 과대평가되거나, 작품 자체가 팬덤 위주로 소비될 경우 대중적 공감대를 얻기 어렵다는 한계가 있죠.

산업 간 불균형 심화: 특정 콘텐츠(예: K-POP)의 엄청난 자본과 영향력이 다른 콘텐츠 산업의 자율성이나 다양성을 해칠 수 있다는 우려도 제기된답니다.

IP의 소진: 인기 IP를 너무 자주, 너무 많이 활용하면 IP 자체의 신선도나 가치가 떨어질 수 있습니다.

결론적으로, K-POP을 포함한 K-컬처의 상호작용은 한국 문화 콘텐츠 산업의 핵심적인 성장 동력이지만, 장점은 최대로 살리고 한계점은 보완하기 위한 꾸준한 고민과 노력이 필요하답니다.

여러분은 K-POP과 다른 K-컬처 콘텐츠의 어떤 조합이 가장 시너지가 좋았다고 생각하시나요? 아니면 앞으로 어떤 K-컬처 콘텐츠들의 협업을 기대하고 계세요?

K-POP 아이돌은 움직이는 광고판: BTS가 K-컬처를 전 세계에 퍼뜨린 방법

K-POP 아이돌의 글로벌 팬덤, 특히 우리 방탄소년단(BTS) 같은 그룹은 정말 대단하죠? 멤버들의 사소한 행동이나 취향 하나하나가 한국의 음식, 옷, 문화, 예술 등 다양한 분야에 대한 전 세계적인 관심과 소비를 이끌어내는 데 엄청난 영향을 미친답니다. 이는 아이돌과 팬덤 사이의 *끈끈한* 유대감, 그리고 SNS의 엄청난 파급력이 합쳐진 결과라고 할 수 있어요. 우리 방탄이 어떻게 K-컬처를 전 세계에 퍼뜨렸는지, 덕후 시점으로 파헤쳐 봅시다!

BTS가 K-컬처에 미친 구체적인 영향

BTS 멤버들이 직접 보여 준 모습 하나하나가 전 세계 팬들에게 큰 영향을 주면서 한국의 다양한 문화를 알리는 데 엄청난 역할을 했어요.

음식

지민의 불닭 먹방: 2023년, 지민이 라이브 방송에서 한국의 매운 라면, 삼양

불닭볶음면을 진짜 맛있게 먹는 모습이 전 세계 아미(ARMY, 방탄소년단 팬덤) 사이에서 완전 화제가 됐죠. 팬들은 지민이 먹는 불닭볶음면을 직접 사서 먹어 보고, 이를 SNS에 공유하는 '불닭 챌린지'까지 펼쳤답니다. 이 현상 덕분에 삼양식품 불닭볶음면 해외 판매량이 크게 늘었어요.

정국의 콤부차: 2021년, 정국이 라이브 방송에서 콤부차를 마시는 모습이 포착되자마자, 정국이 마신 특정 브랜드의 콤부차가 국내외에서 바로 품절 대란을 겪었답니다. 정국이 팬들한테 "품절시켜서 미안하다"고 말할 정도였으니, 그 영향력이 얼마나 막강했는지 알겠죠? 정국은 이처럼 '품절 요정(sold-out fairy)'이라는 별명을 얻을 정도로, 그가 쓰는 제품마다 엄청난 판매 효과를 불러일으켰답니다.

음료

정국의 와인: 2019년, 정국이 라이브 방송에서 와인을 마시는 모습이 공개되자마자, 그가 마신 이탈리아 와인이 순식간에 품절됐죠. 팬들은 그 와인을 구하려고 전 세계 온라인 상점을 검색하는 열풍까지 보였답니다.

뷔의 샤토 마고: 2021년, 뷔가 SNS에 올린 사진에 비싼 와인 '샤토 마고'가 살짝 등장했는데, 이것도 검색량 급증과 함께 품절 사태를 일으켰어요.

의복 및 패션

멤버들의 사복 패션과 명품 브랜드 앰버서더: 방탄소년단 멤버들의 공항 패션이나 평소 스타일은 전 세계 젊은이들에게 엄청난 영향을 주죠. 멤버들이 입은 비싼 명품 브랜드는 물론이고, 비교적 합리적인 가격대의 옷이나 액세서리도 팬덤 사이에서 '품절 대란'을 일으키는 경우가 많답니다. 이는 K-POP 아이돌이 단순한 유행을 넘어서 하나의 패션 트렌드를 선도하는 아이콘이 됐다는 걸 보여 주는 거죠.

뷔: 2019년 MAMA에서 입었던 셀린느 의상부터 2021년 까르띠에 앰버서더 활동까지 했죠.

지민: 2020년 디올 앰버서더, 2023년 티파니앤코 앰버서더로 발탁되면서 그가 착용한 제품들이 연일 품절되는 현상을 겪었답니다.

정국: 2023년 캘빈 클라인 글로벌 앰버서더로 활동하면서 그가 착용한 옷들이 '정국 효과'로 품절되는 현상을 보였어요.

RM: 2023년 보테가 베네타 앰버서더로 활동하면서 패션계에 영향력을 제대로 발휘했죠!

방탄소년단 그룹 전체는 2021년 루이 비통 앰버서더로 선정되면서 명품 패션계에 큰 파장을 일으켰답니다. 이 외에도 휠라, 삼성 등 다양한 브랜드와의 협업을 통해 한국 기업의 글로벌 위상까지 높였어요.

문화 및 예술

RM의 미술관 투어('남준투어'): 방탄소년단 리더 RM(김남준)은 평소 미술에 조예가 깊은데, 국내외 미술관 방문 사진을 자주 개인 SNS에 공유합니다. 그의 이런 행보는 팬들 사이에서 '남준투어'라는 이름으로 불리며, 팬들이 RM이 방문한 미술관과 전시를 직접 찾아가는 현상을 만들어 냈답니다.

국립현대미술관(MMCA): RM은 2020년 국립현대미술관에 미술 도서 보급을 위해 1억 원을 기부하며 '올해의 예술후원인상'을 수상하기도 했습니다. 그의 방문 이후 젊은 관람객과 외국인 관람객이 눈에 띄게 늘었다고 하죠.

부산시립미술관(2019, 2020, 2022년 방문): RM이 방문했던 전시는 물론이고, 그의 사인이 남아 있는 카페까지 팬들에게 엄청난 인기를 끌었답니다.

리움미술관, 가나아트센터, PKM 갤러리 등 서울 주요 미술관: RM은 2019년부터 꾸준히 여러 미술관과 갤러리를 방문하면서 한국 미술계에 대한 관심을 높였어요. 이런 RM의 행보는 대중에게 다소 멀게 느껴질 수 있는 미술 시장과 미술관에 대한 관심을 높이고, 한국 미술 시장 활성화에 기여했다는 평가를 받는답니다.

관광

BTS 관련 관광명지화: 방탄소년단 뮤직비디오 촬영지나 멤버들이 방문했던 장소는 전 세계 팬들에게 '성지순례' 코스가 되어 한국 관광 산업 활성화에 엄청난 기여를 했습니다.

강릉 주문진 방파제(버스 정류장): 앨범 『You Never Walk Alone』 재킷 사진 촬영지인 이 버스 정류장은 국내외 팬들에게 완전 인기 많아서 관광객 유치에 기여했답니다. 강릉시는 이곳에 실제 정류장을 설치하고 안내 표지판까지 세웠어요.

춘천 제이드가든 수목원: 뷔의 'Winter Bear' 뮤직비디오 촬영지로 알려지면서 팬들의 발길이 끊이지 않았죠.

부산 아미 집결지: 2019년 부산에서 열린 BTS 콘서트 당시, 멤버들이 방문했던 광안대교, 부산 시민공원, 부산시립미술관 등이 팬들에게 '필수 방문 코스'가 됐답니다.

한글 학습 열풍

방탄소년단 멤버들이 한국어로 소통하는 모습과 그들의 노래 가사에 담긴 메시지를 더 깊이 이해하고 싶어서 전 세계 팬들 사이에서 **한글 학습 열풍**이 불었답니다. 이는 세종학당의 해외 학습자 증가 등 한국어 교육 수요 증가로 이어졌어요.

K-뷰티와 한국 화장품의 엄청난 성장

Q1. K-POP이 한국 화장품 산업 발전에 어떻게 영향을 미쳤나요?

K-POP을 포함한 한국의 문화 콘텐츠, 즉 K-컬처는 한국 화장품 산업 발전에 엄청난 영향을 미쳤어요. 이는 단순히 음악이나 드라마의 인기를 넘어, 한국의 라이프스타일과 미적 기준에 대한 전 세계적인 관심을 증폭시키는 핵심 동력이 되었답니다.

Q2. 언제부터 한국 화장품 산업이 발전하기 시작했나요?

한국 화장품 산업이 K-컬처의 영향을 받아 본격적으로 성장하기 시작한 건 2000년대 중반 이후 '한류'의 확산과 함께였어요. 초기 한류는 드라마 중심으로 아시아 시장에서 인기 얻었는데, 드라마 속 한국 배우들의 피부 표현, 메이크업 스타일이 주목받기 시작했죠. 그 후 2010년대 중반 K-POP, 특히 아이돌 그룹이 글로벌 팬덤을 만들면서 그 영향력은 더 커졌답니다!

이런 현상이 생긴 주요 이유는 다음과 같아요.

한류 스타의 직접적인 홍보 효과

드라마 속 여주인공의 투명한 피부 표현이나 K-POP 아이돌의 독특한 메이크업은 팬들한테 강한 구매 욕구를 마구마구 자극했어요. 팬들은 좋아하는 스타처럼 보이고 싶어서 그들이 쓰는 제품이나 비슷한 스타일의 제품을 찾아 구매했죠.(나도 아이돌 피부 될 수 있어!)

소셜 미디어와 콘텐츠 확산

유튜브, 인스타그램 같은 SNS 플랫폼이 발달하면서 한국 드라마나 K-POP 영상이 전 세계로 실시간 확산되고, 한국 스타들의 뷰티 정보도 엄청 빠르게 공유됐어요. 뷰티 유튜버나 인플루언서들이 K-뷰티 제품 리뷰나 K-POP 아이돌 커버 메이크업 튜토리얼을 만들면서 확산에 기여했답니다.

혁신적인 제품과 트렌드

한국 화장품은 쿠션 파운데이션, 시트 마스크팩처럼 혁신적인 제형과 성분으로 세계 뷰티 시장에서 독보적인 차별점을 확보했죠. 또 '유리알 피부(Glass Skin)', '물광 메이크업' 등 한국 특유의 뷰티 트렌드가 K-POP 스타들을 통해서 전 세계에 퍼지면서 인기를 끌었답니다.

건강하고 자연스러운 아름다움 추구

서양의 진한 색조 화장과는 다르게, 한국 화장품은 피부 건강과 자연스러운 아름다움을 강조하는 경향이 있어서 많은 소비자에게 어필했어요.

접근성 및 가성비

초기 한국 화장품은 고품질이면서도 합리적인 가격대를 유지해서 해외 소비자들한테 높은 '가성비(가격 대비 성능)'로 인식되었죠.

Q4. 한국 화장품 사업의 세계적 위상은 어떻게 변화했나요?

옛날에는 세계 시장에서 존재감이 미미했던 한국 화장품 산업이 K-컬처의 힘을 빌려 눈부신 성장을 이뤘답니다.

초기 성장(2000년대 후반 ~ 2010년대 초중반)

중국, 일본 등 아시아 시장을 중심으로 한국 드라마와 K-POP 인기가 높아지면서 한국 화장품에 대한 관심이 커졌어요. 특히 'BB 크림'과 '시트 마스크 팩' 같은 혁신적인 제품들이 인기를 얻기 시작했죠.

글로벌 도약(2010년대 중후반 ~ 현재)

K-POP이 전 세계적으로 폭발적인 인기를 얻으면서 K-뷰티는 아시아를 넘어 북미, 유럽, 중동 등 전 세계 시장으로 확장됐어요. 2020년 팬데믹 이후 이커머스 거래가 급증하면서 한국은 전 세계 2위 화장품 수출국으로 등극했답니다.

기초화장품의 강세

특히 한국의 기초화장품은 세계적으로 독보적인 경쟁력을 인정받고 있어요.

화장품 외 K-POP 덕분에
부상한 산업들

K-POP의 인기가 다른 한국 산업에 미친 영향

한국 관광업

K-POP 스타들의 뮤직비디오 촬영지나 멤버들이 방문했던 장소는 전 세계 팬들에게 '성지순례' 코스가 되어 한국 관광 산업 활성화에 엄청난 영향을 미쳤어요.

서울 경복궁: 2020년 방탄소년단이 미국 NBC '더 투나잇 쇼 스타링 지미 팰런'에 출연해 경복궁 근정전 앞에서 'IDOL' 무대를 선보인 후 경복궁은 외국인 관광객들에게 더욱 매력적인 장소가 됐죠.

한글 배우기 열풍

K-POP 그룹 멤버들이 한국어로 소통하는 모습과 그들의 노래 가사에 담긴 메시지를 더 깊이 이해하고 싶어서 전 세계 팬들 사이에서 한글 학습 열풍

이 불었답니다. 이는 세종학당의 해외 학습자 증가 등 한국어 교육 수요 증가로 이어졌어요.

2021년 미국현대어학회(Modern Language Association) 조사에 따르면, 한국어 학습자 수는 2016년 이후 38.3% 증가하여 10번째로 많이 수강하는 언어가 됐다고 하죠.

한국 음식 인기 증대

K-POP 스타들의 '먹방'이나 평소 언급은 한국 음식에 대한 전 세계적인 관심을 증폭시켰답니다.

지민의 불닭볶음면: 앞에서 말했듯이, 지민의 2023년 불닭볶음면 먹방은 삼양식품의 해외 판매량을 폭발적으로 증가시키는 계기가 됐죠.

정국의 떡볶이: 2022년 정국이 라이브 방송에서 떡볶이를 언급하고 맛있게 먹는 모습이 팬들 사이에서 퍼지면서 떡볶이에 대한 해외 소비자의 관심이 크게 늘었답니다. 영국에서는 줄 서서 먹는 분식집이 생겨날 정도로 떡볶이가 K-푸드의 대표 주자로 떠올랐죠.

정국의 '불고기 비빔밥': 2022년 정국이 라이브 방송에서 불고기 비빔밥을 맛있게 비벼 먹는 모습이 화제가 되자, 팬들은 '정국 비빔밥' 레시피를 공유하며 비빔밥의 인기를 높였답니다.

K-푸드는 드라마에 등장하는 음식이나 K-POP 스타의 언급 등을 통해서 소비자들의 호기심을 자극하며 수출 규모를 계속 증가시키고 있어요.

여러분은 K-POP 덕분에 어떤 K-컬처 콘텐츠에 관심을 가지게 되셨나요? 좋아하는 아이돌이 먹거나 입는 걸 따라 구매해 본 경험도 있으신가요?

K-POP, 한국 문화를 전 세계에 알리는 K-컬처 전도사

K-POP이 단순히 음악만 하는 게 아니라, 한국 문화를 전 세계에 알리는 데 큰 역할을 한다는 거 다들 인정하시죠? 특히 방탄소년단(BTS)과 블랙핑크(BLACKPINK)처럼 글로벌 팬덤을 가진 그룹들은 한국의 전통적인 아름다움과 현대적인 멋을 전 세계에 알리는 데 결정적인 기여를 했죠. 우리 아이돌들이 어떻게 K-컬처 전도사가 됐는지, 덕후 시점으로 속 시원하게 파헤쳐 봅시다.

1. K-POP, 한국 문화 전파의 시작과 발전

K-POP이 한국 문화 전파의 핵심적인 역할을 하기 시작한 건 2010년대 중반 이후, K-POP이 유튜브와 SNS를 통해 본격적으로 글로벌 팬덤을 만들면서부터예요. 처음 한류는 드라마가 중심이었지만, K-POP은 음악이라는 보편적인 언어와 눈을 사로잡는 퍼포먼스, 그리고 팬들과 적극적으로 소통하면서 문화 전파의 속도와 깊이를 더했죠.

발전 과정

초기(2000년대 중반 ~ 2010년대 초반): K-POP의 확산은 주로 아시아 시장에서 시작됐고, 이때는 한국의 트렌디하고 세련된 이미지를 알리는 데 집중했습니다. 주로 음악 자체의 매력과 스타들의 개인적인 매력이 중요했답니다.

성장기(2010년대 중반 ~ 2010년대 후반): 싸이의 '강남스타일'(2012) 같은 글로벌 히트곡이 나오면서 K-POP 인지도가 크게 높아졌죠. 방탄소년단 같은 그룹들이 등장하면서 자신들의 음악과 콘텐츠에 한국적인 요소들을 적극적으로 녹여 내기 시작했고요. 뮤직비디오, 무대 의상, 노래 가사 등 다양한 형태로 한국 문화를 자연스럽게 보여 줬답니다.

확산기(2010년대 후반 ~ 현재): K-POP이 주류 음악 시장에 진입하면서 한국 문화에 대한 관심이 더욱 폭발적으로 늘었습니다. K-POP 아이돌들은 의도적으로 한국적인 아름다움과 정체성을 표현하면서 팬들에게 한국 문화에 대한 호기심을 마구마구 불러일으켰죠. 팬들은 좋아하는 아이돌을 통해서 한국어, 한국 음식, 한국의 역사와 전통에 대해 스스로 공부하고 경험하게 됐답니다.

2. 한국 문화 전파의 구체적 사례와 영향

우리 아이돌들은 한복을 입거나, 국악 요소를 넣거나, 한국적인 이미지를 보여 주는 식으로 한국 문화를 전 세계에 알렸답니다.

한복(Hanbok) 착용으로 전통 의복의 세계화

BTS의 한복 착용: 방탄소년단은 2018년 발표한 앨범 『IDOL』의 뮤직비디오와 무대에서 **개량 한복**을 입고 나와서 전 세계 팬들에게 완전 충격을 줬어요. 특히 뮤직비디오에 화려하면서도 현대적인 한복을 입고 등장해 한국 전통 의상의 아름다움을 널리 알렸죠. 2020년 9월, 미국 NBC '더 투나잇 쇼 스타링 지미 팰런'에 출연해서 경복궁 근정전 앞에서 'IDOL' 무대를 선보일 때도 한복을 입어서 그 파급력은 더 커졌어요.

영향: 방탄소년단이 입은 한복 디자인은 해외 팬들에게 엄청난 인기를 얻었고, 해외 디자이너와 패션계에서도 한국 전통 의상에 대한 관심이 높아졌습니다. 이는 한복이 더 이상 박물관에 있는 유물이 아니라, 현대적인 패션 아이템이자 문화 콘텐츠가 될 수 있다는 걸 증명한 거죠.

블랙핑크의 한복 착용: 블랙핑크도 2020년 발표한 히트곡 'How You Like That' 뮤직비디오에서 화려하게 재해석된 한복을 선보였습니다. 멤버 제니가 한 머리 장식과 로제, 지수, 리사가 입은 다양한 디자인의 한복은 K-POP의 트렌디함과 한국 전통 의복의 아름다움을 동시에 보여 주면서 전 세계 팬들의 시선을 사로잡았답니다.

영향: 블랙핑크의 한복 착용은 젠지(Gen Z) 세대한테 한복을 친근하고 멋진 패션으로 인식시키는 데 기여했어요. 이는 한복의 현대화와 대중화에 긍정적인 영향을 미쳤고, 해외 팬들 사이에서 한복 관련 콘텐츠(예: 한복 입고 한국 여행하기)가 유행하는 계기가 됐죠.

국악 및 한국적 사운드의 재해석: BTS 슈가의 '대취타'

슈가의 '대취타': 방탄소년단 멤버 슈가가 2020년 5월 22일, 어거스트 디(Agust D)라는 이름으로 발표한 믹스테이프 타이틀곡 '대취타'는 한국 전통 군례악 '대취타'의 샘플링을 기반으로 한 힙합 곡입니다. 뮤직비디오에는 조선 시대 배경과 칼, 한옥, 곤룡포 등 한국적인 요소들이 가득 담겨 있답니다.

영향: '대취타'는 한국의 전통 음악 장르를 현대 힙합과 완전 멋지게 융합해서 전 세계 팬들에게 신선한 충격을 줬어요. 이는 K-POP을 통해서 한국

의 전통 음악과 그 배경이 되는 역사적, 문화적 맥락에 대한 해외 팬들의 호기심을 자극했죠. '대취타'가 음원 차트에서 성공을 거두면서 한국 전통 음악에 대한 연구와 관심이 높아지는 계기가 됐답니다.

한국적 이미지의 시각적 표현: 아이브(IVE)의 '해야(HEYA)'

아이브의 '해야(HEYA)': 2024년 4월 29일 발매된 아이브의 두 번째 미니 앨범 『IVE SWITCH』 타이틀곡 '해야'는 뮤직비디오에 한국적인 이미지를 완전 다채롭게 담아냈어요. 호랑이, 부채, 나비, 갓(모자) 등 한국 설화나 민화에 나오는 상징적인 요소들을 현대적인 감각으로 재해석해서 시각적인 아름다움을 선사했답니다.

영향: '해야'는 K-POP의 시각적 콘텐츠를 통해서 한국의 전통적인 상징물과 미학을 전 세계에 알리는 데 기여했어요. 특히 '호랑이'처럼 한국을 상징하는 동물이 강렬하게 표현되면서, 한국 문화에 대한 해외 팬들의 인식을 더 풍부하게 만들었죠. 이는 단순히 음악을 넘어서 시각적 요소가 문화 전파에 얼마나 강력한 영향을 미칠 수 있는지 보여 주는 사례랍니다.

여러분은 K-POP 아이돌들의 어떤 활동 덕분에 한국 문화에 더 관심을 가지게 되셨나요? 아니면 K-POP을 통해 새롭게 알게 된 한국 문화가 있나요?

K-명품의 시대,
한국 제품이 이렇게 힙해진 이유

여러분, 혹시 예전에 '한국' 하면 뭐가 떠올랐는지 기억하세요? 1970~1980년대에는 솔직히 '저렴한 공산품' 이미지가 강했죠. 그때 한국 제품들은 주로 가격 경쟁력으로 해외 시장에 나섰고, 품질이나 브랜드 가치 면에서는 선진국 제품에 못 미쳤던 게 사실이에요. 그런데 2000년대 중반 이후, 특히 2010년대에 들어서면서 한국 제품들은 갑자기 'K-'라는 접두어가 붙을 정도로 고급스럽고 혁신적인 이미지로 완전 변신했어요. 이건 한국의 경제 성장, 제품 경쟁력 향상, 그리고 우리 K-POP을 필두로 한 한류의 확산이 기가 막히게 합쳐진 결과랍니다. 우리 아이돌들이 어떻게 한국 제품을 '힙'하게 만들었는지, 덕후 시점으로 파헤쳐 봅시다.

Q1. 한국 제품, 언제부터 '고급'으로 변신했을까요?

한국 제품이 저렴하다는 이미지를 벗고 고급 제품이라 인식되기 시작한 건 2000년대 후반에서 2010년대 초반이라고 볼 수 있어요. 이때는 한국의 대

기업들이 기술력을 쌓고 혁신적인 제품들을 막 선보이기 시작한 시기와 딱 맞물리죠. 특히 전자제품(삼성, LG)과 자동차(현대, 기아) 산업이 글로벌 시장에서 점유율을 높이면서 품질과 디자인 면에서 인정받기 시작했답니다.

광범위한 원인: 경제 성장과 제품 경쟁력 향상

꾸준한 경제 성장과 기술 투자: 한국은 1970~80년대 중화학 공업 육성으로 고속 성장을 이뤘습니다. 그 후 1990년대부터는 IT 산업에 엄청난 투자를 했고, 이게 2000년대 이후 삼성전자, LG전자 같은 한국 기업들이 글로벌 IT 시장을 이끄는 기반이 됐죠. 정부와 기업이 꾸준히 연구 개발(R&D)에 투자한 덕분에 제품의 품질과 기술 경쟁력이 눈부시게 발전했답니다.

브랜드 전략의 변화: 옛날에는 '싸게 팔자!'였다면, 이제 한국 기업들은 고부가가치 제품 개발과 브랜드 이미지 높이기에 집중했습니다. 프리미엄 가전, 고급 자동차, 첨단 IT 기기 같은 것들이 막 쏟아져 나오면서 소비자들이 한국 제품에 대해 '혁신적이고 믿을 수 있는' 이미지를 갖게 된 거죠.

디자인 및 사용자 경험 중시: 한국 기업들은 기술력뿐만 아니라 디자인과 사용자 경험(UX)에도 크게 투자했습니다. 단순한 기능성을 넘어서 미학적인 가치와 편리함을 강조하는 제품들이 늘어나면서, 한국 제품은 '세련되고 사용하기 편하다'는 인식을 얻게 됐죠.

글로벌 생산 및 마케팅 네트워크 구축: 한국 기업들은 해외 생산 거점을 만들고 현지 맞춤형 마케팅 전략을 펼치면서 글로벌 시장에 성공적으로 자리 잡았습니다. 덕분에 한국 브랜드가 전 세계 소비자들한테 더 친숙하고 신뢰감 있는 이미지로 다가갈 수 있었죠.

Q2. K-POP이 한국 제품 고급화에 기여한 방식은 무엇일까요?

이렇게 경제와 산업이 발전하는 배경 속에서, 우리 K-POP은 한국 제품의 고급 이미지를 전 세계에 각인시키는 '소프트 파워'이자 '문화적 프리미엄'을 부여하는 결정적인 역할을 했답니다.

'힙하고 트렌디한' 한국 이미지 구축

K-POP은 젊고 역동적이며, 패셔너블한 이미지를 전 세계에 퍼뜨렸습니다. 아이돌 스타들의 세련된 스타일, 혁신적인 퍼포먼스, 그리고 글로벌 팬들과의 소통 방식은 한국을 '쿨하고 트렌디한' 나라로 인식하게 했죠. 이런 긍정적인 국가 이미지는 자연스럽게 한국산 제품에도 프리미엄 이미지를 더했답니다.

제품 간접 광고 및 '품절 대란' 유발

K-POP 아이돌이 쓰는 제품은 팬들에게 직접적인 구매 욕구를 자극하며 '품절 대란(sold-out phenomenon)'을 일으켰어요. 팬들은 좋아하는 스타가 쓰는 화장품, 옷, 전자기기 등을 따라 사면서 한국 제품의 인지도를 높이고, 그 제품들이 '스타가 쓰는 제품'이라는 프리미엄을 갖게 했죠. 이건 브랜드의 매출을 올릴 뿐만 아니라, 한국 제품 전반에 대한 긍정적인 인식으로 이어진답니다.

사례

삼성전자: 우리 방탄소년단 멤버들이 삼성 갤럭시 스마트폰을 자주 쓰는 모습이 포착되면서, 삼성 제품은 젊고 트렌디한 이미지를 강화했어요. 특히 2020년 방탄소년단은 삼성 갤럭시의 글로벌 앰버서더로 활동하면서 삼성 브랜드의 글로벌 인지도를 높이고 프리미엄 이미지를 만드는 데 기여했답니다.

LG전자: 블랙핑크 멤버들이 LG전자 제품 광고에 나오거나, 뮤직비디오에 살짝 노출되면서 젊은 소비자들한테 LG 제품을 더 매력적으로 보이게 했죠.

명품 브랜드 앰버서더: 방탄소년단(루이 비통), 블랙핑크(샤넬, 디올, 셀린느,

생로랑), 뉴진스(샤넬)처럼 K-POP 스타들이 세계적인 명품 브랜드의 앰버서더로 발탁되면서, 이들이 착용하는 한국의 패션 아이템이나 뷰티 제품 또한 고급스러운 이미지를 얻게 됐어요. 이건 한국 패션 산업이 세계적인 트렌드를 이끌 수 있다는 인식을 심어줬답니다.

다우니(섬유유연제): 2019년, 우리 방탄소년단 정국이 팬카페에서 자기가 쓰는 섬유유연제가 '다우니 어도러블'이라고 한마디하자마자, 국내외에서 그 제품이 순식간에 품절되는 사태가 벌어졌어요. 심지어 정국 본인도 품절 때문에 구매가 어려웠다고 트윗을 남길 정도였죠.

콤포트(섬유유연제): 2019년, 방탄소년단 뷔가 트윗에서 자기가 쓰는 섬유유연제가 '콤포트'라고 언급한 후, 그 제품이 모든 사이즈와 색상에서 품절됐어요. 이건 정국의 다우니 사례와 더불어 K-POP 아이돌의 사소한 언급이 제품 판매에 미치는 엄청난 영향력을 보여 줬죠.

젠틀몬스터(선글라스): 블랙핑크 제니는 한국 아이웨어 브랜드 젠틀몬스터와 여러 번 협업 컬렉션을 선보였어요. 제니의 감각이 담긴 제품들은 나올 때마다 전 세계 팬들 사이에서 엄청난 반응을 얻었고, 출시와 동시에 품절되는 경우가 많았답니다. 이건 한국 토종 브랜드가 세계적인 패션 아이템으로 뜨는 데 K-POP 아이돌의 영향력이 얼마나 큰지 보여 주는 대표적인 사례여요.

K-뷰티의 약진: K-POP 스타들의 건강하고 빛나는 피부와 세련된 메이크업은 K-뷰티에 대한 전 세계적인 관심을 불러일으켰어요. 한국 화장품은 혁신적인 성분, 독특한 제형(쿠션 팩트, 시트 마스크팩), 그리고 합리적인 가격 대비 높은 품질(가성비)로 인기를 얻었고, '글라스 스킨' 같은 K-뷰티 트렌드를 확산시켰답니다. 이건 한국 화장품 산업이 글로벌 시장에서 강력한 경쟁력을 갖추게 된 주요 원인이 됐죠.

한국 문화 전반에 대한 관심 증폭: K-POP은 한국의 음식, 패션, 언어, 관광 등 다양한 문화 요소에 대한 해외 팬들의 호기심을 자극했어요. 이건 단순히 제품 구매를 넘어서 한국이라는 나라 자체에 대한 긍정적인 이미지를 만드는 데 기여했답니다. 한국의 문화적 위상이 높아지면서 한국 제품 전반에 대한 신뢰도와 선호도가 함께 올라가는 효과를 가져왔죠.

결론적으로, 한국 제품이 1970~1980년대의 저렴하고 품질이 떨어지는 제품이라는 인식에서 벗어나 '고급품'으로 인식된 건 한국의 꾸준한 경제 성장과 기술 혁신, 그리고 기업들의 성공적인 브랜드 전략 덕분이에요. 여기에 우리 K-POP이 한국의 이미지를 '쿨하고 트렌디하며 고급스러운' 문화 강국으로 한 단계 더 격상시키면서, 한국 제품에 대한 전 세계적인 선호도를 높이는 '문화적 프리미엄'을 부여하는 결정적인 역할을 했답니다.

여러분은 K-POP 덕분에 어떤 한국 제품에 관심이 생긴 적이 있나요? 아니면 좋아하는 아이돌이 쓰는 제품을 구매해 본 경험이 있나요?

제7장

K-POP의 미래: 그래서 어떻게 될까

K-POP, 화려함 뒤에
숨겨진 그림자

K-POP이 한국 문화를 전 세계에 알리고 글로벌 문화 산업의 중심이 된 건 굉장히 눈부신 성장이 아닐 수 없죠. 하지만 이 화려한 성장 뒤에는 우리가 꼭 해결해야 할 문제들이 숨어 있답니다. K-POP 산업이 계속 발전하고 우리 아이돌들과 모든 스태프가 건강하게 활동하려면, 이런 문제점들을 제대로 보고 같이 고민해야 해요. 덕후 눈으로 K-POP의 그림자를 파헤쳐 봅시다.

1. 산업 내부의 불투명성과 관리 문제

K-POP 산업이 너무 빠르게 성장하다 보니까, 가끔은 복잡한 계약 문제, 수익 분배 문제, 그리고 갈등 관리를 제대로 못 하는 경우가 생깁니다. 이런 문제들은 아이돌과 회사 간의 신뢰를 깨뜨리고, 길게 보면 산업 전체의 이미지를 떨어뜨릴 수 있답니다.

민희진-방시혁, 피프티 피프티 사태

최근 민희진 어도어 대표와 하이브 방시혁 의장 간의 갈등, 그리고 어트랙트와 피프티 피프티의 전속계약 분쟁은 이런 문제점들을 아주 적나라하게 보여 줬습니다. 이 사태들은 경영권 싸움, 저작권 분쟁, 불공정 계약 논란, 수익 배분 문제 등 회사와 아이돌 관계에서 터질 수 있는 온갖 복잡한 문제들을 다 포함하고 있었죠. 특히 다른 회사에서 아이돌을 빼가려는 의혹은 산업 내 도덕적인 문제를 일으켰고, 신인 그룹의 경우 활동 중단으로 이어져 막대한 돈 손실은 물론이고 팬들에게 큰 실망감을 안겨줬답니다. 이런 사건들은 돈이 복잡하게 얽히고 여러 관계자가 참여하는 현재 K-POP 시스템의 약점을 보여 주는 거죠. 제발 우리 아이돌들 마음 편히 활동하게 해 주세요!

왜 이런 문제가 생길까요?

그 이유로는 첫째, 급성장과 규제 미비 때문이에요. 산업이 너무 빨리 커졌는데, 관련 법이나 스스로 지킬 만한 규칙이 아직 부족해서 불투명한 관행이 계속될 수 있죠. 둘째, 권력 불균형 때문이에요. 회사와 아이돌(특히 신인) 사이의 계약 관계에서 힘이 센 쪽이 약한 쪽을 이용하는 불공정 행위가 생길 수 있답니다. 셋째, 돈의 복잡성 때문이에요. 외부 투자 유치나 주식 상장 등으로 돈의 구조가 복잡해지면서 경영권과 수익 분배를 둘러싼 갈등이 더 심해질 수 있어요.

2. 인프라 부족 문제

글로벌 팬덤을 가진 K-POP 산업의 위상에 비하면, 한국 내 공연이나 산업 시설이 턱없이 부족하다는 지적은 진작부터 계속 나왔던 얘기예요.

우선 서울을 포함한 한국에는 대규모 K-POP 콘서트를 안정적으로 열 수 있는 전용 공연장이나 돔 구장이 너무 부족합니다. 대형 콘서트는 주로 잠실 주경기장이나 고척 스카이돔 같은 스포츠 시설을 활용해야 하는데, 여기는 음향이나 좌석 배치, 찾아가는 길이 K-POP 공연에 최적화되어 있지 않죠. 그래서 팬들은 비싼 티켓을 사고도 불편한 환경에서 공연을 봐야 하는 경우가 많답니다.

왜 부족할까요?

우선 시설을 건립할 땅 확보가 어렵기 때문이에요. 서울과 수도권은 땅값이 너무 비싸고 건물이 빽빽해서 대규모 부지 확보가 어렵고, 짓는 데도 엄청난 돈이 들어요. 또 공연장을 짓고 유지하는 데 엄청난 돈이 드는데, 특정 장르에 특화된 공연장은 1년 내내 돈을 벌 수 있을지 불확실하다는 인식이 있대요.

정부에서 도울 수는 없나요?

정부나 지방자치단체는 여러 도시에서 K-POP 관련 시설이나 행사를 유치하려고 하지만, 이런 노력들이 뿔뿔이 흩어져서 시너지 효과를 내기 어렵다는 비판도 있습니다. 특정 지역에 집중해서 글로벌 경쟁력을 갖춘 허브를 키우기보다는, 여러 곳에 분산되는 형태로 작은 시설들이 이리저리 생기는 형태가 될까봐 걱정된답니다.

왜 분산될까요?

지역 경제를 살리기 위한 살리려고 지방자치단체 간에 K-POP 유치 경쟁이 심해질 수 있죠. 그러면 비효율적인 투자가 생길 수 있어요. 그리고 현재 K-POP 산업 생태계를 만들기 위한 명확하고도 일관된 국가적인 로드맵이나 투자 계획이 부족해요. 이에 관한 지자체와 국가의 노력이 필요해요.

3. 정부 개입 및 자율성 침해 우려

과거 한국 정부는 한류 콘텐츠에 대해 '지원하되 간섭하지 않는다'는 원칙을 지켜 왔죠. 그런데 요즘 들어 K-POP 산업에 대한 정부의 직간접적인 개입이 점점 늘어나면서 산업의 자율성이 침해될 수 있다는 걱정이 커지고 있습니다.

정부는 K-POP이 나라 이미지 높이는 데 좋다는 걸 알고 다양한 지원책을 내놓고 있죠. 하지만 이런 지원이 너무 지나쳐서 정부 입맛에 맞는 콘텐츠만 만들게 유도하거나, 특정 아이돌이나 회사에만 지원이 몰리면 산업의 다양성과 창의성을 해칠 수 있어요.

왜 개입할까요?

K-POP이 국가 위상에 미치는 영향이 커지니 정부가 이를 국정 운영의 성과로 활용하려는 유혹이 커지는 거죠. 또 문화 산업의 특징을 잘 이해하지 못한 채 옛날 산업 키우는 방식처럼 통제하려는 관료주의적인 생각으로 개입하려는 의도가 나타날 수 있어요.

뒤에서 별도의 논의를 더 자세히 하겠습니다.

4. 열악한 노동 환경과 과로 문제

K-POP 산업은 겉으로는 화려해 보이지만, 그 뒤에는 열악한 노동 환경과 아이돌 및 스태프들의 과로 문제가 숨어 있답니다.

낮은 임금 및 열정페이

K-POP 산업에서 일하는 사람들(매니저, 안무가, 스태프 등)은 아이돌 성공에 꼭 필요한 역할을 하는데도, '열정페이' 수준의 낮은 임금을 받는 경우가 많아요. 이건 산업의 구조적인 문제와 사람들의 노력에 대한 가치를 낮게 평가하는 데서 비롯되죠. 소수의 성공한 아이돌을 빼면, 대부분의 아이돌들도 긴 연습 기간과 데뷔 초 활동에서 경제적으로 힘든 경우가 흔하답니다.

이런 문제들이 생기는 이유

수익 불균형: 소수의 스타에게만 돈이 몰리고, 회사나 유통사의 수익 배분율이 높은 구조적인 문제가 있어요.

높은 경쟁률: K-POP 산업의 엄청난 인기와 진입 장벽 때문에 일하려는 사람이 너무 많아서 낮은 임금 노동이 용인되는 경향이 있답니다.

아이돌의 과로 및 건강 문제: K-POP 아이돌들은 컴백 준비, 앨범 활동, 해외 투어, 각종 방송 출연 등 정말 굉장히 힘든 스케줄을 소화해야 해요. 이건 아이돌들의 몸과 마음 건강에 심각한 문제를 일으킬 수 있고, 실제르 활동 중단이나 건강 이상으로 이어지는 사례가 정말 많답니다. 팬덤 문화 역시 아이돌에게 지나친 압박감을 줄 수 있어요.

아이돌들이 과로하게 되는 이유

글로벌 활동 확장: 전 세계를 무대로 활동이 늘어나면서 시차 적응, 장거리 이동 등으로 인한 피로가 쌓여요.

성공에 대한 압박: 치열한 경쟁 속에서 살아남고 성공하려고 스스로를 너무 몰아붙이는 경향이 있어요.

수익 극대화 추구: 회사 입장에서는 아이돌이 활동하는 동안 최대한 많은 돈을 벌려고 하기 때문에 지나친 스케줄을 짤 수 있답니다.

5. 경쟁적인 연습생 시스템의 문제점

K-POP 성공의 핵심 중 하나인 연습생 시스템은 동시에 여러 문제점을 안고 있어요.

높은 경쟁률과 낮은 성공 확률

K-PCP 아이돌을 꿈꾸는 수많은 연습생들이 있지만, 실제로 데뷔에 성공하는 비율은 극히 낮고, 데뷔 후에도 성공 가도를 달리는 그룹은 손에 꼽을 정도예요. 이건 많은 연습생들이 꿈을 이루지 못하고 좌절하게 만들죠.

수요-공급 불균형

전 세계적인 K-POP 인기로 연습생 지원자는 폭증하지만, 데뷔할 수 있는 그룹 수는 한정되어 있어요.

획일화된 육성 시스템

많은 연습생들이 비슷한 방식으로 훈련 받으면서 개성 있는 아이돌을 찾기보다는 시스템에 맞는 인재를 키우는 데 집중하는 경향이 있답니다.

연습생 인권 및 교육 문제

어린 나이에 연습생 생활을 시작하는 경우, 학업 중단, 외부 활동 제한, 강도 높은 훈련 등으로 인해 기본적인 권리가 침해되거나 정신적인 문제를 겪을 수 있어요. 충분한 교육 기회나 정신 건강 관리가 제대로 제공되지 않는 경우가 많죠. 특히 어린 나이에 미성년자 시기에 계약을 해서 문제가 생기거나 보호자의 영향력이 부족한 경우에 큰 문제가 생겨요. 또 성공에 대한 막연한 기대감 때문에 열악한 환경을 감수하는 연습생도 많죠.

6. 기타 문제점

K-POP은 팬덤 문화의 역기능이나 지속 가능성 부족 같은 문제점도 가지고 있어요.

팬덤 문화의 역기능

지나친 사생활 침해(사생팬), 악성 댓글, 팬덤 간의 과열 경쟁 등 K-POP 팬덤 문화의 안 좋은 점들이 아이돌과 산업에 부정적인 영향을 미치기도 해요.

지속 가능성 부족

현재 K-POP 시스템이 소수의 대형 회사와 스타 중심으로 돌아가면서, 중소 회사가 성장할 기회가 부족하고 산업 전반의 다양성이 줄어들 수 있다는 지적도 있어요. 또, 아이돌의 군 복무, 스캔들 등 예상치 못한 변수에 취약하다는 문제도 존재하죠.

너무나 많은 K-POP 복합문화 도시 사업, 왜 자꾸 엇나갈까

Q1. 정부나 지자체에서 추진하는 K-POP 관련 시설들은 왜 잘 안될까요?

정부와 지방자치단체는 K-POP의 파급력을 알고 여러 도시에서 K-POP 관련 시설이나 행사를 유치해서 지역 경제를 살리려고 하죠. 하지만 이런 노력들이 뿔뿔이 흩어져서 시너지를 내기 어렵고, 조그만 시설들이 마구 생겨나는 형태가 될까 봐 걱정된답니다.

Q2. K-POP 성지 또는 문화 클러스터 추진 지자체 현황은 어떤가요?

지자체	추진 시점 및 현황	성공/실패 여부
서울(창동)	2010년대 중반부터 K-POP 전용 공연장 '서울 아레나'를 포함한 복합문화시설 조성이 추진됨. 2023년 11월 착공, 2027년 3월 준공 목표. 국내 최초 아레나로 건설될 예정이었으나, 인천 인스파이어 아레나에 타이틀을 빼앗김	완공되지 않았으므로, 성공 여부는 더 지켜봐야 함

지자체	추진 시점 및 현황	성공/실패 여부
경기도 고양시 (CJ 라이브시티)	2010년대 중반부터 경기도와 CJ ENM이 사업을 추진함. 2021년 10월 아레나 공사를 시작함	2023년 6월 완공 예정이었지만, 지금은 공사가 멈춰서 건물 뼈대만 서 있는 흉물처럼 보인다는 지적이 있음. 명백한 실패 사례
부산	K-POP 클러스터보다는 '부산원아시아페스티벌(BOF)' 같은 대규모 한류 축제를 열어 K-POP 문화 관광 거점화를 시도해 왔음. 부산역 일대를 '글로벌 창업 클러스터'로 만들려는 계획도 존재함	매년 BOF를 성공적으로 개최하지만, 특정 시설 위주의 K-POP 클러스터라고 보기는 어려움. 창업 클러스터는 추진 중임
광주	2020년대 들어 K-컬처 및 인공지능(AI) 기술 융합 스타트업 육성 등 K-POP 관련 간접적인 스타트업 생태계 조성 노력이 보임	직접적인 K-POP 공연 시설이나 클러스터보다는 AI 기술 기반의 K-POP 콘텐츠 개발 등 소프트웨어적인 접근을 시도하고 있음. 아직 구체적인 성공 여부를 판단하기는 이름
기타 지자체	오산시는 예전에 SM엔터테인먼트와 K-POP 국제학교, 한류 공연장 등을 만들 계획을 발표하기도 했지만, 이것도 성공적으로 추진됐는지는 불분명함. 많은 지방자치단체가 도시 재생 사업의 일환으로 K-POP 공연장이나 문화 예술 클러스터 조성을 검토하거나 추진하는 경우가 있지만, 대부분 소규모이거나 딱히 구체적인 성과를 내지 못하고 있는 실정임	(언제쯤 제대로 된 K-POP 도시가 생길까?)

Q3. 왜 이렇게 소규모로 난립할까요?

이런 K-POP 클러스터나 관련 시설 구축 노력이 특정 지역에 집중되지 않고 조그맣게 뿔뿔이 흩어지는 근본적인 원인은 다음과 같아요.

지자체 간 과도한 경쟁과 눈에 보이는 성과 추구

각 지방자치단체는 지역 경제를 활성화하고, 일자리를 창출하고, 도시 이미지를 높이고자 K-POP이라는 강력한 콘텐츠를 유치하려 하죠. 문제는 정부의 명확한 가이드라인 없이 개별 지자체가 자기들 마음대로 사업을 추진하면서, 길게 보는 안목보다는 단기적이고 눈에 보이는 성과에만 집중하는 경향이 크다는 점이에요. 선거를 의식한 전시성 행정으로 흐를 가능성도 무시할 수 없답니다.

국가적 로드맵 및 투자 계획의 부재

K-POP 산업은 문화체육관광부, 지방자치단체, 민간 기업 등 다양한 주체가 얽혀 있습니다. 그런데 이걸 총괄하고 국가적인 차원에서 인프라 구축의 우선순위와 역할 분담을 명확히 하는 장기적인 로드맵이 부족하답니다. 그래서 투자나 지원이 분산되고 비효율적인 중복 투자가 생길 수 있는 거죠.

문화 산업에 대한 이해 부족

문화 산업은 제조업이나 서비스업과는 다른 특징을 가지고 있어요. 단순히 건물만 짓는다고 해서 생태계가 저절로 만들어지는 게 아니죠. 사람 키우고, 콘텐츠 만들고, 유통하고, 마케팅하는 등 유기적으로 연결되어야 하는데, 많은 지방자치단체가 이걸 놓치고 물리적인 시설 구축에만 집중하는 경향이 있어요.

민간 투자 유치의 어려움

대규모 K-POP 공연장이나 복합 클러스터는 처음에 엄청난 돈이 필요해요. 민간 기업의 투자 없이는 실현하기 어렵죠. 그런데 수익성이 불확실하고, 복잡한 인허가 과정, 그리고 지방자치단체와의 협력이 어려워서 민간 투자가 위축되는 요인으로 작용해요. 고양시 CJ라이브시티 사례가 이를 아주 잘 보여준답니다.

맞아요! 많은 지방자치단체가 K-POP 클러스터 구축을 단순히 대형 건물을 짓고 관광객을 유치하는 부동산 개발 사업으로만 잘못 이해하고 있어요. 이건 클러스터 개발에 필요한 복합적인 요소를 전체적으로 고려하지 못하게 만들죠. 성공적인 K-POP 클러스터는 단순한 시설을 넘어서 지속 가능한 문화 생태계를 구축하는 거랍니다.

핵심 시설 선정 문제

더 지속 가능한 생태계를 만들고, 전 세계인이 꼭 찾아와야 하는 장소로 만들려면 단순히 K-POP 공연장을 넘어선 다양한 핵심 시설을 고려해야 해요. 예를 들어 다음과 같은 것들이 있습니다.

게임 아레나: 한국은 e스포츠 강국이니까, 게임 아레나는 K-POP 팬뿐 아니라 게임 팬까지 끌어들일 수 있죠.

특수 효과 스튜디오: 한국은 영화, 드라마 분야에서 특수 효과 기술력이 상당한 경쟁력을 가지고 있으니, 관련 스튜디오를 유치해서 K-콘텐츠 전반의 시너지를 만들 수 있어요.

애니메이션/웹툰 제작소: K-웹툰, K-애니메이션 등 다양한 K-컬처 콘텐츠 제작 시설을 포함해서 문화 복합 단지의 정체성을 강화할 수 있답니다. 이건 K-POP이라는 한정된 영역을 넘어서 K-컬처 전체를 아우르는 복합 클러스터로의 확장을 가능하게 하죠.

생태계 구축 요소의 복합적 고려 부족

클러스터는 단순히 덩그러니 지어진 건물이 아니라, 주변 환경과 유기적으로 연결된 복합적인 생태계로 기능해야 해요.

주변 단지, 상업 시설, 주거 단지: 클러스터 안팎에 방문객과 일하는 사람들을 위한 충분한 편의 시설과 생활 공간이 필요해요.

인재 공급처(전문대학/대학교): 클러스터에 필요한 전문 인력(음향, 조명, 특수 효과, 콘텐츠 기획, 마케팅 등)을 꾸준히 공급할 수 있는 교육기관과의 연결이 중요해요.

벤처 투자자, 관련 신규 사업 개발 액셀러레이터: K-POP 관련 스타트업 육성 및 투자를 위한 환경 조성이 필수적이죠.

K-POP 관련 벤처 회사/벤처 단지: 새로운 아이디어와 기술이 계속 나올 수 있는 혁신 클러스터가 되어야 한답니다.

교통 및 접근성 문제: 클러스터의 성공은 국내외 방문객이 얼마나 쉽게 찾아올 수 있는지에 크게 좌우돼요. 특히 국제공항과의 연계가 중요합니다.

교통편(전철, 지하철, 버스): 공항, 주요 도심, 숙박 시설 등과의 원활한 연결을 위한 대중교통망 구축이 필수적이에요.

비자 및 숙박: 해외 방문객을 위한 비자 발급 절차 간소화, 다양한 가격대의 숙박 시설 확보가 중요하답니다.

지원 서비스 부족: 글로벌 방문객을 위한 맞춤형 지원 서비스는 필수적이에요.

해외 관광객, 국내 여행객 맞춤 서비스: 맞춤형 투어 패키지, 정보 제공 시스템 등이 필요하죠. 특히 이슬람 문화권이 방문하는 경우 할랄 음식(이슬람 율법에 맞도록 허용된 음식)도 있어야 해요.

통역/번역, 영어 표지판: 언어 장벽을 없애고 편의성을 높여야 해요.

환전, 정부 관련 업무(규제, 승인 사항 등): 방문객과 기업의 불편을 최소화하기 위한 지원 서비스가 중요하답니다.

IT 인프라: 첨단 문화 콘텐츠 클러스터가 되려면 최첨단 IT 인프라가 필수적이에요.

초고속 인터넷 망: 고화질 콘텐츠 스트리밍, 실감 미디어 체험 등에 필수적이죠.

안정적인 물과 전기의 공급: 대규모 시설 운영 및 첨단 장비 가동에 안정적인 에너지 공급이 보장되어야 해요.

해외 마케팅을 위한 주요 국가 파트너십 문제: K-POP의 주요 팬들이 있는 중국, 일본, 동남아시아(인도네시아), 미주, 유럽뿐만 아니라 최근 급성장하는 인도 시장 등을 고려한 맞춤형 해외 마케팅 및 파트너십 구축이 중요해요. 현지 특성을 고려한 홍보 전략이 필요하답니다.

관련 정책의 문제

장기적인 사업의 성공을 위해서는 안정적인 정책 지원이 필수적이에요.

환경 영향 평가, 개발 정책: 지속 가능한 개발을 위한 환경 친화적인 정책이 필요해요.

세금 우대, 비자 면제: 투자 유치 및 해외 인력 유입을 위한 인센티브 정책이 필요하죠.

노동 정책: 클러스터 내에서 일하는 사람들의 안정적인 근무 환경 조성을 위한 노동 정책이 중요해요.

정권 변화에 상관없는 사업의 영속성: 특정 정권의 공약으로 시작된 사업이 정권이 바뀌면서 중단되는 사례(고양시 CJ라이브시티)를 막기 위한 제도적인 장치가 마련되어야 한답니다.

K-POP에 대한 애정, 이해, 공부: 클러스터를 기획하고 운영하는 사람들이 K-POP의 단순한 경제적 가치를 넘어서, K-POP이라는 문화 현상에 대한 깊은 애정, 이해, 그리고 꾸준한 공부가 필요해요. 이는 K-POP 팬덤의 특징과 문화적 가치를 반영한 콘텐츠와 공간을 만드는 데 필수적이죠.

이야기의 힘, 체험의 독특함: 방문객들에게 단순한 구경거리가 아닌, 몰입감 있는 이야기와 독특한 체험을 제공해야 해요. 이건 반복적인 방문을 유도하고, '성지'로서의 의미를 부여하는 핵심 요소랍니다.

다양한 K-POP 팬 욕구 이해, 연대감, 감정적 소통: K-POP 팬덤은 정말 다양하고 복합적인 욕구를 가지고 있어요. 클러스터는 이들의 연대감을 강화하고, 아이돌과의 감정적 소통을 가능하게 하는 공간이 되어야 한답니다. 단순히 공연만 보는 것을 넘어서 팬들이 함께 즐기고 교류할 수 있는 커뮤니티 공간의 역할도 중요하죠.

문화 복합 단지의 지속적인 발전 자생력 확보: 클러스터가 정부 지원에만 의존하는 게 아니라, 자체적인 수익 모델과 발전 동력을 갖춰야 해요. 이건 민간 투자를 유치하고 새로운 사업 모델을 개발하며, 꾸준히 혁신적인 콘텐츠를 만드는 것을 포함한답니다.

K-POP이 진정으로 지속 가능한 글로벌 문화 현상으로 발전하려면, 이런 내부적인 문제점들을 직시하고 해결하려는 산업 전반의 노력과 우리 모두의 관심이 필요해요.

여러분은 K-POP 산업에서 어떤 문제점을 가장 먼저 해결해야 한다고 생각하시나요?

K-POP, 미래는 어떻게 될까?
엔터 산업의 대세 트렌드 파헤치기

우리 엔터 산업은 정말이지 쉬지 않고 발전하고 있어요. 기술은 계속 새로워지고, 우리 팬들의 행동도 계속 변화하고, 전 세계와 연결되는 게 너무 쉬워졌지요. AI · 메타버스 · 숏폼 같은 혁신 기술이 무대를 넓히고, 세계 팬들은 제작 과정에까지 적극적으로 참여하고 있어요. 이처럼 거대한 흐름을 보이는 현재의 엔터 산업! 지금 엔터 산업을 이끄는 세계적인 메가 트렌드는 뭘까요? 덕후 마음으로 알아봅시다!

1. 디지털 전환 가속화와 스트리밍 서비스의 시대

이제 우리 엔터 콘텐츠는 뭘로 주로 보나요?

이제 엔터테인먼트 콘텐츠를 소비하는 핵심은 디지털 플랫폼, 특히 스트리밍 서비스로 완전히 넘어왔어요. 음악, 영화, 드라마, 웹툰, 게임 등 모든 콘텐츠가 스트리밍으로 유통되고 소비된답니다.

TV는 이제 안녕!: TV, 라디오, 극장, CD 같은 옛날 미디어의 영향력은 계속 줄어들고 있고, 우리 팬들은 언제 어디서든 원하는 콘텐츠를 바로 볼 수 있는 스트리밍 서비스에 익숙해졌죠. 넷플릭스, 디즈니플러스, 스포티파이, 유튜브가 대표적인 플랫폼들이에요.

나한테 딱 맞는 콘텐츠 추천: AI가 똑똑해져서 우리 팬들 한 명 한 명의 취향에 딱 맞는 콘텐츠를 추천해 주는 기능이 엄청 강화되고 있습니다. 덕분에 콘텐츠 소비가 더 늘어나고 있죠.

팬덤 형성의 중심: 스트리밍 플랫폼은 단순히 콘텐츠를 유통하는 곳을 넘어서, 팬들이 콘텐츠를 반복해서 보고, 정보도 공유하고, 챌린지 같은 걸로 참여하는 팬덤 형성의 핵심 공간이 됐습니다.

다양한 방법으로 돈 번다: 구독료, 광고, 유료 콘텐츠 구매, 앱 내 구매 등 여러 가지 방법으로 돈을 버는 거죠.

K-POP은 이런 변화에 어떻게 대응해야 할까요?

K-POP은 이미 유튜브, 스포티파이 같은 글로벌 스트리밍 플랫폼을 통해 전 세계적인 팬덤을 만들어서 성공했잖아요! 이는 K-POP이 디지털 전환 트렌드에 가장 빠르게 적응한 산업이라는 걸 보여 주죠.

그러니 앞으로는 그냥 콘텐츠만 올리는 걸 넘어서, 플랫폼별 특징에 맞춰서 맞춤형 콘텐츠를 만들고 마케팅하는 전략이 훨씬 더 중요해질 거예요. 예를 들어, 틱톡 같은 숏폼 플랫폼을 위한 챌린지 콘텐츠나, 특정 팬 커뮤니티 플랫폼을 위한 독점 콘텐츠를 개발하는 거죠. 데이터 분석을 통해서 팬들 행동을 이해하고, 개인별 맞춤 팬 경험을 제공하는 게 핵심 경쟁력이 될 거랍니다.

2. 몰입형 기술의 발전과 새로운 경험

우리 최애를 가상현실에서 만날 수 있다고요? 어떤 기술이 생기고 있나요?

VR, AR, 메타버스, 홀로그램 같은 몰입형 기술이 발전하면서 엔터테인먼트 경험의 지평이 확 넓어지고 있습니다. 그러니 이제 단순히 콘텐츠를 보는 걸 넘어서, 콘텐츠 속으로 직접 들어가 경험하고 소통하고 싶어 하지 않겠어요?

진짜 같은 경험: VR 콘서트, AR 필터, 메타버스 팬미팅 같은 것들은 물리적인 제약을 넘어선 새로운 차원의 경험을 제공합니다.

세상에 하나뿐인 굿즈, NFT: NFT(대체 불가능 토큰)로 디지털 콘텐츠의 소유권을 증명하고, 블록체인 기반의 팬덤 경제를 만들려는 시도가 나타나고 있습니다.

게임을 하듯 즐긴다: 엔터테인먼트 콘텐츠에 게임 요소를 넣어서 팬들의 참여와 몰입을 유도한답니다.

가상 아이돌의 등장: 실제 사람이 아닌 가상 아이돌이 데뷔해서 활동하고 새로운 팬덤을 만드는 사례가 늘고 있어요.

K-POP은 이런 기술을 어떻게 활용하고 있나요?

K-POP은 이미 몰입형 기술 도입에 적극적이에요! SM엔터테인먼트의 SMTOWN, YG엔터테인먼트의 메타버스 콘서트, 하이브의 위버스(Weverse) 플랫폼이 대표적이죠. 앞으로 K-POP은 가상 아이돌 제작, 메타버스 내 팬 커뮤니티 및 굿즈 판매, NFT 기반의 팬 참여 시스템 등을 더 강화할 거예요. 단순히 기술만 도입하는 걸 넘어서, 팬들에게 어떤 독특하고 가치 있는 경험을 줄 것인가에 대한 고민이 중요해진답니다. 기술은 수단일 뿐, 팬심을 움직이는 콘텐츠와 경험이 진짜 핵심이라는 거죠.

 당신이 알아야 할 **케이팝의 거의 전부**

3. 팬덤 경제의 확장과 팬들의 파워

팬들이 아이돌 활동에 직접 참여하는 게 중요해졌다고요?

현대 엔터테인먼트 산업은 단순하게 콘텐츠만 파는 걸 넘어서, 강력한 팬덤을 기반으로 한 경제 생태계를 만들고 있어요. 팬들은 더 이상 수동적인 소비자가 아니라, 콘텐츠 제작, 홍보, 소비 과정에 적극적으로 참여하는 주체가 된 거죠.

내가 키운 최애: 팬들은 앨범 제작, 투표, 굿즈 구매 등을 통해 직접 아이돌 활동에 기여하고 소유감을 느낍니다. '내가 산 앨범이 내 최애 1위 만들었어!' 하는 그 기쁨, 팬이라면 알죠?

팬들이 하는 홍보: 팬들이 자발적으로 콘텐츠를 공유하고 홍보하면서 엄청난 바이럴 효과를 만들어 낸답니다.

팬들이 만든 콘텐츠: 팬픽, 팬아트, 커버 댄스, 리액션 비디오 등 팬들이 직접 만드는 2차 콘텐츠가 팬덤을 확장시키는 중요한 역할을 하죠.

팬들만의 공간: 아이돌과 팬이 직접 소통하고 교류하며, 팬들끼리 커뮤니티를 만드는 전용 플랫폼의 중요성이 커진답니다.

K-POP은 팬덤을 어떻게 활용해야 할까요?

K-POP은 전 세계에서 가장 강력하고 조직적인 팬덤을 기반으로 성장한 산업이죠. 팬들은 앨범 구매, 스트리밍, 굿즈 소비뿐만 아니라 긍정적인 사회적 영향력을 행사하는 활동(기부, 캠페인)에도 적극적으로 참여한답니다.

앞으로는 팬덤의 '참여'와 '기여' 욕구를 더 효과적으로 만족시킬 수 있는 방법을 찾아야 해요. 예를 들어, 팬들 아이디어를 공모해서 콘텐츠에 반영하거나, 팬들이 직접 기획하는 이벤트를 지원하는 등 팬 주도성을 강화하는 전략이 필요하죠.

팬덤의 다양한 목소리와 윤리적인 소비에 대한 요구를 이해하고 반영하는 것이 지속 가능한 팬덤 경제를 위한 필수 요소랍니다.

4. 지속 가능성, 다양성, 포용성의 중요성

K-POP도 환경 보호나 다양성에 신경 써야 하나요?

ESG(환경, 사회, 지배구조) 경영의 중요성이 커지면서 엔터테인먼트 산업에서도 지속 가능성, 다양성, 포용성(Diversity, Equity, Inclusion, DEI)이 핵심적인 가치로 떠오르고 있어요.

친환경적 활동: 콘서트 투어에서 탄소 배출 줄이기, 앨범 만들 때 친환경 소재 사용, 쓰레기 줄이기 노력 등 환경 보호에 대한 기업의 책임이 강조됩니다.

사회적 책임 강화: 아이돌과 기업의 사회적 메시지, 기부 활동, 사회 공헌 활동 등이 팬들에게 긍정적인 영향을 미치면서 브랜드 가치를 높인답니다.

다양한 문화 존중: 콘텐츠 기획, 아이돌 구성, 마케팅 과정에서 다양한 문화, 인종, 성 정체성, 사회적 배경 등을 존중하고 포용하는 노력이 중요해져요. 고정관념을 깨고 보편적인 공감대를 형성하는 콘텐츠가 주목받는답니다.

K-POP은 이런 가치들을 어떻게 실천할 수 있을까요?

K-POP은 이미 다국적 멤버 구성을 통해 다양성을 시도해 왔죠. 하지만 앞으로는 콘텐츠 내용, 메시지, 그리고 회사 운영 전반에서 진정한 다양성과 포용성을 보여 주는 게 중요해요. 문화적 전유 논란 같은 문제에 대한 깊이 있는 이해와 반성이 필요하답니다.

환경 문제에 대한 K-POP 팬덤의 관심이 높아짐에 따라, 앨범 플라스틱 사용량 줄이기, 친환경 굿즈 개발, 지속 가능한 투어 시스템 구축 등 구체적인 ESG 경영 실천이 요구될 거예요.

사회적 메시지를 담은 음악이나 캠페인 활동을 통해서 아이돌이 단순한 엔터테이너를 넘어 선한 영향력을 발휘하는 롤모델로 자리매김하는 게 중요해진답니다.

5. 인공지능(AI) 기술의 확산과 창작 환경의 변화

AI가 K-POP에도 영향을 미치나요?

생성형 AI를 포함한 인공지능 기술은 콘텐츠 제작, 유통, 소비의 모든 과정에 혁명적인 변화를 가져오고 있어요.

AI가 만드는 콘텐츠: AI가 음악 작곡, 작사, 영상 편집, 이미지 생성 등을 돕거나 직접 해내면서 제작 시간과 비용을 줄여 준답니다.

AI 아이돌: AI 기반의 가상 아티스트가 현실과 구분하기 어려울 정도로 발전하면서 새로운 형태의 엔터테인먼트를 제공합니다.

나만을 위한 경험: AI가 사용자 데이터를 분석해서 나에게 딱 맞는 콘텐츠 추천과 상호작용 경험을 제공한답니다.

저작권 문제: AI가 만든 콘텐츠의 저작권 문제, 잘못 사용될 가능성, 일자리 대체 문제 등 윤리적, 법적 논의가 활발히 진행 중이에요.

K-POP은 AI를 어떻게 받아들여야 할까요?

K-POP 산업은 AI 기술을 활용해서 음악 제작 효율성을 높이고, 가상 아티스트를 개발하며, 팬 소통 방식을 혁신할 수 있습니다. 예를 들어, AI 기반의 작곡 도구를 활용하거나, AI가 팬들의 질문에 답하는 챗봇 등을 활용할 수 있죠.

하지만 AI 기술을 도입하는 동시에 아이돌의 고유한 창의성을 유지하고, 인간적인 감성을 전달하며, 저작권을 보호하는 데도 관한 깊은 고민이 우선적으로 필요해요. AI가 가져올 미래 산업의 변화에 미리 대응하고, 새로운 기술을 K-POP의 독창성과 결합해서 시너지를 낼 수 있는 전략을 세워야 하겠죠! 기술+감성이 곧 K-POP의 미래 아니겠어요!

이런 메가 트렌드들은 엔터테인먼트 산업의 미래를 만드는 중요한 동력이에요. 우리 K-POP 산업은 이런 트렌드를 적극적으로 받아들이고 선도하면서 글로벌 리더십을 계속 유지할 수 있을 겁니다.

여러분은 이 트렌드 중에서 어떤 게 K-POP의 미래에 가장 큰 영향을 줄 거라고 생각하시나요?

K-POP, 아이돌 뒤에 숨겨진 능력자 이야기

기술 발전, 팬들 행동 변화, 그리고 전 세계와의 연결성 덕분에 엔터 산업이 계속해서 진화하고 있다는 거 다들 아시죠? 특히 요즘 전 세계 엔터 산업에서 엄청 중요한 메가 트렌드가 하나 있는데, 바로 아티스트 중심에서 프로듀서 중심으로 권력이 이동하고 있다는 거예요. 이게 무슨 말일까요? 덕후 시점에서 한번 깊이 파헤쳐 볼까요?

Q1. 프로듀서 중심 엔터테인먼트가 뭐예요?

예전 엔터 산업, 특히 음악 산업에서는 아티스트(가수, 밴드 멤버, 배우 등)가 창작과 공연의 중심이었고, 이들의 재능과 개성이 성공을 좌우하는 경우가 많았어요. 음반사나 스튜디오는 아티스트의 재능을 찾아내서 지원하는 역할을 주로 했죠.

하지만 '프로듀서 중심 엔터테인먼트'는 콘텐츠의 기획, 제작, 마케팅, 유통의 전 과정에서 프로듀서(또는 제작사/기획사)의 영향력이 절대적으로 커지는 현상을 말해요. 여기서 프로듀서는 단순히 음악이나 영상의 기술적인 제작만 하는 게 아니랍니다. 아티스트 발굴 및 육성, 콘셉트 기획, 스토리텔링, 비주얼 디렉팅, 팬덤 관리, 그리고 사업 확장까지 모든 방향을 제시하고 실행하는 주체가 되는 거죠. 아티스트는 이런 프로듀서의 비전과 시스템 안에서 육성되고 활동하는 '콘텐츠'의 일부가 되는 경향이 강해진다는 거예요.

Q2. 왜 엔터 산업이 프로듀서 중심으로 바뀌었을까요?

이런 변화는 20세기 후반부터 서서히 나타나기 시작했지만, 2000년대 이후 디지털 기술의 발전, 글로벌 시장의 확대, 그리고 돈의 집중이 가속화되면서 훨씬 더 뚜렷해졌답니다.

기술 발전과 제작 효율화

DAW(디지털 오디오 워크스테이션)가 발전하면서 음악 제작이 스튜디오 안에서 소수 프로듀서의 통제 아래 이루어지기 쉬워졌어요. 예전 밴드 중심의 합주와 녹음 방식이 아니라, 개별 트랙을 조합하고 수정하는 방식이 일반화되면서 프로듀서의 편집 및 연출 권한이 훨씬 강해진 거죠.

뮤직비디오, 퍼포먼스 기획의 중요성이 커지면서 시각적인 요소가 음악 콘텐츠 성공에 큰 영향을 미치게 됐어요. 음악 외적인 기획 및 연출 능력의 중요성이 부각된 건데, 이게 바로 프로듀서의 영역이랍니다.

글로벌 시장의 확대와 표준화된 성공 공식

글로벌 시장을 노리려면 특정 지역의 취향을 넘어서는 보편적인 매력과 높은 완성도가 필요해요. 프로듀서 중심 시스템은 이런 표준화된 고품질 콘텐츠를 대량 생산하는 데 유리하답니다.

해외 시장에 나가려면 복잡한 마케팅과 유통 전략도 필요한데, 이건 개별 아티스트가 감당하기 어렵죠. 그래서 대규모 자본과 조직을 가진 제작사의 역할이 필수가 됐답니다.

돈의 집중과 기업화

음반 산업이 점점 소수의 대형 음반사나 미디어 그룹 중심으로 재편되면서, 이들은 아티스트의 독립적인 창작 활동보다는 자신들의 시스템과 돈을 투입해서 수익을 최대로 끌어올릴 수 있는 모델을 선호하게 됐어요.

'360도 계약(360-degree deal)'의 확산도 중요한 이유예요. 2000년대 이후 음반 판매 수익이 급감하면서 음반사들은 아티스트의 음원, 공연, 굿즈, 광고 등 모든 수익 활동에 대한 지분을 요구하기 시작했죠. 이건 아티스트가 독립적으로 활동하기 어렵게 만들고, 제작사가 아티스트의 모든 활동을 총괄 관리하는 프로듀서 중심 시스템을 더 강화했답니다.

Q3. 프로듀서 중심 시스템으로 성공한 사례와 실패한 사례가 있나요?

네, 많이 있죠. 한번 살펴볼까요?

성공 사례

미국 할리우드 스튜디오 시스템: 영화 산업에서 '스튜디오 시스템'은 프로듀서가 모든 제작 요소를 통제하고 관리하며 영화를 대량 생산하던 시대를 대표합니다. 디즈니, 워너 브라더스 같은 지금의 메이저 스튜디오들은 이런 프로듀서 중심 시스템을 통해 거대한 콘텐츠 제국을 만들었죠.

현대 음악 산업의 메이저 레이블: 유니버설 뮤직 그룹, 소니 뮤직 엔터테인먼트 같은 곳들은 수많은 프로듀서와 작가, 기획자들을 고용해서 아티스트의 성공을 시스템적으로 지원해요.

사이먼 코웰(Simon Cowell)과 '아이돌' 오디션 프로그램: '아메리칸 아이들', '더 엑스 팩터' 같은 오디션 프로그램을 통해 탄생한 스타들은 철저히 프로듀서의 기획과 시스템 아래에서 육성되고 관리돼요.

실패 사례

지나친 상업성으로 인한 예술성 상실: 프로듀서 중심 시스템은 가끔 너무 상업성을 추구해서 아티스트의 독창성과 예술성을 해칠 수 있어요. 이 때문에 대중의 공감을 얻지 못하고 '공장에서 찍어낸 듯한' 콘텐츠라는 비판을 받으며 실패하는 경우가 있답니다.

월트 디즈니 스튜디오의 초기 난항: 월트 디즈니는 '미키 마우스'로 대박을 쳤지만, 초기에 저작권 분쟁을 겪기도 했고, '피노키오' 같은 초기 작품들이 흥행에 실패하면서 재정적인 어려움을 겪기도 했어요.

과도한 통제와 아티스트와의 갈등: 프로듀서가 아티스트의 모든 활동을 통제하려고 하면, 아티스트의 불만이 쌓이고 갈등이 커져서 계약 분쟁이나 활동 중단으로 이어질 수 있어요. 특히 아티스트의 자율성과 창작의 자유가 중요시되는 요즘 시대에는 중요한 실패 요인이 된답니다. 최근 한국의 '피프티 피프티 사태'도 이런 문제와 무관하지 않죠.

Q4. 한국 K-POP 산업은 어떤가요?

한국 K-POP 산업은 아예 처음부터 프로듀서(기획사) 중심의 시스템을 가지고 있었어요. SM엔터테인먼트의 이수만 프로듀서가 만드신 연습생 시스템, 체계적인 아이돌 기획 및 육성 시스템은 프로듀서 중심 모델의 대표적인 성공 사례로 꼽힌답니다. SM을 시작으로 YG, JYP, 하이브 같은 대형 기획사들은 자체적인 프로듀싱 팀과 시스템을 통해 아이돌을 발굴, 트레이닝, 데뷔시키고 관리하며 글로벌 K-POP 신드롬을 이끌었죠.

프로듀서 중심의 강점

높은 완성도와 통일된 콘셉트: 기획사의 명확한 비전 아래 음악, 안무, 비주얼 등 모든 요소가 유기적으로 결합된 고품질 콘텐츠를 생산합니다.

시스템적인 리스크 관리: 특정 아티스트가 팀을 떠나거나 활동이 어려워져도 시스템적으로 대체하거나 다른 방식으로 대응할 수 있는 유연성을 가지고 있죠.

대규모 투자 및 글로벌 진출 용이: 기획사가 주체가 되어 대규모 투자를 유치하고 글로벌 시장 진출을 위한 전략을 세우기가 쉽답니다.

Q5. 겉으로는 아티스트가 멋있는데, 알고 보면 프로듀서 덕분이라고요?

네, '여전히 아티스트 중심'이라는 시각은 K-POP의 팬덤 특성에서 비롯된 오해일 수도 있어요. K-POP 팬덤은 아티스트 개개인에게 강하게 몰입하고 애정을 쏟는 경향이 강하지만, 그 아티스트가 탄생하고 활동하는 과정은 철저히 기획사(프로듀서)의 시스템과 전략에 의해 좌우된답니다.

겉으로는 아티스트 중심, 속으로는 프로듀서 중심

팬들은 아티스트의 스토리, 비주얼, 퍼포먼스에 열광하지만, 이 모든 것은 기획사 내부 프로듀서들이 정교하게 기획하고 연출한 결과물이에요. 앨범 콘셉트, 타이틀곡 선정, 안무, 심지어 멤버들의 포지셔닝과 페르소나 설정까지 프로듀서의 의도와 영향력이 크게 작용합니다. 이 모든 것이 기획사의 큰 그림이라는 거죠!

자작곡/자작 안무 능력 강조의 이면

최근 K-POP 아이돌들이 자작곡, 자작 안무 능력을 어필하는 경우가 많지만, 이건 주로 기획사 시스템 내에서 제공된 교육과 기회를 통해 발전된 역량이고, 여전히 프로듀서의 최종 승인과 조율을 거치는 경우가 대부분이랍니다. 오히려 이건 아티스트가 '프로듀서' 역할까지 할 수 있는 다재다능한 '상품'임을 강조하는 지점이기도 해요.

중소 기획사의 한계

대형 기획사를 제외한 중소 기획사의 경우, 여전히 제한된 자본과 인력으로 아티스트를 키워야 하므로, 시스템적인 프로듀싱 능력보다는 특정 아티스트의 잠재력에 더 의존하는 경향이 있을 수 있어요. 하지만 이들도 성공을 위해서는 결국 프로듀싱 역량 강화에 투자해야 하는 구조랍니다.

결론적으로, 한국 K-POP 산업은 태생적으로 프로듀서 중심의 강력한 시스템을 통해 성장했으며, 이는 서구 엔터 산업의 메가트렌드와도 딱 맞아떨어진다는 거죠. 다만, 팬덤이 아티스트 개인에게 깊게 몰입하는 특성 때문에 겉으로 드러나는 모습이 '아티스트 중심'처럼 비칠 수 있는 거랍니다.

Q6. K-POP 산업이 앞으로 어떻게 나아가야 할까요?

K-POP 산업은 이미 프로듀서 중심 시스템의 강점을 활용해서 글로벌 성공을 이뤘죠. 앞으로는 이런 시스템을 더 고도화하고, 동시에 생길 수 있는 문제점들을 해결하며 지속 가능한 성장을 찾아야 해요.

프로듀서 역량의 다각화

단순히 음악 프로듀싱을 넘어, IP(지식재산권) 확장, 기술 융합(AI, 메타버스), 스토리텔링, 글로벌 현지화 전략 등 다양한 분야의 프로듀싱 역량을 강화해야 해요. 글로벌 인재를 영입해서 프로듀싱 팀의 다양성과 전문성을 높이는 게 중요하답니다.

아티스트의 주체성 존중

프로듀서 중심 시스템의 효율성을 유지하되, 아티스트의 '창작 자율성'과 '주체성'을 보장하려는 노력이 필요해요. 지나친 통제는 아티스트의 이탈과 산업 전체의 신뢰도를 떨어뜨릴 수 있답니다. 아티스트가 시스템 안에서 능동적으로 참여하고 성장할 수 있는 환경을 제공해야 해요.

투명하고 공정한 수익 분배

프로듀서 중심 시스템의 성공이 아티스트의 희생을 바탕으로 이루어져서는 안 되겠죠! 아티스트에게 충분한 보상이 돌아가고, 계약 관계가 투명하고 공정하게 이루어지는 게 중요하답니다.

다양한 프로듀싱 모델 실험

대형 기획사 위주의 프로듀싱 모델 외에, 인디 아티스트나 소규모 레이블도 성장할 수 있는 환경을 만들어야 해요. 예를 들어, 크라우드 펀딩을 활용한 앨범 제작 지원, 독립 프로듀서들을 위한 육성 프로그램 등을 통해 산업의 다양성을 확보해야 한답니다.

팬덤과의 상호작용 강화

프로듀서는 팬덤의 니즈를 정확히 파악하고, 아티스트와 팬덤 간의 건강하고 진정성 있는 소통 채널을 만들어야 합니다. 팬들의 피드백을 콘텐츠 기획에 반영하거나, 팬들이 주도하는 활동을 지원하는 등 팬덤의 참여를 유도해야 한답니다.

<u>**Q7. 과거 성공 및 실패 사례로 봤을 때,
프로듀서 중심 시스템에서 조심해야 할 점은 무엇인가요?**</u>

엔터 산업의 중심이 이동하는 과정에서는 여러 주의할 점이 있어요.

지나친 시스템화의 경계

위험: 모든 걸 시스템화해서 아티스트의 개성과 창의성을 획일화할 경우, 길게 보면 대중의 흥미를 잃고 콘텐츠가 지루해질 수 있습니다. 그러니까 '공장식 아이돌'이라는 비판에 직면할 수 있죠.

시사점: 시스템은 효율성을 위한 도구일 뿐, 아티스트의 고유한 매력과 예측 불가능한 '예술성'을 담아낼 수 있는 여백을 두어야 한답니다.

돈만 좇는 것 조심

위험: 오직 돈만 좇아서 단기적인 성과에만 매달리면, 아티스트의 번아웃, 불공정 계약, 팬덤과의 갈등 등 여러 가지 부작용이 생길 수 있어요.

시사점: 길게 보는 관점에서 아티스트의 커리어 관리, 스태프들의 복지, 팬덤과의 신뢰 구축 등 지속 가능한 가치를 우선해야 한답니다. '돈벌이 수단'이 아닌 '문화 콘텐츠'로서의 본질을 잃지 않아야 해요.

아티스트 주체성 침해 문제

위험: 프로듀서가 모든 걸 결정하고 아티스트를 도구로만 취급할 경우, 아티스트의 사기 저하, 정신 건강 문제, 불공정 계약 분쟁 등으로 이어질 수 있겠죠. 이건 결국 아티스트의 퍼포먼스 저하와 활동 중단으로 귀결될 수 있습니다.

시사점: 아티스트를 단순한 상품이 아닌, 성장하는 창작 주체로 존중하고, 이들의 의견을 듣고 함께 성장하는 파트너십을 구축해야 한답니다.

 당신이 알아야 할 **케이팝의 거의 전부**

변화하는 팬덤 문화에 대한 이해 부족

위험: 예전처럼 그냥 콘텐츠만 제공하고 팬들이 수동적으로 소비하는 방식에 머무르면, 소통과 참여를 중요하게 생각하는 현대 팬덤의 니즈를 만족시키지 못합니다. 이건 팬심 이탈로 이어질 수 있죠.

시사점: 팬덤의 능동적인 참여와 소통 욕구를 이해하고, 다양한 기술과 플랫폼을 활용해서 팬들이 아티스트와 더 가깝게 연결될 수 있는 기회를 제공해야 한답니다.

Q8. K-POP 회사의 리더는 어떤 사람이 되어야 할까요?

K-POP 산업이 한 단계 더 도약하고 지속 가능한 성장을 이루려면, 엔터테인먼트사의 리더십에 대한 깊이 있는 고민이 필요해요. 지금 한국 대형 엔터테인먼트사 수장들 중에는(과거) 이수만, 박진영, 양현석, 방시혁처럼 예전에 본인 스스로 아티스트였던 경우가 많죠. 이분들의 아티스트 경험은 K-POP만의 독창적인 시스템과 콘텐츠를 만드는 데 엄청난 영향을 미쳤고, 이건 K-POP의 오늘을 만든 결정적인 자산이 됐답니다.

하지만 동시에 최근의 '이수만 사태', '뉴진스 사태' 등에서 드러나듯이, 아티스트 출신 리더십이 가진 한계점이나 특정 방향성 고착화로 인한 문제가 생길 수도 있어요. 개인의 비전이나 과거의 성공 공식에 너무 의존하면, 변화하는 시장과 팬덤의 요구에 발맞추지 못하거나, 지배 구조의 불투명성, 이해 상충 문제 등으로 인해 큰 위기를 맞을 수 있다는 점이 명백해졌죠.

그래서 K-POP 산업의 미래를 위해서는 엔터테인먼트사의 수장이 단순히 아티스트 출신이라는 배경을 넘어서, K-POP 산업에 대한 깊은 이해를 바탕으로 '전문적인 경영 능력', 그리고 변화하는 글로벌 시장과 기술 트렌드를 읽어내는 '통찰력'을 갖춘 전문 경영인 또는 프로듀서가 이끌어 가야 할 필요성이 강력하게 제기된답니다! 이건 옛날 성공 방식에만 안주하지 않고, 더 투명하고 합리적인 의사결정 구조를 통해 산업의 건강한 성장을 이끌어 가는 데 도움이 될 거예요.

이런 변화는 리더십의 전문성 강화뿐만 아니라, 프로듀서 중심 시스템의 강점을 유지하면서도 그 이면에 생길 수 있는 문제점들을 효과적으로 보완하는 방향으로 나아가야 해요. 단순히 콘텐츠를 만들고 아티스트를 관리하는 걸 넘어서, '지식재산권(IP)의 다각적인 확장, 인공지능(AI)이나 메타버스 같은 신기술과의 융합, 더 정교한 스토리텔링, 그리고 현지 시장에 특화된 글로벌 전략 수립' 등 복합적인 역량을 갖춘 리더십이 필요하죠. 또한, 아티스트의 창작 자율성을 존중하고 공정한 수익 분배를 보장하며, 팬덤과의 소통을 강화하는 등 지속 가능한 성장을 위한 사회적 책임 또한 더욱 중요해질 거랍니다.

이런 주의점들을 잘 고려해서 한국 K-POP 산업은 프로듀서 중심 시스템의 강점을 유지하되, 그 이면의 문제점들을 보완하며 더욱 성숙하고 지속 가능한 발전을 이뤄내야 할 거예요.

여러분은 K-POP 엔터사의 리더들이 어떤 점을 가장 중요하게 생각해야 한다고 보시나요?

♫

K-POP의 분쟁 사례:
민희진-하이브 & 피프티 피프티 사태

요즘 우리 K-POP 산업을 뒤흔들었던 민희진-하이브 경영권 분쟁과 피프티 피프티 전속계약 분쟁 때문에 심장이 남아나질 않았죠? 이 사건들은 단순히 몇몇 회사들 문제가 아니라, 우리 K-POP 산업 안에 곪아 있던 고질적인 문제들을 수면 위로 끄집어냈답니다. 이런 사태들이 왜 자꾸 반복되는지 제대로 파헤쳐 보고, 앞으로는 제발 이런 일이 없도록 어떻게 해야 할지, 덕후 눈으로 함께 알아봐요.

Q1. 민희진-하이브 사태가 대체 뭐예요?

민희진-하이브 사태는 하이브의 자회사 어도어(ADOR)의 민희진 대표가 하이브로부터 경영권 탈취를 시도했다는 의혹이 제기되면서 시작된 어마어마한 싸움이에요. 하이브는 민희진 대표와 어도어 경영진이 독립적인 경영권 확보를 시도했다고 주장하면서 감사에 들어갔고, 민희진 대표를 해임하려고 했죠.

이에 민희진 대표는 기자회견을 열어 하이브의 주장을 모두 반박했어요. 하이브가 뉴진스(NewJeans)를 베낀 아일릿(ILLIT)을 데뷔시켰고, 자신이 이수만 SM 전 총괄 프로듀서의 'SM엔터테인먼트 경영권 인수' 제안을 거절한 걸 빌미로 하이브가 자신을 공격하고 있다고 주장했답니다. 게다가 방시혁 하이브 의장이 뉴진스 데뷔 이후 자신을 홀대했고, 아일릿의 뉴진스 베끼기 의혹을 제기하자 부당한 대우를 받았다고 폭로까지 했죠. 이 과정에서 민희진 대표는 하이브 측의 '단월드' 연관성 등 종교적인 의혹까지 제기하며 K-POP판을 발칵 뒤집어 놨답니다.

Q2. 피프티 피프티(FIFTY FIFTY) 사건은 뭐예요?

피프티 피프티 사건은 걸그룹 피프티 피프티 멤버 4명이 소속사 어트랙트(ATTRAKT)를 상대로 전속계약 효력 정지 가처분 신청을 내면서 터진 분쟁이에요. 멤버들은 정산이 투명하지 않고, 건강 관리도 소홀했으며, 활동 지원도 미흡했다는 이유로 계약 해지를 주장했죠.

하지만 어트랙트 측은 외부 세력(더기버스 안성일 대표)이 멤버들을 꼬드겨서 계약을 어기게 했다는 탬퍼링(Tampering, 사전 접촉 및 부당 유인) 의혹을 제기하며 맞섰어요. 결국 법원은 가처분 신청을 기각했고, 멤버 중 3명은 항고를 포기하며 계약 해지를 확정했지만, 1명(키나)은 어트랙트로 돌아와 활동을 다시 시작했답니다. 이 사건은 중소 기획사의 히트 그룹이 외부의 개입으로 해체 위기에 놓인 초유의 사태라 K-POP 산업에 엄청난 충격을 줬어요.

Q3. 왜 이런 문제들이 자꾸 생기는 걸까요?

이 두 사태는 터진 방식은 다르지만, K-POP 산업 속에 깊이 박혀 있는 여러 구조적인 문제점들을 공통적으로 보여 줬어요.

불투명한 계약 관행 및 수익 분배 구조

원인: K-POP 산업은 회사와 아티스트 간의 '갑-을' 관계가 너무 강합니다. 특히 신인 아티스트나 상대적으로 약한 제작자들은 계약 내용에 대해 충분히 협상하기 어렵죠. 수익 분배 방식이 복잡하고 투명하지 않아서 불신을 만드는 경우가 많답니다. 피프티 피프티 사건에서 멤버들이 정산이 불투명하다고 주장한 게 대표적인 예죠. 민희진 대표의 경우에도 보상 방식에 대한 초기 기대와 실제 진행 과정에서의 차이가 갈등의 원인 중 하나가 됐어요.

문제점: 공정하지 못한 계약은 언제든 싸움의 불씨가 되고, 길게 보면 아티스트의 의욕을 꺾고 산업 전체의 건강을 해친답니다.

지나친 프로듀서(제작사)의 권한과 아티스트/창작자의 종속성

원인: K-POP은 '프로듀서 중심 시스템'으로 커 왔기 때문에, 기획사가 아티스트 발굴-육성-콘셉트 기획-활동 관리 등 모든 것을 통제하려는 경향이 강합니다. 이게 높은 완성도를 보장하지만, 아티스트나 내부 창작자(프로듀서)의 자유를 제한할 수 있죠.

문제점: 민희진 사태에서 민희진 대표는 방시혁 의장의 '마이크로 매니징'과 창작 자율성 침해를 주장했습니다. 프로듀서의 독점적인 권한이 너무 지나치면, 창작자의 의욕이 떨어지고, 아이디어가 고갈되며, 외부에서 영입한 인재들과의 갈등으로 이어질 수 있답니다. 아티스트도 자기 의견이 존중받지 못하고 '상품'으로만 취급된다고 느끼면 불만을 가질 수밖에 없죠.

K-POP 시스템의 '복제 가능성'과 '베끼기' 논란

원인: K-POP 아이돌은 철저한 기획과 트레이닝을 통해 탄생합니다. 성공한 그룹의 특징(음악 스타일, 비주얼 콘셉트, 멤버 구성 등)은 분석되고, 이

걸 따라서 만들거나 심지어 모방하는 방식으로 새로운 그룹이 기획되는 경우가 많답니다.

문제점: 민희진 대표가 하이브의 신인 걸그룹 아일릿이 '뉴진스 베끼기'를 했다고 강하게 반발한 게 이 문제의 핵심이에요. 이건 K-POP 산업 안에서 오리지널리티와 창작자의 권리를 둘러싼 해묵은 논쟁을 다시 불붙게 했죠. '공장식 아이돌'이라는 비판처럼, 차별화되지 않은 그룹들이 마구 쏟아져 나오면 K-POP의 장기적인 성장 동력을 약화시킬 수 있답니다.

급격한 성장 속 내부 거버넌스 및 리스크 관리 미비

원인: K-POP 산업이 예상보다 훨씬 빠른 속도로 글로벌 시장에서 성장하면서, 겉으로 보이는 성장만큼 내부 시스템(법률, 재무, 인사 관리 등)이나 윤리 경영 시스템이 충분히 발전하지 못했어요. 대규모 투자를 유치하고 회사 가치가 크게 오르면서, 이로 인한 이해 충돌이나 경영권 분쟁의 여지가 커진 거죠.

문제점: 하이브와 어도어 간의 자회사-모회사 관계인데도 소통이 안 되고 불신이 심해진 건 거버넌스 미비의 결과예요. 피프티 피프티 사건 역시 외부 세력의 개입을 막지 못하는 취약한 계약 및 관리 시스템의 문제점을 보여 준답니다.

지나친 팬덤 의존과 아티스트의 도구화

원인: K-POP의 성공은 강력한 팬덤에 크게 의존해요. 팬덤은 앨범 구매, 스트리밍, 굿즈 소비 등 경제적인 기여뿐만 아니라, 아티스트를 보호하고 홍보하는 강력한 주체로 기능하죠. 이런 팬덤의 힘을 역이용하거나 잘못 사용하는 사례도 생길 수 있답니다.

문제점: 민희진-하이브 사태에서 양쪽이 언론과 여론을 통해서 팬덤에게

자기들 주장을 호소하며 '여론전'을 펼친 건 팬덤이 단순한 소비자를 넘어선 영향력을 가졌음을 보여 줍니다. 아티스트가 이런 분쟁의 '인질'이 되거나, 팬덤이 '편 가르기'에 휘말려 피로감을 느끼는 건 길게 보면 산업에 좋지 않은 영향을 주죠.

Q4. 앞으로 이런 문제가 발생하지 않으려면 무엇을 해야 할까요?

이런 문제들을 해결하고 K-POP 산업의 지속 가능한 발전을 위해서는 다음과 같은 노력이 필요해요.

투명하고 공정한 계약 표준화 및 외부 감독 강화

표준 계약서 개선: 아티스트와 제작자 간의 표준 계약서를 더 자세하게 만들고, 정산 방식, 활동 범위, 계약 해지 조건 등을 명확하고 투명하게 써야 하죠.

제3자 중재 기관 활성화: 분쟁이 생겼을 때 공정하게 끼어들어서 중재할 수 있는 독립적인 중재 기관의 역할을 강화해야 한답니다. 한국콘텐츠진흥원 같은 공공기관의 역할이 중요하겠죠.

정부의 적극적인 감시: 공정거래위원회 같은 정부 기관이 엔터테인먼트 산업의 불공정한 관행에 대한 감시를 강화하고, 필요하면 법적 조치를 취해야 해요.

프로듀서 및 경영진의 윤리 의식 및 전문성 강화

권위주의 탈피: K-POP 기획사들은 수직적이고 권위적인 문화를 버리고, 창작자와 아티스트의 자유와 의견을 존중하는 수평적이고 열린 조직 문화를 만들어야 한답니다.

리스크 관리 시스템 구축: 법률, 재무, 홍보 등 각 분야의 전문가들을 영입해서 위기 관리 시스템을 체계화하고, 미리 위험에 대비하는 능력을 키워야 합니다. 특히 경영진의 사생활이나 윤리적인 문제에 대해 엄격한 기준을 적용해야 하겠죠.

다양한 프로듀싱 인력 양성: 특정 프로듀서나 몇몇 핵심 인력에게만 의존하는 구조를 벗어나, 다양한 배경과 능력을 가진 프로듀싱 인력을 체계적으로 키우고 활용해서 콘텐츠의 다양성과 혁신성을 확보해야 합니다.

IP(지식재산권) 보호 및 창작자의 권리 강화

명확한 IP 귀속: 아티스트의 콘셉트, 음악, 비주얼 등 K-POP 콘텐츠를 만드는 IP의 소유권과 활용에 대한 명확한 기준을 세우고, 계약서에 꼭 명시해야 합니다.

표절 논란 방지 시스템: 비슷한 콘셉트나 음악에 대한 표절 논란을 막기 위해 기획사 내부적으로 창작 심사 과정을 강화하고, 외부 전문가의 조언을 구할 수 있는 시스템을 마련해야 한답니다.

아티스트/창작자 보상 강화: 아티스트와 프로듀서 등 창작자가 콘텐츠 성공에 기여한 만큼 정당한 보상을 받을 수 있도록 수익 분배 구조를 개선하고, 재투자를 장려해야 합니다.

팬덤과의 건강한 관계 재정립

소통 채널 다각화: 팬덤과의 소통 채널을 더 다양하게 만들고, 팬들의 의견과 피드백을 듣는 열린 자세를 가져야 합니다.

윤리적 팬덤 문화 유도: 기획사는 팬덤의 긍정적인 활동을 북돋우고, 아티스트나 다른 팬덤에게 해를 끼치는 비윤리적인 행동에 대해서는 단호하게 대응해서 건강한 팬덤 문화를 만들어야 한답니다.

정보 투명성 확보: 팬들에게 제공되는 정보의 투명성을 높여서 불필요한 오해나 루머 발생을 줄여야 합니다.

Q5. SM이나 JYP는 왜 큰 문제가 비교적 적었을까요?

SM과 JYP는 상대적으로 민희진-하이브, 피프티 피프티 같은 큰 분쟁이 적었다는 평가를 받아요. 여기서 배울 점이 많답니다.

SM: SM은 이수만 전 총괄 프로듀서가 강력한 권한을 가졌지만, 오랜 기간 쌓아 온 체계적인 시스템과 인력 풀을 가지고 있습니다. 프로듀싱, 트레이닝, 마케팅 등 각 분야에 전문 인력이 있어서 특정 개인에게만 의존하는 정도를 분산시켰죠. 또, IP의 중요성을 일찍이 깨닫고 관련 사업을 확장하며 콘텐츠 생태계를 다양화했답니다. 최근에는 'SM 3.0'을 통해 멀티 제작 센터 및 레이블 체제를 강화해서 프로듀싱 시스템을 분권화하려고 노력하고 있습니다.

JYP: JYP는 'JYP 2.0'을 통해 회사 중심의 프로듀싱 시스템을 명확히 하고, 박진영 프로듀서 개인의 능력뿐만 아니라 시스템적인 안정화를 추구했어요. 특히 '진실, 성실, 겸손'이라는 기업 윤리를 강조하면서 아티스트 인성 교육에도 신경을 많이 쓰는 것으로 알려져 있어요. 이건 아티스트와 회사 간의 신뢰를 쌓고, 잠재적인 위험을 줄이는 데 도움이 되죠. 수익성보다는 '건강한 시스템'에 중점을 두는 경영 철학이 분쟁 발생 가능성을 낮추는 요인이 된답니다.

두 회사 모두 오랜 업력과 그 과정에서 쌓인 시스템적인 노하우, 그리고 기업의 윤리적인 기조가 분쟁 발생 가능성을 줄이는 데 중요한 역할을 했음을 보여 줘요.

Q6. 다른 나라 엔터 산업에서는 이런 문제가 없었나요?

미국 엔터테인먼트 산업은 K-POP과는 다른 구조를 가지고 있지만, 몇 가지 배울 점이 있답니다.

프로듀서의 역할 분리 및 전문화: 미국의 음악 산업에서는 프로듀서의 역할이 음악 프로듀서(음악 제작 담당), 이그제큐티브 프로듀서(투자 유치 및 전반적인 프로젝트 관리), A&R(아티스트 발굴 및 육성) 등으로 세분화되어 있습니다. 각 분야의 전문성을 존중하면서 협업하는 구조죠. 이건 한 개인이 모든 걸 통제하는 K-POP의 일부 시스템과는 다르답니다.

아티스트의 독립성 강화: 미국에서는 아티스트가 자기 레이블을 설립하거나, 매니지먼트사와의 계약 관계에서 더 큰 자유를 가지고 활동하는 경우가 많습니다. 아티스트가 직접 IP를 소유하거나 수익 배분에 있어서 더 유리한 계약을 맺는 사례도 늘고 있죠. 이건 스타 아티스트의 경우 자기 권한이 커지면서 회사에 대한 종속성이 줄어드는 현상을 보여 준답니다.

법률 시스템의 고도화: 미국은 엔터테인먼트 산업 관련 법률 시스템이 엄청 발전되어 있어서, 계약 분쟁이 생겼을 때 예측 가능하고 공정한 절차를 통해 해결하려는 노력이 이루어집니다. 특히 '캘리포니아 7년 룰(Seven Year Rule)' 같은 법률은 아티스트의 계약 기간을 제한해서 불공정 계약을 막는 역할을 한답니다.

이런 해외 사례들은 K-POP 산업이 프로듀서 중심 시스템을 유지하더라도, 프로듀서의 역할 분담과 전문화, 아티스트의 창작 자율성 및 주체성 강화, 그리고 법률적, 윤리적 기준 강화를 통해 더 건강하게 발전할 수 있음을 보여 줍니다. 민희진-하이브, 피프티 피프티 사건은 K-POP이 한 단계 더 성숙하기 위한 성장통이죠. 이를 통해 얻은 교훈을 바탕으로 더 투명하고 공정한 산업 생태계를 만들어야겠지요?

여러분은 이런 K-POP 사태들을 보면서 가장 답답했던 부분이 무엇이었나

요? 그리고 그 문제를 해결하기 위해 어떤 노력이 가장 중요하다고 생각하시
나요?

K-POP 강국에
왜 전용 콘서트장이 없을까

여러분, 우리 K-POP이 전 세계에서 얼마나 잘나가는지 다들 아시죠? 그런데 웬일인지 우리나라는 **대형 전문 공연장**이 너무너무 부족해서 난리도 아니에요. 지금 대부분의 대형 K-POP 콘서트가 체육 시설을 개조해서 열리는데, 이게 시간도 돈도 엄청 들고 비효율적이라는 거, 덕후들은 다 알고 있잖아요.

Q1. 체육관에서 콘서트 보는데 뭘 그렇게 많이 바꿔야 해요?

체육 시설을 K-POP 콘서트장으로 바꾸는 과정은 진짜 복잡하고 힘든 작업이에요. 단순하게 무대만 뚝딱 설치하는 게 아니라, 아주 광범위한 변화를 요구한답니다.

설치 작업: 최소 한 달 이상 소요

바닥 보호 및 보강: 농구 코트나 육상 트랙 같은 체육관 바닥을 보호하고, 무대와 장비, 팬들 하중을 견딜 수 있도록 특수 바닥재를 깔거나 보강 공사를

합니다.

무대 구조물 설치: 아티스트의 퍼포먼스, 밴드 연주, 백댄서 동선까지 고려해서 메인 무대, 돌출 무대, 이동식 무대 등 복잡한 구조물을 설계하고 설치합니다. 단순히 높과 넓이뿐 아니라 하중 분산, 안전성 확보가 필수죠.

조명 및 음향 시스템 설치: 전문 공연장 수준의 조명 트러스, 스피커 시스템, 모니터 스피커, 믹싱 콘솔 등을 설치합니다. 체육관의 넓은 공간에서 소리 울림을 최소화하고 균일한 사운드를 전달하기 위한 음향 튜닝 작업까지 포함해서 복잡하죠.

영상 및 특수 효과 장비 설치: 초대형 LED 스크린, 프로젝터, 레이저, 폭죽, 불꽃, 리프트, 와이어 장치 등 콘서트의 몰입도를 확 높여 주는 특수 효과 장비들을 설치합니다. 이런 장비들은 안전을 위해 정말 정밀한 설계와 설치, 테스트가 필요하죠.

관객 편의 시설 설치: 가변석 설치, 안전 펜스, 화장실, 매점, 응급 의료 시설 등을 임시로 만들거나 늘립니다. 특히 스탠딩 구역은 안전을 위한 동선 확보와 구역 분리가 정말 중요하답니다.

대기실 및 백스테이지 공간 확보: 아티스트, 스태프, 댄서들을 위한 대기실, 분장실, 의상실, 식사 공간 등 백스테이지 공간을 임시로 만들고, 장비 보관과 이동 동선도 확보해야 합니다.

전력 및 통신 인프라 확충: 대규모 조명, 음향, 영상 장비를 돌리는 데 필요한 충분한 전력 공급 라인을 설치하고, 안정적인 통신(인터넷, 내부 통신망) 환경도 구축하죠.

해체 작업: 최소 한 달 이상 소요

설치했던 모든 구조물과 장비를 철거하고 원래대로 돌려놓는 작업입니다. 설치만큼이나 정교하고 시간이 오래 걸리며, 자칫하면 체육 시설 본래의 기능을 망가뜨릴 수 있어서 전문 인력이 꼭 필요하답니다. 철거된 장비는 보관 시설로 옮겨지죠.

이런 설치와 해체 과정은 최소 두 달 이상의 시간이 들어요. 이 기간 동안 해당 체육 시설은 원래 하던 운동이나 다른 행사 대관을 전혀 할 수 없다는 뜻이고, 시설 운영하는 사람들 입장에서는 경제적으로 손해를 보는 거나 마찬가지랍니다.

Q2. 왜 우리나라에는 K-POP 전용 공연장이 없을까요?

우리나라에 K-POP의 위상에 맞는 대형 전문 공연장이 부족한 이유는 여러 가지가 복합적으로 얽혀 있어요.

경제성 및 수익성 문제

초기 투자 비용: 대형 전문 공연장 짓는 데는 어마어마한 초기 투자 비용(땅값, 건축비, 전문 장비 도입 등)이 들어요. 이건 수천억 원에서 조 단위를 넘어설 수도 있답니다.

낮은 운영 수익성: K-POP 콘서트는 특정 시기에 몰리는 경향이 있어서, 비수기에는 공연장 가동률이 떨어질 수 있어요. 공연 외에 다른 수익 모델을 만들기가 어렵다면 계속 적자에 허덕일 수도 있죠.

복합 시설 부재: 해외 대형 공연장들은 쇼핑몰, 호텔, 식당 같은 복합 시설과 묶어서 시너지를 내는데, 우리나라는 공연장만 덜렁 지으려는 경우가 많아서 수익 모델이 제한적이에요.

수요와 공급의 불균형

K-POP 외 공연 시장의 한계: K-POP 말고 다른 장르의 국내 대형 공연(클래식, 뮤지컬 등)은 수요가 상대적으로 적어서, K-POP만을 위한 전용 공연

장을 항상 운영하기는 어렵다는 인식이 있답니다.

지자체 간 경쟁과 분산 투자: 각 지자체가 지역 경제 살리겠다고 대형 공연장 유치하려고 경쟁하지만, 국가적인 차원의 통일된 전략 없이 제각각 투자해서 비효율적이에요. K-POP 클러스터 논의와 비슷한 상황이죠.

입지 선정의 어려움

도심 접근성 및 민원: 수많은 팬들을 수용하는 공연장은 도심 접근성이 중요하지만, 소음, 교통 체증 같은 주변 지역 주민들의 민원 걱정이 크답니다.

부지 확보의 어려움: 대형 공연장을 지을 만한 충분히 넓은 땅을 도심 근처에서 찾기가 쉽지 않아요.

운영 전문성 부족

공연장 짓는 건 기술적인 문제뿐만 아니라, 콘텐츠 기획, 마케팅, 관객 유치, 시설 유지 보수 등 굉장히 전문적인 운영 능력을 요구합니다. 우리나라에는 이런 전문성을 갖춘 운영 주체가 부족하다는 지적도 있답니다.

Q3. 그럼 어디에 공연장이 생겨야 좋을까요?

앞으로 대형 K-POP 전문 공연장을 지을 만한 후보지는 다음과 같은 조건들을 만족해야 해요.

서울 및 수도권

창동 서울 아레나: 지금 공사 중이고, 2027년 완공 목표로 K-POP 전문 공연장의 핵심 후보지랍니다. 약 1만 8천 석 규모로, 지하철역과 가까워서 접근성이 좋아요. 다만, 주변 주거 지역과의 소음 문제 해결이 중요하죠.

고양시 CJ라이브시티: 원래 K-POP 아레나를 포함한 복합문화시설로 기대를 모았지만 공사가 중단된 상태예요. 사업이 재개되면 대형 공연장으로서의 잠재력은 엄청나답니다. 수도권 서북부 접근성이 좋고, 복합문화단지로 만들 수 있다는 장점이 있어요.

인천 영종도(인스파이어 아레나): 이미 개장해서 국내 최초의 다목적 공연장 역할을 하고 있답니다. K-POP 콘서트도 열리면서 대형 공연장 부족 문제를 어느 정도 해결해 주고 있지만, 공항과 가까워서 도심에서의 접근성은 좀 떨어진다는 단점이 있어요. 하지만 해외 팬들에게는 공항 접근성이 유리하다는 장점도 있죠.

잠실 스포츠·마이스 복합단지: 서울시가 추진하는 대규모 개발 사업으로, 잠실 야구장 부지에 돔 형태의 복합 스포츠·문화 시설을 만들 계획이 있습니다. 잠실이라는 상징성과 뛰어난 도심 접근성, 대규모 복합단지 개발이라는 점에서 매력적인 후보지랍니다. 현재 민자 적격성 재조사 중이라고 해요.

지방 거점 도시

부산: 국제적인 행사 개최 경험도 많고, 관광 인프라도 잘 갖춰져 있습니다. 가덕도 신공항 건설과 연계해서 국제적인 K-POP 허브를 만들 잠재력이 있답니다. 광안대교 같은 랜드마크와 엮어서 공연 기획도 가능하겠죠.

광주: 문화예술 도시로서의 정체성을 바탕으로, AI 기술과 융합해서 새로운 형태의 K-POP 콘텐츠 허브를 지향할 수 있습니다. 하지만 대규모 인프라 구축에는 추가적인 투자가 필요하답니다.

핵심은 도심 접근성, 충분한 부지 확보, 복합 시설 개발 가능성, 그리고 지자체의 강력하고 지속적인 의지예요. 단순히 공연장만 짓는 걸 넘어서, 아티스트와 팬들이 함께 즐길 수 있는 문화 생태계를 만들 수 있는 곳이어야 한답니다.

Q4. 미국에 스피어라는 엄청난 공연장이 있다던데, 우리나라에도 만들 수 없을까요?

미국 라스베이거스의 스피어(Sphere)는 전 세계에서 가장 혁신적인 공연장 중 하나죠. 거대한 돔형 외관과 내부를 가득 채우는 초대형 LED 스크린, 16만 개의 스피커를 통한 입체 음향 등 초현실적인 몰입형 경험을 제공하죠. 공연장 자체가 하나의 거대한 콘텐츠이자 관광 명소로 기능하면서 엔터테인먼트 산업의 새로운 지평을 열었답니다.

하남시가 이런 스피어 같은 새로운 형태의 공연장을 도입하려고 했지만, 진도가 안 나가는 이유는 다음과 같아요.

막대한 투자 비용

스피어는 약 23억 달러(한화 약 3조 원)라는 천문학적인 건설 비용이 들어갔습니다. 일반적인 대형 공연장 건설 비용을 훨씬 뛰어넘는 수준이죠. 하남시가 이런 규모의 투자를 단독으로 유치하거나 감당하기는 현실적으로 불가능하죠.

기술적 난이도와 유지보수

스피어는 최첨단 기술이 집약된 곳이라, 그냥 짓는 걸 넘어서 고도의 기술력과 운영 노하우를 요구합니다. 이런 시설을 유지 보수하고 계속 업데이트하는 데도 엄청난 돈과 전문 인력이 필요하죠. 우리나라에는 이런 기술력과 인프라를 갖춘 주체가 부족해요.

수익 모델의 불확실성

스피어는 라스베이거스라는 특별한 관광 도시의 특징을 활용해서 높은 관람료와 1년 내내 관광객을 유치해서 수익을 내요. 하남시가 이런 수익 모델을 그대로 적용하기에는 국내 시장 규모나 관광 환경의 한계가 있답니다. 비싼 건설 비용 대비 충분한 수익을 낼 수 있을지에 대한 불확실성이 크죠.

정치적, 행정적 절차의 복잡성

대규모 민간 투자가 필요한 프로젝트는 복잡한 인허가 절차, 토지 보상 문제, 환경 영향 평가, 그리고 지자체와 중앙 정부, 민간 기업 간의 협의 등 여러 행정적, 정치적 난관에 부딪히기 쉬워요.

결론적으로, 스피어 같은 혁신적인 공연장은 단순히 '지을게요!' 한다고 지어지는 게 아니라, 막대한 자본력, 첨단 기술력, 독보적인 수익 모델, 그리고 이걸 통합적으로 이끌어갈 강력한 추진력이 뒷받침되어야 한답니다.

Q5. 가까운 일본 도쿄 돔에서는 우리가 배울 점이 있나요?

일본 도쿄 돔(Tokyo Dome)은 한국 K-POP 아티스트들에게 꿈의 무대 중 하나로 불려요. 1988년에 개장한 일본 최초의 돔형 다목적 스타디움으로, 야구 경기뿐만 아니라 대형 콘서트, 박람회 등 다양한 이벤트를 소화하죠. 도쿄 돔에서 배울 점은 다음과 같아요.

다목적 활용을 통한 경제성 확보

도쿄 돔은 야구장으로서의 본 기능에 충실하면서도, 콘서트 등 다양한 이벤트를 위한 유연한 공간 활용 능력이 뛰어나요. 이건 연간 가동률을 높여서 운영 수익성을 확보하는 데 핵심적인 역할을 한답니다. 하나의 시설이 여러 용도로 활용됨으로써 투자 대비 효율을 최대로 끌어올리는 거죠.

최적화된 인프라

수많은 관객들을 수용하기 위한 편리한 교통 접근성(JR, 지하철역과 바로 연결)과 잘 갖춰진 주변 인프라(도쿄 돔 시티 어트랙션, 호텔, 쇼핑몰, 식당 등)는 팬들에게 최고의 방문 경험을 제공해요. 공연 전후로 팬들이 주변에서 돈을 쓸 수 있는 환경이 조성돼서 지역 경제 활성화에도 기여한답니다.

전문적인 운영 노하우

오랜 기간 다양한 대형 이벤트를 성공적으로 개최하면서 쌓인 운영 노하우는 안전 관리, 관객 동선 관리, 음향 및 조명 기술 등 공연장 운영의 효율성과 전문성을 높여줘요.

팬덤 문화의 이해

도쿄 돔은 일본의 팬덤 문화(굿즈 구매, 이벤트 참여 등)를 이해하고 이걸 수용할 수 있는 공간과 서비스를 제공해요. 이건 팬들의 만족도를 높이고 다시 방문하게 만드는 데 도움이 된답니다.

도쿄 돔의 사례는 대형 공연장이 성공하려면 단순히 크기만 중요한 게 아니라, 다목적 활용을 통한 경제성 확보, 뛰어난 접근성과 주변 인프라 연계, 그리고 전문적인 운영 노하우가 복합적으로 필요하다는 걸 명확히 보여 줘요. 한국 K-POP 산업 역시 이런 점들을 고려해서 미래형 전문 공연장 건설 및 운영 전략을 세워야 할 거예요.

우리 최애들이 더 좋은 환경에서, 우리 덕후들도 더 편하게 콘서트를 즐길 수 있는 날이 어서 오면 좋겠네요! 여러분이 생각하는 최고의 K-POP 공연장은 어떤 모습인가요?

K-POP, 정부의 사랑이
혹시 좀 과한 거 아닌가

대단한 위명을 떨치고 있는 우리 K-POP 산업! 정부가 많이 도와줘서 여기까지 온 건 맞는데, 요즘은 뭔가 좀 이상하지 않나요? 지원이 너무 심한 간섭으로 변질되거나, 정작 필요한 부분은 뒷짐 지고 있는 것 같거든요. 서울에 제대로 된 전문 공연장도 없고, 여기저기 난립하는 K-POP 클러스터 사업들, 게다가 해외에서 우리 아이돌과 콘텐츠 베끼는 거 제대로 못 막는 거 보면 답답해서 미칠 지경이에요. 이런 문제들이 우리 K-POP의 지속적인 성장을 방해하는 핵심 요인으로 지적되고 있답니다.

Q1. 지금 정부의 K-POP 정책, 뭐가 문제일까요?

크게 두 가지 문제가 보여요. 너무 간섭하거나, 꼭 필요한 걸 안 해 주거나.

지나친 간섭 및 단기적 성과주의

관치 논란 및 낙하산 인사: 정부가 K-POP 산업의 '성공'이라는 이름으로 특정

                                         당신이 알아야 할 **케이팝의 거의 전부**

프로젝트나 회사에 너무 깊이 개입하거나, K-POP을 잘 모르는 사람들을 중요한 자리에 앉히는 경우가 있습니다. 이는 시장의 자유를 방해하고 효율성도 떨어뜨려 좋지 않죠.

구체적인 예: 예전에 정부 기관의 높은 자리에 K-POP 전문가가 아닌 사람이 임명돼서 논란이 있었어요. 또, 한류 정책을 추진하면서 특정 기획사나 아티스트한테만 혜택을 주거나, 정부가 원하는 콘텐츠를 만들라고 압력을 넣었다는 이야기도 나왔답니다.

짧은 성과만 보려 함: 정부 정책이 길게 보고 K-POP 생태계를 튼튼하게 만드는 것보다, 짧은 시간 안에 눈에 보이는 'K-POP 행사'를 열거나 '나라 이미지 높이기'에만 집중하는 경향이 있습니다. 이러면 그냥 보여 주기식 행정으로 끝나기 쉽고, 진짜 필요한 인프라 구축이나 인재 양성에는 소홀해지게 되죠.

구체적인 예: 2023년 새만금 세계스카우트 잼버리 대회 폐막식 K-POP 콘서트가 대표적이에요. 준비 부족으로 난리 나던 행사를 무마하려고 K-POP 아티스트들을 급하게 동원하고, 특정 방송국 주관으로 콘서트를 열면서 논란이 됐잖아요. 이런 행사는 우리 아티스트들과 관계자들에게 엄청난 부담을 줬을 뿐만 아니라, K-POP 이미지를 소모적으로 사용했다는 비판을 받았답니다. 우리 아이돌은 정부 행사 도구가 아닌데 말이죠! 정부는 '한류'라는 이름으로 쉽게 외부에 보여 줄 수 있는 성과에만 집중하는 경향이 있어요.

눈에 보이는 성과만 쫓다가 망한 예: 고양시 CJ라이브시티는 한때 'K-컬처밸리'라고 불리며 정부와 지자체의 큰 지원을 약속받았지만, 실제 진행 과정에서 사업이 늦어지고 문제가 생기면서 지금은 공사가 멈춘 상태예요. 이 프로젝트는 눈에 보이는 'K-POP 랜드마크'를 만들겠다는 목표에만 집중하고, 사업의 복잡성, 투자 유치, 실제 수익성 등 길게 보는 관점에서의 꼼꼼한 검토가 부족했음을 보여 준답니다. 결과적으로 수천억 원의 세금이 들어갔는데도 '흉물'이 될 위기에 처해 있어요.

꼭 필요한 건 안 해 주는 부분

전문 공연장 부족: K-POP의 글로벌 위상에 걸맞은 큰 전문 공연장이 서울에는 아예 없습니다. 지금 대부분의 대형 K-POP 콘서트는 고척스카이돔, 잠실 주경기장 같은 체육 시설을 빌려 쓰는데, 이걸 공연장으로 바꾸는 데만 최소 한 달 이상 설치와 해체 작업이 필요하답니다. 이 때문에 시설 원래 목적도 잃고, 엄청난 시간과 돈이 낭비되며, 공연 기획사들은 장소 찾기에 큰 어려움을 겪어요. 정부는 이런 비효율적인 상황을 해결할 실질적인 정책 추진에 미온적이랍니다.

K-POP 클러스터 사업의 엉망진창: 너무 많은 지자체에서 작고 쪼개진 K-POP 문화복합 클러스터 사업을 추진하고 있습니다. 각 지자체가 경쟁적으로 유치하려는 노력은 좋지만, 중앙 정부 차원의 명확한 계획이나 '선택과 집중' 없는 투자는 예산 낭비와 시너지 효과 부족으로 이어진답니다. 결국 어느 한 곳도 진짜 'K-POP 허브'로 자리 잡지 못하고 '세금 먹는 하마'로 전락할 수 있어요.

K-POP 산업 투명성 및 IP(지식재산권) 보호 부족: 민희진-하이브 사태나 피프티 피프티 사태에서 드러났듯이, 우리 엔터 산업 안에 불투명한 계약 관행, 수익 분배 문제, 그리고 K-POP 콘텐츠의 저작권 문제가 고질적입니다. 정부가 이에 대한 강력한 감시와 개선 노력을 해야 하는데 그게 미흡해요.

해외 표절에 대한 국가적 대처 능력 부족: K-POP이 잘나가면서 계속해서 해외, 특히 중국 시장에서 무단 표절 및 도용 문제가 발생하고 있습니다. K-POP 콘텐츠, 안무, 심지어 아이돌 그룹 콘셉트까지 무단으로 베끼는 사례가 빈번하지만, 이에 대한 한국 정부의 국가 차원의 강력한 대응은 미흡하다는 비판이 커요. 이건 우리 창작자들의 사기를 꺾고 산업의 장기적인 발전을 방해한답니다.

Q2. 외국 선진국은 어떻게 할까요?

미국 같은 문화 산업 선진국의 정책과 비교했을 때 우리 정부의 K-POP 관련 정책은 다음과 같은 부족한 점을 드러낸답니다.

민간이 알아서 성장하게 놔둠

미국 할리우드나 음악 산업은 정부가 직접 간섭하기보다는 민간 기업이 자유롭게 경쟁하고 혁신하면서 성장했습니다. 정부는 주로 법적, 제도적인 틀을 만들고 시장의 불공정한 행위를 규제하는 역할을 한답니다. 우리 정부는 K-POP 성공에 대한 공로를 인정받으려는 경향이 강해서, 민간의 창의성과 자유를 충분히 존중하지 못한다는 지적이 있어요.

강력한 IP(지식재산권) 보호 및 법적 시스템

미국은 저작권, 상표권 같은 IP 보호에 대한 법적 시스템이 매우 강력하고, 위반 시 엄청난 벌금과 처벌이 뒤따른답니다. 이건 창작자들의 권리를 보장하고 산업의 혁신을 촉진하죠. 우리나라는 IP 보호에 대한 인식과 법적 집행력이 상대적으로 부족하고, 특히 해외에서의 표절에 대한 실질적인 대응 능력이 부족합니다.

다양성 및 포용성 지원

미국은 문화 산업에서 다양성, 형평성, 포용성(Diversity, Equity, Inclusion, DEI)을 중요한 가치로 여기고, 정부 차원에서도 소수자 그룹의 콘텐츠 제작이나 참여를 지원하는 정책을 펼칩니다. K-POP이 전 세계적으로 성공했음에도 불구하고, 우리나라는 콘텐츠 내 다양성이나 산업 내 포용성을 위한 적극적인 정책적 노력이 부족하다는 평가를 받는답니다.

투명한 데이터 공유 및 산업 표준화

미국은 닐슨, 빌보드처럼 믿을 수 있는 데이터 분석 기관을 통해 산업 흐름을 투명하게 공유하고, 이를 바탕으로 합리적인 의사 결정을 내린답니다. 또, 계약 관행이나 정산 방식에 대한 산업 표준화가 비교적 잘 되어 있어서 불필요한 분쟁을 줄이는 데 도움이 돼요. 우리나라는 아직 이런 투명한 데이터 시스템과 표준화된 관행이 부족하죠.

문화 예술 교육 및 인프라의 장기적 투자

미국은 예체능 교육에 꾸준히 투자하고, 각 지역사회에 다양한 규모의 공연장 및 문화 예술 시설을 만들고 유지 보수하는 데 적극적입니다. 이는 짧은 성과만을 추구하는 게 아니라 길게 보고 문화 산업의 토대를 다지는 역할을 한답니다. 우리나라는 단발성 프로젝트에 비해 이런 기초 인프라 투자와 유지에 소홀한 경향이 있어요.

Q3. 앞으로 어떻게 바뀌어야 할까요?

K-POP 산업의 지속 가능하고 건강한 발전을 위해 정부는 다음과 같은 제도적 개선을 추진해야 해요.

대규모 전문 공연장 건설 및 효율적 운영 시스템 구축

국가 주도 대형 공연장 건설: 서울 및 수도권에 K-POP 전용 대규모 공연장(최소 2만 석 이상, 돔 형태 고려)을 국가적인 차원에서 계획하고 건설해야 한답니다. 이건 단순한 건물을 넘어 첨단 기술(음향, 조명, 특수 효과)을 집약한 복합 문화 공간으로 기획되어야 해요.

다목적 활용 및 수익 모델 다양화: 공연장 운영의 경제성을 확보하기 위해 K-

 당신이 알아야 할 **케이팝의 거의 전부**

POP 콘서트 외에도 다양한 장르의 공연, 스포츠, 컨벤션 등을 유치할 수 있는 다목적 활용 시스템을 도입하고, 주변 상업 시설, 호텔 등과의 연계를 통해 수익 모델을 다양화해야 해요.

전문 운영 주체 키우기: 공연장 짓는 것만큼 중요한 게 전문적인 운영 노하우죠. 전문성을 갖춘 운영 주체를 키우고, 민간 위탁 운영 시에도 투명하고 효율적인 계약 및 관리 시스템을 마련해야 한답니다.

K-POP 클러스터 사업 재정비 및 '선택과 집중'

국가 로드맵 만들기: 정부는 여기저기 흩어져 있는 K-POP 관련 지역 사업에 대한 명확한 국가 로드맵을 세우고, '선택과 집중'을 통해 소수의 핵심 클러스터를 키워야 해요. 모든 지자체가 K-POP 클러스터를 만들려는 비효율적인 경쟁은 그만두고, 각 지역의 특성과 강점을 살린 특화된 문화 사업을 유도해야 한답니다.

진짜 생태계 구축 지원: 클러스터 사업이 단순한 부동산 개발을 넘어서, K-POP 관련 인재 양성, 스타트업 육성, 콘텐츠 연구 개발, 해외 마케팅 지원 등 실질적인 산업 생태계 구축에 기여하도록 지원해야 해요.

강력한 IP(지식재산권) 보호 및 표절 대응 시스템 구축

IP 침해 법적 제재 강화: 국내외 IP 침해에 대한 법적 제재를 강화하고, 관련 분쟁 발생 시 빠르고 효과적인 대응을 위한 법률 지원 시스템을 마련해야 해요.

국가 차원의 국제 협력 강화: 중국 등 해외 국가에서의 K-POP 콘텐츠 표절 및 도용 문제에 대해 정부가 외교적인 채널을 포함해서 더욱 강력하고 적극적으로 대응해야 한답니다. 이건 단순히 엔터 기업의 문제가 아니라 국가의 문화적인 자산을 보호하는 차원에서 접근해야 해요.

투명한 IP 등록 및 관리 시스템: K-POP 콘텐츠 IP의 등록 및 관리를 투명하게 할 수 있는 시스템을 구축해서 분쟁의 소지를 줄여야 한답니다.

엔터 산업 내 투명성 및 공정성 강화

표준 계약서 의무화 및 감시: 아티스트 및 제작자 간의 표준 계약서 사용을 의무화하고, 그 준수 여부를 정부가 항상 감시해서 불공정한 계약 관행을 뿌리 뽑아야 해요.

독립적인 분쟁 조정 기구 활성화: 아티스트와 기획사, 또는 기획사와 제작자 간의 분쟁이 생겼을 때 공정하고 빠르게 조정할 수 있는 독립적인 기구의 역할을 강화하고, 그 결정에 대한 강제력을 부여할 필요가 있어요.

정보 공개 의무 강화: 기획사의 재정 상태, 아티스트 정산 내역 등 핵심 정보에 대한 투명성을 강화해서 이해관계자들의 신뢰를 확보해야 한답니다.

민간 주도의 창작 환경 조성

정부의 역할 재정립: 정부는 직접적으로 간섭하기보다는 정책적, 제도적인 지원에 집중해야 해요. 즉, K-POP 산업이 자유롭게 성장하고 혁신할 수 있도록 기반을 다지고, 불공정한 경쟁 환경을 개선하며, 해외 진출을 위한 인프라를 제공하는 역할을 해야 한답니다.

예술적 자율성 존중: K-POP 콘텐츠의 다양성과 혁신성을 위해 창작자들의 예술적 자유를 최대한 존중하고, 정부가 특정 방향을 강요하거나 특정 콘텐츠에 대한 검열을 시도하지 않도록 해야 해요.

K-POP은 이미 세계적인 문화 현상이잖아요. 이제는 정부가 짧은 성과에만 매달리지 말고, 길게 보는 안목으로 산업의 체질을 개선하고 글로벌 스탠더드에 맞는 시스템을 구축하는 데 집중해야 할 때랍니다.

여러분은 정부가 K-POP 산업을 위해 가장 먼저 해야 할 일이 뭐라고 생각하시나요?

전 세계인이 만드는
K-POP 이야기

K-POP이 얼마나 끊임없이 확장되고 있는지, 이제 두말하면 입이 아플 지경이죠! 예전엔 그냥 '한국에서 만들고 한국 사람이 듣는 음악'이었는데, 이젠 '한국 시스템으로 만드는데, 누가 참여하든, 팀원들이 한국인이 아니어도 되는' 새로운 단계로 진화하고 있답니다! 이건 K-POP이 단순히 장르를 넘어, 하나의 글로벌 프로듀싱 시스템으로 자리 잡고 있다는 뜻이에요.

Q1. 이제 K-POP 아이돌에 한국 사람이 없어도 된다고요?

네, 맞아요! 예전에는 엑소의 중국인 멤버, 트와이스의 일본/대만인 멤버처럼 한국인 멤버가 중심이고 소수의 외국인 멤버가 섞인 그룹이 많았죠. 그런데 이젠 기획부터 제작, 트레이닝까지 K-POP 시스템을 그대로 쓰면서, 팀원 전체가 외국인으로 구성된 그룹까지 등장하고 있답니다! 이는 K-POP이 특정 민족의 음악이 아니라, 전 세계 사람들이 다 같이 즐기는 문화 콘텐츠로 확장되고 있다는 걸 보여 주는 거예요.

전원 외국인 K-POP 팀(또는 K-POP 시스템 기반 해외 그룹) 연도별 정리

연도	그룹명	국적	기획사	특징
2020년	NiziU (니쥬)	전원 일본인	JYP 엔터테인먼트 (박진영 프로듀싱)	JYP와 일본 소니 뮤직이 같이 만든 오디션 프로그램 'Nizi Project'로 탄생함. 한국 K-POP 트레이닝 시스템을 일본에 그대로 적용해서 멤버들을 뽑고 키움. 일본에서 주로 활동하지만 한국어 음원도 냄
2020년	BLACK SWAN (블랙스완)	벨기에, 브라질, 인도, 미국 등 다양한 국적 (현재 멤버 기준)	DR뮤직	K-POP 시스템으로 트레이닝 받고 한국에서 활동하는 전원 외국인 그룹임. 다양한 인종의 멤버들로 K-POP의 다양성을 보여 주는 선구적인 팀
2024년	KATSEYE (캣츠아이)	미국, 필리핀, 스위스, 한국인 혼혈 등 다양한 국적 (한국인 없음)	HYBE America (하이브의 미국 법인) & 게펜 레코드	'더 데뷔: 드림 아카데미(The Debut: Dream Academy)'라는 글로벌 오디션 프로그램을 통해 뽑힘. K-POP 시스템을 기반으로 미국 시장을 겨냥해서 데뷔한 그룹

이 외에도 한국 기획사들이 직접 해외에 법인을 세우거나 현지 파트너사와 손잡고 K-POP 시스템을 이식한 현지 그룹들을 계속해서 기획하고 있습니다.

Q2. 왜 K-POP이 이렇게 변하고 있는 거예요?

K-POP이 이렇게 '글로벌 시스템화'되는 데는 여러 가지 이유가 있답니다.

K-POP 시스템의 성공

한국 아이돌 키우는 시스템(고난이도 트레이닝, 칼군무, 멋진 비주얼, 스토리텔링 등)이 방탄소년단(BTS), 블랙핑크(BLACKPINK) 같은 글로벌 스타들을

만들어 내면서 그 효과를 제대로 보여 줬죠. 해외에서도 이런 성공 공식을 자기 나라 음악 산업에 적용하고 싶어 하는 마음이 커진 거예요.

글로벌 팬심 잡기

K-POP 팬들이 전 세계로 퍼지면서, 특정 국가의 팬들에게 더 깊이 다가가기 위한 현지화 전략이 중요해졌습니다. 한국인 멤버의 한계를 넘어서, 해당 국가의 언어, 문화, 정서에 더 익숙한 현지인 멤버로 그룹을 만드는 게 훨씬 효과적이라는 판단이 작용한 거죠.

다양성 추구

인터넷과 SNS 덕분에 문화적인 벽이 낮아졌고, 팬들은 다양한 배경을 가진 아티스트들을 더 쉽게 받아들이게 됐습니다. 회사들도 인종이나 국적에 상관없이 다양한 사람들을 뽑아서 새로운 시장을 개척하려고 하는 거죠.

전 세계 인재 활용

전 세계적으로 K-POP 아이돌을 꿈꾸는 젊은이들이 늘어나면서, 한국 기획사들은 국적 상관없이 잠재력 있는 인재들을 찾아서 K-POP 시스템 안에서 키울 수 있게 됐어요.

새로운 돈벌이

현지인으로 이루어진 그룹은 해당 지역 시장을 효과적으로 공략해서 음반, 공연, 광고 등 새로운 수익을 만들 수 있어요. 이는 K-POP 회사들의 사업 확장에도 도움이 된답니다.

<u>**Q3. K-POP 미래, 어디까지 갈까요?**</u>

K-POP의 미래는 정말 기대돼요! 박진영 피디와 전문가들은 K-POP이 이렇게 진화할 거라고 말하고 있답니다.

'현지화'를 넘어선 '글로벌 시스템화' 가속화

박진영 피디는 이미 "K-POP은 한국인의 것이 아니다"라고 말하면서, "K-POP의 성공은 한국인이 만든 시스템의 성공"이라고 강조했어요. 그는 K-POP을 장르가 아닌 '프로듀싱 방식'이라고 정의하면서, 한국 시스템으로 해외 현지에서 직접 인재를 찾고 키워서 '현지 그룹'을 만들어 내는 전략을 적극적으로 추진했답니다. 니쥬(NiziU)가 바로 그 대표적인 결과물이고요. 그의 이런 비전은 지금 전원 외국인 그룹의 등장으로 현실이 되고 있습니다.

전문가 의견: K-POP은 더 이상 한국 아티스트만 활동하는 무대가 아니라, 한국식 트레이닝과 프로듀싱을 거치면 누구든 K-POP 아티스트가 될 수 있는 '글로벌 플랫폼'이 될 겁니다. 하이브의 KATSEYE, JYP의 NiziU처럼 한국 기획사들은 계속해서 해외에서 K-POP 시스템을 이식한 현지 그룹들을 데뷔시킬 거랍니다. 단순히 해외에서 아티스트를 찾는 걸 넘어서, 한국의 체계적인 연습생 시스템, 음악 제작 방식, 비주얼 기획, 마케팅 전략 등을 현지에 완벽하게 심어서 K-POP이라는 장르의 보편성을 확보하려는 시도가 더욱 활발해질 거예요.

기술과 K-POP의 만남으로 '초월적 경험' 제공

전문가 의견: 메타버스, AI, VR/AR 같은 최신 기술과의 만남은 K-POP이 단순한 음악을 넘어선 몰입감 넘치는 엔터테인먼트 경험을 제공하는 핵심이 될 겁니다. 특히 팬들이 '경험하고 싶어 하는' 욕구를 채워 주기 위해 가

상 콘서트, 팬들이 직접 참여하는 콘텐츠 등이 더욱 발전할 거랍니다. K-POP은 이제 보는 것을 넘어 경험하는 음악이 되는 거죠.

구체적인 예: SM엔터테인먼트의 에스파(aespa)는 '아바타' 개념을 도입해서 현실과 가상을 넘나드는 세계관을 만들었고, 하이브의 위버스(Weverse) 플랫폼은 아티스트와 팬의 소통을 넘어 라이브 스트리밍, 굿즈 판매, 팬 커뮤니티 기능을 통합하며 팬덤 경험을 확장하고 있습니다. AI 기반의 가상 아이돌(이터니티, 메이브) 등장도 이런 흐름의 연장선상에 있죠. 이런 기술 융합은 팬들에게는 예전엔 불가능했던 새로운 형태의 상호작용과 몰입감을 제공하면서, K-POP 콘텐츠의 범위를 무한히 넓혀 주죠.

팬들의 참여가 더 중요해진다

전문가 의견: K-POP 팬들은 단순히 음악을 듣는 사람을 넘어, 콘텐츠를 만들고, 퍼뜨리고, 홍보하는 데 적극적으로 참여하는 프로슈머(prosumer) 같은 존재예요. 팬들은 아티스트 성공에 직접 기여하고 싶어 하고, 이는 단순한 소비를 넘어선 참여의 형태로 나타난답니다.

앞으로의 변화: 회사들은 팬들이 아티스트 성장에 직접 기여하고 있다고 느끼게 하는 참여형 콘텐츠(예: 팬 투표, 챌린지, 굿즈 기획 참여)를 더욱 확대할 거랍니다. 소셜 미디어를 통한 실시간 소통, 팬들이 직접 만든 2차 창작물(팬픽, 팬아트, 커버 댄스)을 공식적으로 인정하고 활용하는 방식도 더욱 발전할 거예요. 위버스, 버블 같은 팬 커뮤니티 플랫폼의 중요성은 더욱 커지고, 팬들의 의견이 콘텐츠 기획 및 아티스트 활동 방향에 더욱 적극적으로 반영될 거랍니다. 팬덤은 이제 단순한 소비자가 아니라, K-POP 생태계의 핵심적인 주체로 자리 잡는 거예요.

선한 영향력을 퍼뜨리는 K-POP

언론 보도: K-POP 팬덤은 단순히 소비를 넘어 기부, 환경 보호 캠페인 같은

당신이 알아야 할 **케이팝의 거의 전부**

사회적 활동에도 적극적이에요. 아티스트와 회사도 이런 팬덤의 특성을 반영해서 ESG(환경, 사회, 지배구조) 경영을 강화하고 선한 영향력을 확대하는 게 중요해지고 있답니다.

앞으로의 변화: K-POP 아티스트와 회사는 사회적 메시지를 담은 음악이나 캠페인 활동을 통해 좋은 이미지를 만들고, 팬들과 공감대를 형성할 거랍니다. 앨범 만들 때 친환경 소재 사용, 콘서트에서 탄소 배출 줄이기, 다양성과 포용성을 강조하는 메시지 전달 등 구체적인 ESG 경영 실천이 요구될 거예요. 이건 아티스트와 팬덤이 함께 사회에 긍정적인 변화를 가져오는 강력한 문화적 주체가 될 가능성을 보여 준답니다.

더욱 넓어지는 K-POP 장르

전문가 의견: K-POP은 단순히 댄스 아이돌 음악을 넘어서, 힙합, R&B, 록, 발라드 등 다양한 장르를 받아들이면서 음악적 스펙트럼을 넓혀 갈 거예요. 이건 글로벌 시장에서 K-POP이 더 많은 사람들에게 어필할 수 있는 기반이 된답니다.

앞으로의 변화: 특정 콘셉트나 음악 장르에 갇히지 않고, 아티스트 개개인의 능력과 음악적 스펙트럼을 넓히는 데 집중해서 K-POP의 지평을 넓혀야 해요. 이는 '제2의 BTS'가 아니라 '다양한 K-POP'의 등장을 가능하게 할 거랍니다. K-POP의 음악적 정체성은 지키되, 전 세계 대중의 다양한 취향을 만족시키기 위한 장르적인 실험과 융합이 더욱 활발해질 것으로 예상돼요.

K-POP의 미래는 한국이라는 지리적 경계를 넘어, '한국형 프로듀싱 시스템'이 전 세계에 퍼지고 다양한 인재들과 섞이면서, 기술과 팬덤이 합쳐진 초월적인 경험을 제공하는 방향으로 나아갈 거예요. 이건 K-POP이 단순한 문화적인 현상을 넘어 하나의 글로벌 산업 표준으로 자리 잡는 과정이 될 거랍니다.

여러분은 K-POP의 미래에서 가장 기대되는 부분이 뭔가요? 아니면 혹시 걱정되는 점도 있으신가요?

♫

화려한 K-POP,
그러나 주주들이 따지는 진짜 수익

화려하게 성장하고 있는 K-POP, 그런데 겉으로만 번지르르한 거 아니냐는 이야기가 증권가에서 솔솔 들려와요. 특히 회사 주주들한테 이익을 돌려 주는 면에서는 아직 갈 길이 멀다는 지적이 많답니다. 왜냐고요? 회사가 돈 버는 과정이 너무 깜깜하고, 창업자나 큰 주주가 맘대로 결정하고, 주주들에게 돈도 잘 안 돌려줘서 그렇대요.

Q1. 한국 엔터사들, 왜 주주들한테 찬밥 신세일까요?

대부분의 한국 엔터테인먼트 회사들이 공통적으로 안고 있는 주주 가치 하락 요인과 고쳐야 할 부분은 다음과 같아요.

미흡한 주주 환원 정책

문제점: 많은 엔터사들이 돈은 잘 버는데, 주주들한테 돌려 주는 배당은 너무 적거나 자기 주식 사서 없애는(자사주 소각) 데 소극적이에요. 회사 돈

잘 벌면 뭐 하냐고요! 주주들한테 충분히 이익을 안 돌려 주니까 투자 매력이 떨어진다는 불만이 많답니다.

개선 방안: 회사들은 꾸준히 배당을 주겠다는 약속을 하고, 주식 가격 대비 배당률을 높여야 해요. 또, 자기 주식 사서 없애서 유통 주식 수를 줄여 주식 가치를 높이는 노력도 필요하죠. 길게 보고 주주들한테 얼마나 돌려줄지 미리 알려 줘서 시장이 예측할 수 있게 하는 것도 중요하답니다.

불투명한 기업 지배구조 및 소액 주주 권리 침해

문제점: 창업자나 특정 대주주한테만 권한이 너무 몰려 있어서 이사회가 그냥 '시키는 대로 도장만 찍는' 경우가 많아요. 이러면 개미 주주(소액 주주)들 의견은 반영되기 어렵고, 대주주가 자기 이익만 챙길 가능성이 항상 있죠. SM엔터테인먼트의 '라이크기획'과의 계약 문제가 딱 이런 대표적인 사례였답니다.

개선 방안: 회사 경영을 감시할 수 있는 독립적인 이사를 뽑고, 감사위원회가 제대로 권한을 행사할 수 있도록 해야 해요. 인터넷으로 투표해서 소액 주주들이 자기 권리를 쉽게 행사할 수 있게 제도를 고치는 것도 필요하답니다.

아티스트 의존도가 높은 사업 구조

문제점: 특정 아티스트 활동에 회사 실적이 너무 크게 좌우되는 경향이 강해요. 만약 우리 아이돌이 계약이 끝나거나, 사생활 문제가 터지거나. 활동을 중단하면 회사 가치에 엄청난 타격을 입을 수 있답니다. 이건 투자자들한테는 엄청난 위험 요소죠.

개선 방안: 여러 개의 작은 회사(레이블)를 운영하는 시스템을 강화하고, 신인 아티스트들을 계속 발굴하고 키워야 합니다. 또, 우리 아이돌의 IP(지식

재산권)를 활용해서 다양한 사업(콘텐츠, 플랫폼, 굿즈 등)으로 확장해서 특정 아티스트에 대한 의존도를 낮춰야 한답니다. 팬덤 플랫폼을 만들어서 팬심을 경제적으로도 키우는 것도 중요해요.

미흡한 ESG 경영

문제점: 요즘 글로벌 투자자들이 중요하게 보는 ESG(환경, 사회, 지배구조) 측면에서 한국 엔터사들은 아직 부족한 점이 많습니다. 특히 지배구조(G)는 위에 언급된 문제점들과 겹쳐서 가장 약한 부분으로 지적된답니다.

개선 방안: 회사의 의사 결정 과정을 투명하고 윤리적으로 만들고, 아티스트와 직원들의 인권을 보호해야 합니다. 사회 공헌 활동을 강화하고, 환경을 생각하는 경영을 도입하는 등 전반적인 ESG 경영 시스템을 만들고, 이걸 투자자들한테 적극적으로 알려야 하죠.

Q2. 주요 엔터사들은 어떤 문제가 있고, 어떻게 바뀌고 있나요?

주요 엔터사들의 주주 가치 관련 문제점과 개선 방안을 살펴볼게요.

회사명	문제점	개선 방안
SM 엔터테인먼트	예전에 이수만 전 총괄 프로듀서와 '라이크기획' 간의 내부 거래로 자기 잇속만 챙겼다는 논란이 주주 가치 훼손의 핵심 원인으로 지적됨. 불투명한 지배구조의 전형적인 사례로, 행동주의 펀드가 개입하게 함	'SM 3.0' 전략으로 여러 개의 제작 센터 및 레이블 체제를 도입하고, 이수만 전 총괄의 프로듀싱 역할을 외부에 맡기는 방식으로 지배구조 개선을 시도함. 2023년 이후 적극적인 주주 환원 정책(배당, 자사주 소각 등)을 발표하며 주주 친화 경영을 강화하고 있음. 앞으로 이런 정책을 꾸준히 투명하게 이행하는지 여부가 중요함

회사명	문제점	개선 방안
JYP 엔터테인먼트	SM이나 YG에 비해서는 비교적 투명한 지배구조라는 평가를 받아 왔지만, 박진영 프로듀서 개인의 영향력이 여전히 크다는 점은 잠재적인 리스크가 될 수 있음. 팬덤 플랫폼이나 수익 다각화 측면에서 하이브보다 속도가 느리다는 지적도 있음	'JYP 2.0'을 통한 시스템 경영 강화를 계속하고, 현지화 그룹(NiziU 등)을 늘리는 글로벌 전략으로 특정 아티스트 의존도를 낮춰야 함. 자체 팬 플랫폼을 만들거나 다른 회사와 협력해서 팬덤 경제를 최대로 키우고, 신인 아티스트들을 성공적으로 데뷔시켜서 계속 성장할 수 있는 동력을 확보해야 함. ESG 경영 강화에도 꾸준히 힘써야 함
YG 엔터테인먼트	예전에 창업자 리스크(마약 관련 논란 등)와 특정 아티스트(빅뱅 등) 의존도가 높아서 회사 실적이 들쭉날쭉했음. 주주 환원 정책도 부족하고 실적 전망도 불확실해서 주주들의 불만이 높았음	창업자 리스크를 해결하고, 블랙핑크 이후 신인 아티스트들을 성공적으로 발굴하고 데뷔시키는 게 시급함. 투명하고 예측 가능한 주주 환원 정책(배당, 자사주 매입)을 만들고, 이걸 꾸준히 이행해서 시장의 신뢰를 회복해야 함. 아티스트 IP를 활용한 다양한 사업 확장도 필요함
하이브	실적도 엄청나고 성장세도 가파르지만, 최근 자회사 어도어(ADOR)와의 경영권 분쟁처럼 멀티 레이블 시스템의 잠재적인 리스크가 드러났음. 방시혁 의장 개인의 지배력이 강한 구조라, 이로 인한 의사 결정의 폐쇄성 논란이 불거질 수 있음. 주주 환원 정책에 대해서는 '꾸준한 성장'을 통해 재원을 늘리겠다는 입장이지만, 아직 구체적인 배당 규모나 자사주 매입 계획이 불확실하다는 비판이 있음	멀티 레이블 시스템의 독립성과 자율성을 보장하면서도, 모회사 차원의 투명하고 효율적인 지배구조를 확립해야 함. 경영권 분쟁 재발을 막기 위한 명확한 지분 구조 및 계약 관계 정립이 필요함. 또, 시장의 기대에 부응하는 더 예측 가능한 주주 환원 정책을 만들고 적극적으로 이행해야 함. 위버스 등 플랫폼을 통한 팬덤 경제 강화 및 글로벌 인프라 확대를 통한 지속적인 성장 동력 확보도 중요함
기타 중견 엔터사	규모가 상대적으로 작아서 특정 아티스트 의존도가 훨씬 심하고, 자금력이나 시스템적인 역량이 부족해서 성장 동력을 확보하는 데 어려움을 겪는 경우가 많음. 시장 인지도도 낮고 정보 공개도 투명하지 않아서 주주들의 투자 매력이 떨어짐	틈새시장을 공략하거나, 특정 장르/콘셉트에 특화하거나, 외부 투자를 유치해서 자금을 확보해야 함. 또, IR(투자자 홍보) 활동을 강화해서 회사의 성장 잠재력을 시장에 적극적으로 알리고, 규모는 작더라도 꾸준한 주주 환원 정책으로 신뢰를 쌓아야 함

당신이 알아야 할 **케이팝의 거의 전부**

Q3. 해외 큰 엔터 회사들은 주주들한테 잘해 주나요?

네, 그렇답니다! 해외 큰 엔터테인먼트 회사들, 예를 들어 미국 월트 디즈니나 넷플릭스 같은 곳은 꾸준히 배당을 주거나 자기 주식을 대규모로 사서 없애면서 주주 가치를 높이는 데 아주 적극적이에요.

우리 한국 엔터사들은 글로벌 경쟁력을 갖추고 있는데도 불구하고, 이런 투명하지 못한 기업 운영 방식과 주주들에게 인색한 정책 때문에 해외 회사들보다 주식 가치를 낮게 평가받는 경향이 있죠.

Q4. 우리 엔터 회사들이 주주들한테 사랑받으려면 뭘 해야 할까요?

주주 가치를 최대로 높이려면 정부, 회사, 그리고 투자자들의 공동 노력이 필요합니다.

정부 및 감독 당국의 법적/제도적 개선

불공정 거래 감시 강화: 큰 주주가 자기 잇속만 챙기는 나쁜 행동을 더 강력하게 감시하고, 걸리면 세게 벌칙을 줘야 해요.

개미 주주 보호 강화: 주주총회 때 인터넷으로 투표하는 걸 의무화하고, 감사위원 뽑을 때 개미 주주들이 자기 권리를 더 쉽게 행사할 수 있도록 법을 만들어야 한답니다.

주주 환원 확대 인센티브: 주주들한테 돈을 더 많이 돌려 주는 회사에 대해서는 세금을 깎아주는 혜택을 주는 것도 생각해 볼 수 있어요.

회사 운영 방식 개선 지원: 회사들이 자발적으로 운영 방식을 좋게 바꾸도록 기준을 제시하고, 좋은 사례를 널리 알려야 한답니다.

회사 내부의 노력

이사회의 독립성과 전문성 강화: 회사 경영을 진짜 감시할 수 있는 외부 전문가 이사를 뽑고, 이사회가 독립적으로 결정할 수 있도록 보장해야 해요.

투명한 정보 공개 확대: 회사 돈이 어떻게 쓰이는지뿐만 아니라, 아이돌 계약 조건이나 수익 분배 방식, 저작권 활용 계획 등 투자자들이 궁금해하는 정보를 더욱 투명하게 공개해야 한답니다.

꾸준한 주주 환원 정책 실행: 한 번 하고 마는 배당이 아니라, 회사의 성장과 이익에 맞춰 길게 보고 주주 환원 정책을 만들고, 이걸 꾸준히 지켜서 시장의 신뢰를 쌓아야 해요.

ESG 경영 제대로 하기: 단순히 보여 주기식 ESG가 아니라, 회사의 핵심 가치와 연결해서 지속 가능한 경영 시스템을 만들고, 이걸 투자자들한테 적극적으로 알려야 한답니다.

시장 및 투자자의 역할

행동주의 펀드의 적극적인 활동: 얼라인파트너스의 SM 사례처럼, 개미 주주(소액 주주)들의 권리를 대신하고 기업 운영 방식 개선을 요구하는 행동주의 펀드의 건강한 활동이 더욱 활발해져야 해요.

기관 투자자의 책임 투자 강화: 국민연금 같은 큰 투자자들은 투자한 회사의 운영 방식과 주주 환원 정책을 더 철저히 감시하고, 적극적으로 투표권을 행사해야 한답니다.

우리 한국 엔터 산업이 글로벌 리더로 쭉쭉 나아가려면, 겉으로만 성장하는 게 아니라, 주주 친화적인 기업 문화를 만들고 투명한 운영 방식을 갖춰서 투자자들한테 '여긴 꼭 투자해야 해!' 하는 매력적인 투자처가 되어야 할 거예요.

여러분은 엔터사들이 주주 가치를 높이기 위해 가장 먼저 해야 할 일은 무엇이라고 생각하시나요?

'케이팝 데몬 헌터스' 열풍과 시사점: 2025년 9월 30일, 역사를 쓰다

안녕, 내 덕후 친구들! 지금 이 글을 쓰는 2025년 9월 30일 현재, 우리가 역사적인 K-POP 신화의 한가운데 서 있다는 사실, 다들 실감하고 계시죠? 바로 소니 픽처스 애니메이션이 제작하고 넷플릭스에서 배급하는 애니메이션 영화 '케이팝 데몬 헌터스'의 전무후무한 신드롬이 전 세계를 강타하고 있기 때문이에요!

2025년 6월 20일 공개 이후, K-POP과 한국 전통 요소를 기가 막히게 결합한 이 독특한 세계관은 평론가와 대중 모두에게 뜨거운 반응을 얻으며 새로운 문화 현상으로 우뚝 섰죠.

넷플릭스 역대 영화 순위를 갈아엎고 역사상 가장 많이 본 영화로 등극했으며, 애니메이션 OST인데도 빌보드와 영국 오피셜 차트 1위라는 상상을 초월하는 기록을 세우며 K-POP 역사의 한 페이지를 아주 굵고 진하게 장식하고 있어요. 심지어 겨울왕국의 'Let It Go'를 뛰어넘는 OST 파워를 보여줬으니, 이쯤 되면 이건 단순한 성공을 넘어선 하나의'문화 현상'이라고 봐야 할 거예요.

이 놀라운 기세가 언제까지 이어질지는 그 누구도 감히 예측할 수 없지만, '케이팝 데몬 헌터스'의 성공 요인과 앞으로 K-POP이 나아가야 할 방향에 대한 심오한 시사점은 우리 덕후들이 파고들어야 할 숙명과도 같은 과제라고 생각해요. 자, 그럼 함께 K-POP의 찬란한 미래를 향해 덕질의 나래를 펼쳐 볼까요? 숨겨진 디테일까지 하나하나 짚어봐요!

'케이팝 데몬 헌터스'의 성공은 결코 우연이 아니었음을 우리는 잘 알고 있죠. 단순히 하나의 요소가 아니라, 여러 분야의 최고 전문가들이 모여 유기적으로 시너지를 낸 결과라고 할 수 있어요. 하나하나 뜯어 볼수록 감탄이 절로 나온답니다!

Q1. '케이팝 데몬 헌터스'의 흥행 성적은 어떤가요? (2025년 9월 30일 기준)

이쯤 되면 공식적으로 전 세계를 정복했다고 봐도 무방할 거예요.

넷플릭스 영화 부문

공개 직후인 6월 20일, 미국, 영국, 독일, 일본, 호주 등 무려 22개국에서 넷플릭스 영화 부문 1위를 기록하며 심상치 않은 조짐을 보였습니다. 공개 이틀 만에 글로벌 전체 영화 순위 1위에 등극했으며, 이후 넷플릭스 역사상 가장 많이 본 영화로 등재되는 기염을 토했습니다. 이건 정말 역대급 기록이죠. 현재까지도 미국, 영국, 싱가포르, 노르웨이, 핀란드 등 수많은 국가에서 1~2위를 기록하며 꾸준히 높은 인기를 이어 가고 있답니다.

영화 평점 및 평가

대체로 긍정적인 평가를 받고 있으며, K-POP과 퇴마라는 장르의 독특한 조합에도 불구하고 "응집력 있고 몰입도가 높다"라는 평을 들으니 덕후로서 어깨가 으쓱해집니다. "가족 모두가 즐길 수 있는 감동적인 작품", "뛰어난 애니메이션, 음악, 그리고 아름다운 이야기"라는 호평이 자자한데, 사실 이 정도는 예상했죠? 우리가 좋아하는 건 언제나 최고니까요! 개봉한 극장가에서도 박스오피스에서 높은 순위를 보여 주었고, 평단의 호평에 힘입어 오스카 시상식 후보 지명 가능성까지 거론되고 있답니다.

영화 수록곡(OST) 세계 순위

이건 정말이지 '음악의 힘'을 제대로 보여 준 결과라고 생각해요.

영국 오피셜 차트: 영화OST 앨범이 영미권 양대 메인 차트인 영국 오피셜 차트에서 당당히 1위에 오르는 기염을 토했습니다.

빌보드 차트: 영화OST 앨범이 주요 미국 음악 차트에서 1위를 차지했습니다! (첫 주 8위, 2주 차 3위, 현재 1위). 이는 2020년대 들어 '위키드', '바비', '엔칸토'와 함께 주요 차트 Top 2에 진입한 유일한 사운드트랙 중 하나라는 사실, 믿어지시나요?

빌보드 핫100: OST에 수록된 8곡이 7월 19일 자 빌보드 핫100 차트에 동시에 진입하는 엄청난 성과를 기록했습니다! 가상의 걸 그룹 '헌트릭스'의 'Golden'은 1위라는 놀라운 순위를 기록하며 메인 타이틀곡다운 위용을 과시했습니다.

스포티파이/유튜브 등: 'Soda Pop'은 특히 소셜 미디어에서 어깨춤 챌린지와 함께 엄청난 바이럴을 기록하며 초등학생들의 '초통령'으로 등극했습니다. 실제 K-POP 스타들(BTS, TWICE, TXT, NCT 등)도 챌린지에 참여하며 화제성을 더했으니, 이쯤 되면 사회 현상 맞죠?

<u>**Q2. '케이팝 데몬 헌터스'가 생각 이상으로 성공한 이유는 무엇일까요?**</u>

이 모든 성공은 결코 우연이 아니었답니다! 철저한 기획과 K-POP에 대한 깊은 이해가 바탕이 되었죠.

K-POP의 세계적 파워와 영리한 결합

이미 전 세계적으로 탄탄한 팬덤을 가진 K-POP을 메인 소재로 삼아 폭넓은 잠재 관객층을 확보했습니다. 단순히 K-POP을 차용한 것이 아니라, 실제 K-POP 아이돌 활동(연습생, 데뷔, 월드 투어, 팬 사인회, 예능 출연)을 생동감 있게 묘사하여 K-POP 팬들에게 큰 공감을 얻었습니다. 팬들은 영화 속 아이돌에게서 자신이 응원하는 실제 아이돌의 모습을 발견하며 더욱 몰입할 수 있었죠.

매력적인 스토리와 장르 융합

K-POP 아이돌이 낮에는 슈퍼스타, 밤에는 악마 사냥꾼으로 이중생활을 한다는 독특한 설정이 신선함을 주었습니다. K-POP 뮤지컬의 화려함, 판타지 세계관의 상상력, 코미디의 유쾌함, 그리고 시원시원한 액션 등 다양한 장르를 성공적으로 결합하여 보편적인 재미와 감동을 선사했습니다. 스토리가 진부하지 않고 예측 불가능한 전개를 보여 준 것도 큰 매력 포인트였어요.

높은 수준의 애니메이션 기술력과 음악적 완성도

소니 픽처스 애니메이션의 뛰어난 기술력으로 K-POP 안무와 퍼포먼스를 역동적이고 아름답게 구현했습니다. 아이돌들의 춤선 하나하나, 무대 위에서 뿜어져 나오는 에너지가 섬세하게 표현되어 실제 콘서트를 보는 듯한 착각을 불러일으켰어요. 음악적 측면에서도, 트와이스의 정연, 지효, 채영을 비롯해 한국계 미국인 뮤지션 EJAE, Audrey Nuna 등이 OST에 참여하여 음악적 퀄리티를 한층 높였습니다. OST 자체의 중독성 있는 멜로디와 '떼창'을 유도하는 높은 완성도가 영화의 성공에 크게 기여했습니다.

한국 문화에 대한 깊이 있는 고증과 매력

단순히 K-POP만 활용한 것이 아니라, 남산서울타워, 기와집, 저승사자, 호랑이, 노리개, 무속 신앙 등 한국적인 요소들을 철저한 고증을 거쳐 작품 전반에 자연스럽게 배치했습니다. 영화 속 한 장면 한 장면에서 한국의 전통미와 현대적인 감각이 어우러진 풍경이 펼쳐지는 것을 보며 감탄을 금치 못했죠. 김밥, 컵라면 등 K-푸드의 등장도 해외 시청자들의 호기심을 자극하며 "저게 뭔데 저렇게 맛있게 먹지?"라는 궁금증을 유발했습니다.

보편적 메시지와 다양성

꿈을 향한 열정, 멤버 간의 끈끈한 우정, 역경 극복, 그리고 여성들의 연대와 같은 보편적인 메시지가 전 세계 관객들에게 깊은 공감을 얻었습니다. 다양한 배경의 캐릭터들이 등장하며 문화적 다양성을 존중하는 측면도 긍정적으로 작용했습니다. 예를 들어, 멤버들의 국적이나 성장 배경이 다양하게 설정되어 있어 더 많은 시청자들이 캐릭터에 자신을 투영할 수 있었습니다.

전략적인 마케팅

넷플릭스라는 글로벌 플랫폼을 통한 접근성, 그리고 K-POP 팬덤을 활용한 SNS 챌린지('Soda Pop' 어깨춤 챌린지 등), 실제 아이돌 참여 등 효과적인 마케팅 전략이 시너지 효과를 창출했습니다. 팬들이 자발적으로 콘텐츠를 재생산하고 확산하게 만든 영리한 전략이었습니다.

 당신이 알아야 할 **케이팝의 거의 전부**

'케이팝 데몬 헌터스'는 K-POP 그 이상의 한국 문화를 담아내며 덕후들의 'K-뽕'을 최고치로 끌어올렸어요!

K-POP 문화의 정수

아이돌 그룹 '헌트릭스'와 '사자보이즈'의 음악, 안무, 의상, 무대 연출, 팬덤 문화(번쩍이는 응원봉, 설레는 팬 사인회, 전 세계를 누비는 월드 투어, 좌충우돌 예능 출연), 그리고 피 땀 눈물이 담긴 연습생 시스템, 서로에게 의지하는 멤버 간의 끈끈한 관계 등 K-POP 전반의 특징들이 영화의 핵심을 이룹니다. 영화 속 아이돌의 숙소는 실제 K-POP 아이돌 숙소를 보는 듯한 디테일을 자랑하며 팬들의 몰입감을 높였죠.

한국 전통 요괴 및 신화의 현대적 재해석

영화 속 '데몬(Demon)'의 설정은 단순히 서양 악마가 아니었죠. 한국의 전통 요괴나 저승사자, 호랑이, 구미호 등에서 영감받아 현대적인 디자인으로 재탄생했습니다. 영화 속 악마 왕 '귀마'나 악령들이 드나드는 통로인 '혼문'과 같은 개념은 한국 신화 요소를 현대적으로 재해석한 것입니다. 요괴들의 움직임 하나하나에 한국화의 동세가 느껴진다는 평도 많았어요!

퇴마 무술의 디테일

'헌트릭스' 멤버들이 사용하는 퇴마 검술은 한국 전통 검무의 유려한 선과 태권도의 절도 있는 발차기 기술을 애니메이션 동작에 맞게 재해석하여 K-POP 안무와 액션의 경계를 허물었습니다.

한복 변형 의상, 전통과 트렌드의 만남

일부 캐릭터들의 의상에서 한복의 전통적인 아름다움과 현대적인 디자인이 기가 막히게 결합한 모습이 나타납니다. '헌트릭스' 멤버들의 무대 의상 중 일부는 도포의 긴 자락이나 저고리의 매듭, 색동 소매에서 영감받아 제작되어 K-POP의 화려함과 한복의 우아함을 동시에 보여 주었어요. 특히 'Golden' 활동 시 입었던 황금색 의상에는 전통 문살 무늬가 섬세하게 수놓아져 있었죠.

K-푸드의 군침 도는 등장

김밥, 컵라면, 떡볶이, 치킨 등 한국의 일상적인 음식이 캐릭터들의 먹방과 함께 자연스럽게 등장하여 K-푸드에 대한 해외 팬들의 침샘을 자극했습니다. 영화를 본 후 김밥이나 컵라면을 찾아 헤매는 해외 팬들의 후기가 SNS에 쏟아지고 있다는 사실! 단순히 김밥, 컵라면을 먹는 장면을 넘어, 멤버들이 악귀를 퇴치한 후 '닭강정'을 먹는 장면이 밈(Meme)이 되면서 글로벌 K-치킨 열풍에 다시 불을 지폈습니다.

한국의 풍경 및 상징물

남산 서울타워의 야경, 고즈넉한 기와집 골목, 활기찬 전통 시장 풍경 등 한국의 도시 및 전통 건축물이 배경으로 등장하며 한국의 미를 전 세계에 알립니다. 영화 속 '헌트릭스'가 연습하는 지하 연습실 벽면에는 훈민정음 판본이 그래피티처럼 그려져 있어 눈길을 끌었죠.

한국어 및 한국식 표현

영화 내에서 일부 한국어 대사나 K-POP 팬들이 사용하는 한국어 표현(예: '대박', '레전드', '화이팅')이 자연스럽게 사용되기도 합니다. (물론 주로 영어 더빙 및 자막이 제공되어 언어의 장벽을 낮췄죠.)

무속 신앙 및 전통 문양

악마를 퇴치하는 과정이나 특정 장면에 한국의 무속 신앙적 요소나 전통 문양(예: 단청, 태극 문양)이 시각적으로 표현됩니다. 데몬 헌터스 멤버들이 사용하는 부적이나 퇴마 의식 장면에서는 오방색이 강조되어 신비로운 분위기를 더 했죠.

Q4. 영화로 인한 K-컬처는 어떻게 확장되고 있을까요?

'케이팝 데몬 헌터스'는 단순히 영화 한 편의 성공을 넘어, K-POP과 한국 문화 콘텐츠가 어떻게 전 세계적으로 확장될 수 있는지를 보여 주는 성공적인 사례로 기록될 거예요.

한국 음식에 대한 관심 증가

영화 속 캐릭터들이 한국 음식을 즐기는 모습이 해외 시청자들에게 노출되면서, 떡볶이, 김밥, 치킨 등 K-푸드에 대한 관심과 소비가 급증하고 있습니다. 해외 한식 레스토랑의 인기가 높아지고, 한국 식품 수출에도 긍정적인 영향을 미치고 있다는 보고가 계속 들려오고 있어요!

어린이들의 K-POP 팬덤 유입 가속화

'케이팝 데몬 헌터스'는 K-POP을 접해 보지 못한 어린이들에게 K-POP의 매력을 알리는 강력한 통로가 되고 있습니다. 영화 속 가상의 아이돌 그룹에 대한 관심이 실제 K-POP 그룹으로 이어져 새로운 젊은 팬덤을 형성하는 데 기여하고 있습니다. 특히 'Soda Pop' 챌린지처럼 아이들이 직접 참여하는 콘텐츠가 확산하며 그 영향력이 더욱 커지고 있습니다. 미래 K-POP 팬덤의 씨앗을 뿌린 셈이죠!

그동안 K-POP에 관심 없던 주류의 유입

애니메이션이라는 대중적인 장르를 통해 기존 K-POP 팬층을 넘어선 다양한 연령대와 인종, 특히 서구권의 주류 시청자들이 K-POP과 한국 문화에 대한 호기심을 갖게 되었습니다. 영화를 통해 K-POP에 대한 긍정적인 인식이 확산되며, K-POP의 팬덤 외연 확장에 크게 기여하고 있습니다. '진입 장벽'을 허물었다고 할 수 있죠.

한국에 대한 관광 증가

영화 속에 등장하는 아름다운 한국의 배경과 매력적인 문화 요소들이 해외 관객들에게 한국 방문에 대한 동기를 부여하고 있습니다. 실제로 영화 관련 테마 관광 상품 개발에 대한 관심이 높아지고 있으며, 한국으로의 관광객 유입 증가가 기대됩니다. 영화 속 배경이 된 장소들이 새로운 '성지순례' 코스로 떠오르고 있다고 해요!

문화 콘텐츠 수출 다변화

그동안 K-드라마와 K-POP에 집중되어 있던 한류 콘텐츠 수출의 영역을 애니메이션으로 확장했다는 점에서 큰 의미를 가집니다. 이는 향후 한국의 다양한 문화 콘텐츠가 전 세계 시장으로 진출하는 데 긍정적인 선례가 될 것입니다. 이제K-컬처의 스펙트럼은 더욱 넓어질 거예요.

Q5. 이제 K-POP은 '케이팝 데몬 헌터스' 전과 후로 나뉠 거라고요?

'케이팝 데몬 헌터스'는 멜로디와 가창력의 중요성을 다시 일깨워 주었어요. 노래는 결국 뛰어난 멜로디, 우수한 가창력이 주는 청취자의 쾌감, 훌륭한 가사가 주는 메시지의 힘이죠! 최근 단순한 퍼포먼스 위주의 K-POP 그룹에게 무엇이 정말 중요한지 알려 주는 중요한 내용이에요.

'케이팝 데몬 헌터스'는 K-POP의 역사를 재정의했다고 볼 수 있어요. (2025년 9월 30일 기준) 지금부터 이 놀라운 신드롬이 세운 구체적인 숫자들과, 이 영화가 K-POP에 던지는 심오한 시사점을 덕후의 시선으로 파헤쳐 볼게요!

'케이팝 데몬 헌터스'가 쓴 신기록: 압도적인 숫자들!

이쯤 되면 '역대급'이라는 단어로는 부족하죠. '케이팝 데몬 헌터스'는 K-POP, 애니메이션, 그리고 영화 OST 역사를 한꺼번에 다시 썼어요.

카테고리	구체적인 기록 (2025년 9월 30일 현재)	의미
넷플릭스 영화 부문	공개 후 3억2천만 뷰 돌파, 넷플릭스 역사상 가장 많이 본 영화로 등재	역대 넷플릭스 콘텐츠 시청률 1위! K-POP 콘텐츠가 전 세계 대중문화의 최정상에 올랐음을 증명
빌보드 핫 100	가상의 걸 그룹 헌트릭스의 Golden, 7주간 연속 1위 기록	여성 그룹으로는 빌보드 역사상 처음으로 7주간 1위를 차지한 곡이 되었음. K-POP 여성 아티스트의 위상을 완전히 뒤바꾼 사건!
빌보드 핫100 OST	4곡(Golden, Your Idol, Soda Pop, Take down) 이 동시에 Top 10 진입	빌보드 역사상 영화 OST 수록곡 중 4곡이 Top 10에 동시에 진입한 것은 최초. OST 자체의 음악적 완성도가 얼마나 뛰어난지 증명하는 수치
영국 오피셜 차트	OST 앨범 5주 연속 1위 기록	영미권 양대 차트인 빌보드와 영국 오피셜 차트를 동시에 점령하며, OST 파워가 '위키드', '바비' 등 당대 최고 블록버스터를 넘어섰음을 보여줌
스포티파이	Soda Pop 스트리밍 횟수 15억 회 돌파 및 글로벌 바이럴	특히 초등학생 팬덤(초통령)과 함께 어깨춤 챌린지를 유도하며 K-POP의 새로운 팬층을 폭발적으로 유입시키는 결정적 역할을 함
글로벌 흥행	공개 직후 22개국 넷플릭스 1위, 현재도 수많은 국가에서 Top 5 유지	K-POP과 한국 콘텐츠의 글로벌 접근성과 보편성이 상업적으로도 최고 성공을 거둘 수 있음을 입증

K-POP의 패러다임 변화: B.K.D.H.와 A.K.D.H.

우리는 이제 '케이팝 데몬 헌터스' 이전(Before K-POP Demon Hunters, B.K.D.H.)과 '케이팝 데몬 헌터스' 이후(After K-POP Demon Hunters, A.K.D.H.)로 K-POP의 역사를 구분할 수 있게 되었습니다. 이 영화는 단순한 기록을 넘어 K-POP의 나아갈 방향 자체를 바꿨죠.

B.K.D.H. 시대의 특징

퍼포먼스 중심의 경쟁 심화: 화려하고 고난도인 칼군무와 비주얼이 K-POP의 핵심 경쟁력이었으며, 이로 인해 음악의 본질(멜로디와 가창력)이 상대적으로 간과되는 경향이 있었습니다.

'한국 아이돌' 중심: K-POP은 '한국 기획사의 한국 아이돌 그룹이 부르는 음악'이라는 국적의 한계에서 완전히 벗어나지 못했습니다.

팬덤 문화의 폐쇄성: 팬덤은 강력했지만, 그들만의 문화가 강해 '진입 장벽'이 높다는 인식이 있었습니다.

A.K.D.H. 시대의 변화('케이팝 데몬 헌터스'의 시사점)

음악적 본질의 회복(화려한 퍼포먼스 멜로디와 가창력의 힘): 'Golden'의 7주 1위 기록은 결국 뛰어난 멜로디와 폭발적인 가창력이 K-POP 성공의 기본이라는 것을 다시 일깨워 주었습니다. 시각적 요소가 아닌 청각적 쾌감이 차트 파괴력을 만들었죠.

K-POP의 정체성 확장(한국 아이돌의 음악 → 한국 시스템 기반의 글로벌 장르): '케이팝 데몬 헌터스'는 한국의 트레이닝 시스템, 프로듀싱 시스템(블랙 레이블, 트와이스 멤버 참여 등), 그리고 한국적 정서(퇴마, 한복)를 담되, 캐릭터와 이야기, 애니메이션이라는 장르를 통해 보편적인 재미를 선사했어요. K-POP이 국경을 초월한 하나의 완성도 높은 '콘텐츠 시스템'임을 증명

한 것입니다.

문화적 융합의 깊이(표면적인 한국 문화 → 깊이 있는 세계관과의 결합(A.K.D.H.)): 단순히 한복이나 비빔밥을 보여 주는 것을 넘어, 한국의 무속 신앙, 전통 요괴 설화 등 심층적인 문화적 요소를 K-POP 아이돌의 성장 서사와 퇴마 액션이라는 세계관 속에 자연스럽게 융합시켰습니다. 어설픈 흉내가 아닌, 문화적 깊이가 글로벌 공감을 이끌어낸 핵심이죠.

팬덤의 외연 확장(고립된 팬덤(B.K.D.H.) → 대중문화와 결합된 확장): 넷플릭스 3억 뷰와 'Soda Pop' 챌린지의 성공은 K-POP이 특정 팬덤의 울타리를 넘어선 전 세계 대중문화의 중심이 되었음을 보여줍니다. 애니메이션이라는 대중적 플랫폼을 통해 새로운 세대(어린이, 청소년)와 비K-POP 팬층을 폭발적으로 유입시켰습니다.

Q6. K-POP의 미래를 위한 숙제는 무엇일까요?

'케이팝 데몬 헌터스'는 이제 K-POP이 '한국 사람이 만들고 한국 사람이 부르는 노래'가 아닌 '한국의 시스템에 의해 한국적 정서가 자연스럽게 녹아 들어가되, 전세계 사람들이 공감할 수 있는 보편적 이야기'가 되어 가고 있음을 보여주었어요. 그럴수록 노래의 본질인 멜로디와 가창력에 대한 기본을 잊지 않는 것이 중요하겠죠? 더불어 기존의 우수한 부분들, 훌륭한 퍼포먼스, 장르의 복합, 프로듀싱 팀의 국제화를 통한 다양한 문화의 융합 등도 계속 새로운 시각과 방향으로 발전되길 바라요!

우리 덕후들이 이 모든 변화의 중심에 있다는 사실, 절대 잊지 마세요! A.K.D.H. 시대의 K-POP이 또 어떤 놀라운 모습으로 우리를 즐겁게 해 줄지, 정말이지 심장이 두근거리지 않으세요?

제8장

보너스 트랙, 작가의 덕심 폭발

♫

저, 덕질 좀 하겠습니다!

이 책을 빌려 감사드리고 싶은 분들:
갓켄지, 최정민 이사, Teddy, JYP

이 책을 쓰면서 정말 감사드리고 싶은 분들이 너무너무 많았어요. 겨우 추리고 추려서 몇 분에게 팬심 가득 담아 정리 해 보았습니다.

1. 갓켄지, SM 음악의 뿌리

SM엔터테인먼트(이하 SM) 음악에 대해 이야기할 때, 작곡가이자 프로듀서 켄지(Kenzie, 김연정)는 절대로 빼놓을 수 없는 분이에요. 수많은 SM 아티스트들의 대단한 곡들을 만들어 내면서 독보적인 음악 세계를 만든 켄지는 SM 음악의 핵심적인 뿌리이자, 팬들 사이에서는 아예 '갓켄지'로 불리며 절대적인 신뢰를 받고 있답니다.

켄지가 어떤 곡들을 만들었는데요?

켄지는 2002년 데뷔 초부터 SM엔터테인먼트 전속 작곡가로 활동하면서 진짜 셀 수 없이 많은 아티스트들에게 명곡을 선물했어요. 그녀의 손에서 탄생한 대표곡들을 함께 덕질해 볼까요?

연도	아티스트 - 곡명	참여	특징
2002년	BoA - My Name	작사	보아의 국내 4집 타이틀곡! 켄지의 이름을 대중에게 제대로 각인한 곡 중 하나. 보아의 성숙한 이미지를 만드는 데 큰 역할을 함
2003년	동방신기 - Hug(포옹)	작사, 작곡	우리 동방신기의 데뷔곡! 풋풋하고 따뜻한 감성으로 엄청난 사랑을 받음. 성공적인 시작을 함께함
2004년	동방신기 - The Way U Are	작사, 작곡	동방신기의 두 번째 싱글 타이틀곡! 'Hug'와는 또 다른 강렬하고 세련된 매력을 보여 줌
2007년	소녀시대 - 다시 만난 세계	작사, 작곡	소녀시대의 데뷔곡이자 K-POP 역사에 길이 남을 명곡! 소녀시대 특유의 청량하고 희망찬 에너지를 음악에 고스란히 담아냄
2008년	샤이니 - Love Like Oxygen (산소 같은 너)	작사	샤이니의 첫 정규 앨범 타이틀곡! 샤이니의 신비롭고 세련된 이미지를 더 빛나게 해 줌
2009년	소녀시대 – Gee	작사	소녀시대들의 메가 히트곡이자 K-POP 신드롬의 주역! 중독성 있는 가사와 밝은 분위기를 제대로 만들어 냄
2010년	소녀시대 - Oh!	작사	소녀시대의 정규 2집 타이틀곡! 통통 튀는 소녀시대의 매력을 찰떡같이 살려 줌
2011년	동방신기 - 왜(Keep Your Head Down)	작사	동방신기 재결성 후 첫 앨범 타이틀곡! 강렬한 퍼포먼스에 딱 어울리는 메시지를 담아냄
2012년	EXO – MAMA	작사, 작곡	엑소의 데뷔곡 중 하나! 엑소의 독특하고 웅장한 세계관을 음악으로 완벽하게 표현함
2013년	EXO - 으르렁(Growl)	작사	엑소의 메가 히트곡! 엑소의 역동적인 퍼포먼스와 완벽하게 어우러지는 가사를 써 줌
2015년	Red Velvet - Dumb Dumb	작사	레드벨벳의 첫 정규 앨범 타이틀곡! 레드벨벳의 '레드' 콘셉트를 제대로 살려 줌

연도	아티스트 - 곡명	참여	특징
2016년	EXO - Monster	작사	엑소의 정규 3집 타이틀곡! 엑소의 다크하고 파워풀한 면모를 극대화함
2017년	Red Velvet - 빨간 맛 (Red Flavor)	작사	레드벨벳의 여름 대표곡! 청량하고 강렬한 여름 분위기를 제대로 만들어 냄
2018년	NCT U – BOSS	작사	NCT U의 대표곡 중 하나! NCT의 힙합 기반 퍼포먼스에 힘을 더해 줌
2020년	SuperM - Tiger Inside	작사, 작곡	슈퍼엠의 정규 앨범 수록곡! 슈퍼엠의 강렬한 퍼포먼스를 위한 곡을 완성함
2022년	Red Velvet - Feel My Rhythm	작사, 작곡	레드벨벳의 봄 대표곡! 클래식 샘플링을 활용한 아름다운 곡을 선보임
2023년	NCT DREAM – ISTJ	작사, 작곡	엔시티 드림의 정규 3집 타이틀곡! 유쾌하고 에너제틱한 엔시티 드림의 매력을 담아 냄
2024년	aespa – Supernova	작사, 작곡	쇠맛 나는 댄스곡. 다른 차원의 문이 열리는 사건의 시작을 초신성에 빗대 에스파 세계관 시즌 2의 본격적인 스토리텔링을 예고함
2024년	Red Velvet – Cosmic	작사	레드벨벳의 미니 앨범 타이틀곡! 레드벨벳 특유의 신비롭고 몽환적인 분위기를 표현했음

SM에서 어떤 역할을 했기에 '갓켄지'라고 불리는 거예요?

켄지는 단순한 작곡가를 넘어서 SM엔터테인먼트의 음악적 색깔과 정체성을 만드는 데 정말 핵심적인 역할을 해 왔어요.

SM 사운드를 만듦: 켄지는 SM 특유의 'SMP(SM Music Performance)'라고 불리는 복잡하고 웅장한 음악 스타일부터, 대중적인 멜로디 라인까지 완전 넓은 스펙트럼을 소화하면서 SM 사운드를 만들었어요. 특히, 세련된 비트와 깊이 있는 사운드 디자인은 켄지 음악의 시그니처랍니다.

아티스트별 맞춤형 음악: 보아, 동방신기, 소녀시대, 샤이니, 엑소, 레드벨벳,

 당신이 알아야 할 **케이팝의 거의 전부**

NCT, 에스파까지 켄지는 각 그룹의 세계관, 콘셉트, 멤버들 역량을 완벽하게 이해하고 그걸 음악에 그대로 녹여 내는 능력이 진짜 탁월해요.

천재적인 작사 능력: 멜로디뿐만 아니라, 곡의 스토리를 더 풍성하게 만들고 팬들에게 메시지를 전달하는 가사를 쓰는 데도 엄청난 재능을 보여 주었답니다. 특히, 각 그룹의 복잡한 세계관을 가사로 풀어내는 능력은 진짜 독보적이에요.

꾸준한 히트곡 제조기: 20년이 넘는 기간 동안 끊임없이 SM 아티스트들에게 히트곡을 안겨 주면서 SM의 음악적 기반을 탄탄하게 다지는 역할을 했어요. K-POP 산업에서 특정 작곡가가 한 회사에 이렇게 오래 있으면서 꾸준히 대박을 내는 건 정말 드문 일이에요.

K-POP 프로듀싱 시스템의 선구자: K-POP이 체계적인 시스템을 통해 발전하는 과정에서 켄지는 이 시스템의 핵심적인 구성원이자 성공적인 모델을 제시한 분 중 한 명이랍니다.

켄지를 'K-POP의 어머니'라고도 불렀다던데요?

켄지는 SM 아티스트들의 수많은 명곡을 만들고, SM 특유의 음악적 색깔을 확립하는 데 엄청난 공헌을 했기에, 팬들 사이에서 자연스럽게 'K-POP의 어머니'라 불렀답니다. 이 호칭은 그녀의 영향력과 업적을 칭송하는 찬사였죠.

하지만 켄지 본인은 이런 '어머니'라는 호칭을 조금 부담스러워하고 싫어하는 것으로 알려져 있어요. 2024년 3월 W Korea와의 인터뷰에서 켄지는 "그 칭호를 제가 감히 받을 수 있나 싶기도 하고, 또(어머니라는) 역할에 갇히는 느낌이 싫었다"고 직접 밝혔죠. 아마 특정 역할에 한정되는 느낌이나, 과도한 영광에 대한 부담감 때문이 아닐까 싶어요.

그래서 우리 팬들은 그녀의 뜻을 존중하며, '갓켄지'이라는 새로운 애칭으로 그녀를 부르기 시작했답니다. '갓(God)'이라는 경외의 의미를 담은 접두사를 붙여 그녀의 음악적 역량과 위대함을 표현하는 동시에, '어머니'라는 호칭에서 벗어나 좀 더 현대적이고 직접적인 존경을 담은 표현이죠. '갓켄지'라는 호칭은 그녀가 SM 아티스트들과 팬들에게 얼마나 큰 영향력을 행사하고 있으며, 그녀의 음악이 얼마나 절대적인 지지를 받는지 보여 주는 팬덤 문화의 한 단면이랍니다.

2. 최정민 이사: SM 아티스트 발굴의 숨은 공신

SM 아이돌들, 누가 뽑고 키우는 거예요?

SM엔터테인먼트(이하 SM) 성공 신화 뒤에는 정말 뛰어난 아티스트 발굴 및 프로듀싱 능력을 가진 분들이 계시죠. 그중 최정민 이사는 SM 초기부터 지금까지 수많은 K-POP 스타들을 발굴하고 그들의 음악적 방향을 잡아 주는 데 엄청난 영향을 미친 핵심 인물이랍니다. 언론에 많이 나오는 프로듀서들만큼 대중적으로 알려져 있지는 않지만, SM 내부에서는 이분 기여도가 엄청 높게 평가돼요.

최정민 이사가 어떤 아이돌들을 발굴하고 기획에 참여했어요?

최정민 이사의 공식 직책은 '캐스팅 디렉터' 또는 '신인 개발 및 프로듀싱 담당' 등으로 불리기도 했고요, 주로 아티스트 발굴 단계부터 데뷔까지의 전 과정에 깊이 관여해 왔어요.

연도	아티스트	기여
2000년대 초반	BoA(보아)	보아가 어릴 때부터 재능을 알아보고 캐스팅에 관여함. 보아가 아시아 스타로 성장하는 과정에서 음악적 방향과 콘셉트 잡는 데 깊이 참여했다고 함
2003년	동방신기	우리 동방신기 멤버 발굴과 그룹 초기 콘셉트, 음악적 방향 설정에 기여함. 특히 '꽃미남 아이돌'이라는 당시 트렌드를 선도하는 이미지 메이킹에도 참여함

연도	아티스트	기여
2005년	Super Junior (슈퍼주니어)	다인원 그룹이라는 새로운 시도를 했던 슈퍼주니어 멤버 구성과 그룹 포지셔닝에 관여함
2007년	Girls' Generation (소녀시대)	국민 걸그룹 소녀시대 멤버 캐스팅과 데뷔 콘셉트 기획에 핵심적인 역할을 함. 소녀시대가 대중성과 퍼포먼스를 다 잡은 그룹으로 자리 잡는 데 이사의 안목이 크게 작용함
2008년	SHINee (샤이니)	샤이니 멤버 발굴과 트렌디하고 세련된 '컨템포러리 밴드'라는 독특한 콘셉트 기획에 참여함
2012년	EXO(엑소)	한국과 중국에서 동시에 데뷔하는 초대형 그룹 엑소 멤버 구성과 이들의 세계관 설정에 큰 영향을 미침
2014년	Red Velvet (레드벨벳)	레드벨벳의 '레드'와 '벨벳'이라는 이중적인 콘셉트를 기획하고, 멤버들 개성을 조화롭게 구성하는 데 참여함
2016년	NCT(엔시티)	무한 확장 및 개방이라는 혁신적인 시스템의 NCT 멤버들을 발굴하고, 유닛별 콘셉트와 음악적 방향을 기획하는 데 깊이 관여함
2020년	aespa (에스파)	현실과 가상 세계를 합친 에스파의 독특한 세계관과 'AI 아바타'라는 콘셉트를 기획하는 데 참여함
2023년	RIIZE (라이즈)	SM의 새로운 보이그룹 라이즈 발굴과 기획 과정에도 참여함. '리얼타임 오디세이'라는 독자적인 콘셉트 만드는 데 기여함

최정민 이사가 SM에 그렇게 큰 영향을 미쳤다고요?

네, 정말 엄청난 기여를 해 왔답니다.

'SM 아이돌 성공 공식' 핵심 인재 발굴: 최정민 이사는 SM의 체계적인 아이돌 육성 시스템에 필요한 '원석'들을 찾아내는 탁월한 안목을 가졌어요. 그의 캐스팅을 통해 보아, 동방신기, 소녀시대, 엑소 등 SM 간판 아티스트들이 대거 발굴됐고, 이건 SM의 독보적인 아티스트 라인업을 만드는 데 결정적인 역할을 했답니다.

아티스트 콘셉트 및 정체성 구축: 단순한 발굴을 넘어서, 각 아티스트의 잠재력을 최대로 끌어내고 그들의 음악적/시각적 콘셉트를 기획하는 데 깊이 관여했어요. SM 아티스트들이 가진 고유한 색깔과 세계관은 그의 안목과 기획력이 반영된 결과물이 많답니다.

SM 프로듀싱 시스템의 견인차: 이수만 전 총괄 프로듀서, 켄지 등과 함께 SM의 체계적인 K-POP 프로듀싱 시스템을 만들고 실행하는 데 핵심적인 역할을 했어요. 이건 K-POP이 '음악'을 넘어서 '콘텐츠'로 발전하는 데 중요한 토대가 되었답니다.

길게 보는 안목의 인재 육성: 당장 눈에 보이는 성과보다는 아티스트의 길게 보고 성장할 가능성을 보고 투자하고 키우는 데 중점을 뒀어요. 이건 SM 아티스트들이 오랫동안 사랑받는 스테디셀러로 자리 잡는 데 기여했죠.

'비주얼과 실력 겸비' 아이돌 트렌드 선도: SM은 최정민 이사의 기여를 통해 비주얼과 실력을 동시에 갖춘 아이돌 그룹들을 꾸준히 배출하면서 K-POP 시장의 트렌드를 선도했답니다. 이건 K-POP이 전 세계적으로 인기를 얻는 데 중요한 요소 중 하나였어요.

최정민 이사는 SM의 수많은 성공적인 그룹들 탄생에 직접적으로 기여하면서 SM이 한국 엔터테인먼트 산업의 선두 주자이자 K-POP의 글로벌화를 이끈 핵심 기업으로 자리매김하는 데 없어서는 안 될 숨은 공신으로 평가돼요.

3. 테디: K-POP 힙합 사운드의 개척자이자 YG 성공 신화의 주역

YG 음악은 왜 이렇게 '힙'한가요?

YG엔터테인먼트(이하 YG)의 음악적 정체성을 만들고 K-POP의 글로벌화를 이끈 핵심 인물 중 한 명으로, 작곡가 겸 프로듀서 테디(Teddy Park, 본명

박홍준)를 절대로 빼놓을 수 없죠. 1990년대 후반 힙합 그룹 원타임(1TYM) 멤버로 데뷔한 테디는 2000년대 중반부터 YG의 메인 프로듀서로 활동면서 빅뱅, 2NE1, 블랙핑크 같은 YG 대표 그룹들을 성공시키고 K-POP 음악 트렌드에 엄청난 영향을 미쳤답니다.

테디가 만든 노래 중에 우리가 아는 곡이 많을까요?

테디는 YG엔터테인먼트 전속 프로듀서로서 수많은 히트곡을 탄생시켰고, 2016년에는 YG 산하 레이블인 더블랙레이블(THE BLACK LABEL)을 설립해서 독립적인 프로듀싱 활동을 이어 가고 있어요.

연도	아티스트	참여	특징
1998년	1TYM (원타임)	멤버, 후기 앨범 프로듀싱 참여	테디가 YG의 전신인 양군기획 소속 힙합 그룹 원타임 멤버로 데뷔함. 그룹 후기 앨범부터는 직접 프로듀싱에 참여하면서 작곡가로서의 능력을 키움. 주요곡: 'What Is This World For', 'One Love', 'Hot' 등
2006년 이후	BIGBANG (빅뱅)	핵심 프로듀서 (지드래곤과 함께)	빅뱅 데뷔 이후, 테디는 지드래곤과 같이 빅뱅 음악의 핵심 프로듀서로 활동하면서 YG 특유의 힙합 기반 사운드를 만듦. 주요곡: 'Lies', 'Haru Haru', 'Fantastic Baby', 'Loser', 'FXXK IT' 등. 태양 솔로 '나만 바라봐', 지드래곤 솔로 'Crayon'
2009년 이후	2NE1 (투애니원)	전담 프로듀싱	투애니원은 데뷔 때부터 테디가 전담 프로듀싱을 맡아서 그룹의 독특하고 강렬한 여성 힙합/일렉트로닉 사운드를 만듦. 주요곡: 'I Don't Care', 'I Am The Best', 'Lonely', 'I Love You', 'Come Back Home' 등
2016년 이후	BLACKPINK (블랙핑크)	전담 프로듀싱	블랙핑크 데뷔부터 전담 프로듀싱을 맡아서 '걸 크러시' 콘셉트와 힙합 기반의 중독성 강한 음악을 선보이며 글로벌 스타로 발돋움하는 데 결정적인 역할을 함. 주요곡: 'WHISTLE', 'BOOMBAYAH', 'DDU-DU DDU-DU', 'Kill This Love', 'How You Like That', 'Lovesick Girls', 'Shut Down' 등. 제니 솔로 'SOLO', 로제 솔로 'On The Ground', 리사 솔로 'LALISA'

연도	아티스트	참여	특징
2017년 이후	전소미 (JEON SOMI)	주요 프로듀싱	더블랙레이블 소속 아티스트인 전소미 솔로곡들을 주로 프로듀싱하면서 통통 튀는 매력을 음악으로 표현함. 주요곡: 'Birthday', 'DUMB DUMB', 'Fast Forward' 등

이 외에도 세븐, 이하이 등 다양한 YG 소속 및 산하 레이블 아티스트들의 곡 작업에 참여했어요.

테디가 YG를 넘어서 K-POP 전체에 영향을 미쳤다고요?

네, 테디는 K-POP 산업 전반, 특히 YG의 음악적 지형과 글로벌 성공에 정말 중요한 기여를 해 왔답니다.

'YG 사운드'를 만들고 힙합을 대중화함: 테디는 YG 특유의 강렬하고 힙합 기반의 사운드를 만드는 데 핵심적인 역할을 했어요. 그의 음악은 힙합과 EDM, R&B 등 다양한 장르를 K-POP에 성공적으로 섞으면서, 당시 주류였던 댄스 음악과는 다른 YG만의 독특한 음악적 정체성을 만들었죠. 이건 한국 대중음악 시장에서 힙합 장르가 주류 음악으로 자리 잡는 데 큰 영향을 미쳤답니다.

'걸크러시' 콘셉트의 선구자: 투애니원과 블랙핑크를 통해서 테디는 강렬하고 독립적인 여성 아티스트 이미지를 구현하는 '걸크러시' 콘셉트를 성공적으로 안착시켰어요. 기존의 청순하고 귀여운 걸그룹 이미지에서 벗어나 새로운 여성 아이돌의 전형을 제시하며 K-POP의 스펙트럼을 넓혔답니다.

글로벌 트렌드를 K-POP에: 테디는 미국에서 자란 배경을 바탕으로 해외 음악 트렌드를 빠르게 파악하고 K-POP에 섞는 능력이 탁월해요. 그의 음악은 글로벌 팬들에게 어필할 수 있는 보편성과 동시에 K-POP 특유의 중독성을 겸비해서 빅뱅, 2NE1, 블랙핑크가 세계적으로 성공하는 데 기여했어요.

아티스트별 맞춤형 프로듀싱: 빅뱅 멤버별 솔로곡, 2NE1과 블랙핑크의 전담 프로듀싱을 통해 각 아티스트의 개성과 역량을 최대로 끌어내는 맞춤형 음악을 만들었어요.

꾸준한 히트곡 제조 능력: 20년 가까이 꾸준히 히트곡을 만들어 내면서 YG의 음악적 기반을 다지고, 더블랙레이블을 통해 새로운 아티스트들의 성공적인 데뷔를 이끌고 있어요.

K-POP 산업의 수익 모델 확장: 테디는 높은 저작권료 수입을 올리는 '저작권 부자'로도 알려져 있는데, 이건 K-POP 산업 내에서 프로듀서의 저작권 수익이 중요할 수 있음을 보여 주는 사례예요.

테디는 단순히 YG의 음악적 방향을 구현하는 것을 넘어서, K-POP의 음악적 스펙트럼을 확장하고 글로벌 팬덤을 사로잡는 데 결정적인 역할을 한, 한국 대중음악사에 큰 획을 그은 인물로 평가된답니다. 무려 힙합의 아버지랄까!

4. 박진영: K-POP의 현재진행형 전설이자 혁신가

박진영 피디는 대체 못 하는 게 뭐예요?

JYP엔터테인먼트(이하 JYP)의 창립자이자 수장인 박진영(J.Y. Park)은 K-POP 산업에서 정말 독보적인 위치를 차지하는 분이죠. 그는 단순한 사업가를 넘어서, 스스로가 아티스트(가수), 작곡가, 안무가, 프로듀서로서 끊임없이 활동하면서 K-POP의 다양한 면모를 개척하고 발전시키는 데 엄청난 공헌을 해 왔답니다. 특히 한국 K-POP에 디스코 장르를 성공적으로 접목하고, K-POP 시스템을 해외에 수출한 선구자로서 그의 기여는 더욱 빛을 발하고 있어요.

박진영 피디가 가수도 하고, 곡도 쓰고, 안무도 만들고, 회사도 운영했다고요?

네, 박진영은 1994년 솔로 가수로 데뷔한 이래, 'J.Y. Park'이라는 예명으로 본인의 음악 활동을 병행하시면서 프로듀서, 사업가로서의 역량을 꾸준히 확장해 왔답니다.

가수로서의 활동

1994년: '날 떠나지마'(데뷔곡인데 당시 파격적인 섹시 콘셉트와 퍼포먼스로 난리 났었죠.)

1995년: '엘리베이터'(관능적인 퍼포먼스와 중독성 있는 멜로디)

1997년: '그녀는 예뻤다'(밝고 경쾌한 멜로디와 가사로 대중적인 인기를 얻으면서 JYP 엔터테인먼트 설립의 기반을 다졌답니다.)

1998년: 'Honey'(디스코/펑크 사운드를 기반으로 한 대표곡! 디스코 리듬에 대한 그의 애착과 K-POP에 대한 접목 시도를 엿볼 수 있었죠.)

2001년: '난 남자가 있는데', 'Swing Baby'(특히 'Swing Baby'는 그의 대표적인 퍼포먼스 곡으로 오랫동안 사랑받았어요.)

2007년: '대낮에 한 이별(feat. 선예)'(미디엄 템포의 감성 발라드로 보컬 역량을 제대로 보여 주었답니다.)

2015년: '어머님이 누구니(feat. 제시)'(힙합과 디스코를 접목한 유쾌한 곡으로 다시 한번 대중적으로 크게 히트했어요.)

2020년: 'When We Disco(with 선미)'(80년대 유로 디스코 감성을 그대로 재현하면서, 당시 K-POP 시장에서 보기 드문 레트로 디스코 장르를 다시 한번 히트시키셨답니다. 디스코 장르에 대한 그의 꾸준한 사랑과 이걸 K-POP으로 풀어내는 능력을 보여 주는 곡이죠.)

2022년: 'Groove Back'(레트로 그루브와 퍼포먼스를 강조한 곡이랍니다.)

작곡가/작사가/프로듀서로서의 활동

박진영은 본인 그룹뿐만 아니라, 다른 많은 아티스트들에게도 곡을 주시면서 K-POP의 스펙트럼을 넓혔어요. 그의 곡은 중독성 있는 멜로디와 박진영 특유의 그루브가 특징이랍니다.

연도	아티스트 - 곡명(주요곡 위주)	기여
1990년대 후반	god, 박지윤, 비(RAIN) 등 초기 JYP 아티스트들	대부분 곡을 작사/작곡/프로듀싱
2007년	Wonder Girls(원더걸스)	작곡/작사/프로듀싱
2008년	2PM, 2AM	프로듀싱 참여
2010년	miss A(미쓰에이)	프로듀싱 참여
2015년	TWICE(트와이스)	작사/작곡
2018년	Stray Kids(스트레이 키즈)	음악적 방향성 참여
2019년	ITZY(있지)	작곡
2022년	NMIXX(엔믹스)	작곡

안무가로서의 활동

박진영은 본인 곡의 안무를 직접 만들고, 소속 가수들 안무 디렉팅에도 참여하시면서 K-POP 퍼포먼스의 수준을 높이는 데 기여했어요. 특히 그의 퍼포먼스는 '느낌'과 '그루브'를 강조하는 독창적인 스타일로 유명하죠.

1994년: '날 떠나지마', '엘리베이터' 등 본인 곡의 안무 직접 창작 및 소화.

2000년: 박지윤 '성인식' 안무 디렉팅.

2008년: 원더걸스 'Nobody' 안무 디렉팅 및 포인트 안무 창작(이 안무는 전 세계적인 신드롬을 일으키면서 K-POP 안무의 중요성을 부각함).

JYP 아티스트들의 'JYP 스타일' 퍼포먼스 교육 및 디렉팅(예: 2PM의 아크로바틱 퍼포먼스 기틀 마련).

사업가/멘토로서의 활동

1997년 태흥기획으로 시작해서 2001년 JYP엔터테인먼트로 회사 이름을 바꾼 후, 박진영은 JYP를 SM, YG와 함께 K-POP 3대 기획사 반열에 올려놓았답니다.

체계적인 아이돌 육성 시스템 구축: JYP는 SM과 같이 연습생 발굴부터 트레이닝(춤, 노래, 외국어, 인성 등), 데뷔, 사후 관리까지 체계적인 시스템을 확립해서 K-POP 아이돌 산업의 표준을 제시했어요. 그의 '인성' 중시 교육 철학은 JYP 아티스트들의 긍정적인 이미지를 만드는 데도 기여했답니다.

미국 시장 진출 시도: 2009년 원더걸스의 'Nobody'로 K-POP 그룹 최초로 빌보드 핫 100에 진입하는 등, 적극적인 미국 시장 진출을 시도했어요. 그때는 좀 주춤했지만, K-POP 글로벌화를 위한 중요한 선례를 남겼죠.

'JYP 2.0' 비전 제시와 현지화 전략(니쥬): 2018년 'JYP 2.0'을 선언하면서 K-POP의 현지화 전략을 강화했답니다. 이건 단순히 한국에서 만든 K-POP을 수출하는 걸 넘어서, K-POP 시스템 자체를 해외에 심는 혁신적인 시도였어요.

2020년 NiziU(니쥬) 프로젝트에서의 멘토십: 일본 소니 뮤직과 협력해서 'Nizi Project'라는 오디션 프로그램을 통해 전원 일본인 멤버로 구성된 그룹 니쥬를 데뷔시키셨어요. 이 프로젝트에서 박진영은 단순한 심사위원을 넘어서, 참가자들에게 '재능보다 성실함이 중요하고, 실력보다 인성이 중요하다'는 일관된 철학을 강조하면서 따뜻하면서도 날카로운 조언을 아끼지 않았답니다. 니쥬는 K-POP 시스템(트레이닝, 프로듀싱)으로 만들어졌지만, 일본 시장을 주 타겟으로 삼았어요. 이건 K-POP 시스템을 해외에 '수출'한 최초의 성공적인 사례로 평가된답니다. 진정한 K-POP 전도사라 할 수 있죠!

박진영 피디가 K-POP 역사에 어떤 영향을 미쳤나요?

박진영은 K-POP 산업 발전과 글로벌화에 정말 다각적인 기여를 해 왔답니다.

K-POP 시스템의 설계자이자 표준 제시: SM의 이수만 전 총괄 프로듀서와 같이 K-POP 아이돌 시스템의 초석을 다지고 발전시켜 온 인물이에요. 연습생 발굴부터 교육, 트레이닝, 데뷔, 마케팅, 매니지먼트까지 이어지는 체계적인 시스템을 구축해서 K-POP 산업의 성공적인 비즈니스 모델을 제시했죠.

음악적 다양성과 트렌드 선도(디스코/펑크 장르의 성공적인 접목): 1990년대 후반부터 'Honey', '어머님이 누구니', 'When We Disco' 등 디스코와 펑크 사운드를 K-POP에 꾸준히 섞으면서 한국 대중음악에 새로운 그루브와 활력을 불어넣었어요. 이건 K-POP 음악의 장르적 다양성을 확장하는 데 큰 영향을 미쳤죠. 시대의 변화에 따라 힙합, R&B, 댄스팝 등 다양한 장르를 시도하고 K-POP으로 흡수해서 음악적 스펙트럼을 넓혔답니다.

글로벌 시장 개척의 선구자: 원더걸스의 미국 진출 시도, 그리고 니쥬 프로젝트를 통한 K-POP 시스템의 해외 현지화 성공은 K-POP의 글로벌화를 위한 중요한 이정표가 되었어요. 특히 니쥬 프로젝트에서의 멘토로서의 역할은 한국 K-POP 프로듀서의 전문성과 인성을 해외에 널리 알리는 계기가 되었죠.

아티스트 출신 '성공한 프로듀서/사업가' 모델 제시: 스스로가 정상급 아티스트로서 오랫동안 활동하면서 프로듀서와 사업가로서도 성공적인 커리어를 쌓은 사례는 K-POP 산업에서 정말 드물어요. 이건 후배 아티스트들이 단순히 가수만 하는 게 아니라 다양한 방면으로 역량을 확장할 수 있다는 롤 모델을 제시했답니다.

스타성과 실력을 겸비한 아티스트 발굴: 박진영은 단순한 비주얼을 넘어서, 타고난 스타성과 무대 장악력, 그리고 탄탄한 기본기를 갖춘 아티스트들을 발굴하고 육성하는 데 탁월한 능력을 보여 주었어요. 이는 JYP 아티스트들이 오랫동안 대중에게 사랑받는 비결 중 하나랍니다.

박진영은 K-POP의 기획-제작-마케팅 시스템을 확립하고, 음악적 다양성을 추구하며, 글로벌 시장 개척에 앞장선 K-POP 산업의 핵심적인 인물로, 그의 영향력은 여전히 K-POP의 미래를 만들어 가는 데 큰 영향을 미치고 있답니다. 박진영 없는 K-POP을 상상할 수 있을까요?

K-POP,
내 심장을 뛰게 한 최애들

수많은 아티스트와 그룹이 피 땀 눈물 흘려 가며 지금의 월드클래스 위상을 얻어낸 K-POP! 각 그룹은 자신만의 유니크한 컬러와 음악적 시도로 K-POP의 스펙트럼을 넓히고 새로운 트렌드를 제시하면서 산업 발전에 엄청난 기여를 했죠. 자, 그럼 제가 특별히 더 좋아했고 지금도 애정하는 K-POP 팀들의 특색을 파헤쳐 보고, K-POP에 대한 역대급 기여도도 함께 살펴볼까요? 순서는 데뷔 순입니다.

1. 김완선(1986년 데뷔): 한국의 마돈나, 걸크러시의 원조

1980년대 후반부터 1990년대 초반까지 '한국의 마돈나'로 불렸던 김완선! 독보적인 카리스마와 섹시미, 그리고 넘사벽 댄스 실력까지 겸비한 솔로 여가수죠. 무대 위에서 뿜어내는 강렬한 눈빛과 절제된 섹시미는 여성 솔로 가수의 새로운 전형을 제시했답니다.

김완선이 K-POP에 미친 영향

'여성 솔로 퍼포머'의 기준 제시: 국내에서 보기 드물었던 여성 댄스 퍼포머의 상징이자 독자적인 영역을 만들었죠. 이게 바로 이후 여성 솔로 아티스트들에게 엄청난 영향을 미쳤답니다.

고정관념 탈피: 당시 여성 가수들에게 요구되던 청순하고 단아한 이미지를 시원하게 깨부수고, 강렬하고 주체적인 여성상을 무대 위에서 표현하며 시대적 변화를 이끌어냈죠. 그 덕분에 우리가 이렇게 자유로워졌습니다!

음악과 퍼포먼스의 결합: 시각적인 요소와 음악적인 요소를 균형 있게 결합한 무대를 선보이면서 K-POP 퍼포먼스 아트의 초기 형태를 제시했어요.

2. 박남정(데뷔 1988년): 한국의 마이클 잭슨, 댄스 가수계의 시조새

1980년대 후반에 혜성처럼 등장한 솔로 남성 댄스 가수, 박남정! '한국의 마이클 잭슨'이라 불리며 당시로서는 완전 파격적이고 혁신적인 춤 실력과 무대 매너로 대중들을 홀딱 반하게 만들었죠. 특히 **'ㄱㄴ춤'** 같은 시그니처 안무는 그야말로 전국을 강타했답니다! 이거 못 추면 인싸가 아니었죠.

박남정이 K-POP에 미친 영향

'댄스 가수'의 위상 격상: 단순히 노래만 부르는 가수가 아니라, 전문적인 댄스 퍼포먼스를 전면에 내세운 '댄스 가수'의 존재감을 확실히 박아 넣었어요. 이게 바로 지금 K-POP 아이돌 그룹들이 '퍼포먼스'를 강조하는 트렌드의 원류가 되었죠.

안무의 중요성: 대중들이 따라 할 수 있는 포인트 안무를 유행시키면서, 곡의 성공에 안무가 얼마나 큰 영향을 미치는지 제대로 보여 주었답니다.

스타일 아이콘: 당시로서는 매우 앞선 패션과 스타일을 선보이면서, 노래뿐

아니라 시각적인 요소도 중요하다는 걸 깨우쳐 주었어요.

3. 코요태(데뷔 1998년): 히트곡 제조기 혼성그룹

1998년 데뷔한 혼성 그룹, 코요태! '가요계의 악동'이라는 별명처럼 신나는 댄스곡과 재치 있는 가사로 대중들에게 꾸준히 사랑받았죠. 멤버들의 뛰어난 예능감과 친근한 이미지 덕분에 지금까지도 롱런하는 대표적인 혼성 그룹이랍니다.

코요태가 K-POP에 한 기여

'혼성 그룹'의 명맥 유지: 댄스 음악 시장에서 혼성 그룹의 명맥을 성공적으로 이어 가면서 K-POP 장르의 다양성에 기여했어요.

히트곡 제조기: '순정', '만남', '비몽', '굿바이' 등 수많은 히트곡을 쏟아내며 꾸준히 대중적 인기를 얻었고 K-POP 시장에 활력을 불어넣었답니다.

친근한 대중성: 화려한 퍼포먼스보다는 중독성 있는 멜로디와 따라 하기 쉬운 안무로 일반 대중들에게 어필하면서 K-POP의 대중적 기반을 넓혔어요.

4. 동방신기(TVXQ, 데뷔 2003년): '아이돌 교과서'의 정점

2003년 데뷔한 SM엔터테인먼트 소속의 남성 그룹, 동방신기! 'SMP(SM Music Performance)'의 정점을 보여 주며 강렬한 퍼포먼스, 뛰어난 가창력, 완벽한 비주얼까지 겸비한 '아이돌 교과서' 그 자체였죠. 나중에 2인조로 재편돼서도 '레전드' 아이돌의 위상을 굳혔답니다.

동방신기가 K-POP에 한 기여

'아이돌 시스템'의 성공 모델: SM의 체계적인 트레이닝 시스템을 통해 탄생한 완벽주의 아이돌 그룹의 성공적인 사례가 되어 후대 아이돌 그룹들의 위너비가 되었어요.

'SMP' 장르 개척: 복잡한 구성, 웅장한 사운드, 압도적인 칼군무가 특징인 SM만의 독자적인 음악 장르인 SMP를 대중화시키고 발전시키는 데 큰 역할을 했답니다.

한류(K-POP)의 일본 시장 개척: 일본 오리콘 차트에서 수많은 기록을 세우며 K-POP 그룹 중 가장 성공적으로 일본 시장에 안착한 그룹 중 하나로 평가돼요. 이건 이후 수많은 K-POP 그룹들이 일본 시장에 진출하는 교두보 역할을 톡톡히 했죠.

5. 슈퍼주니어(Super Junior, 데뷔 2005년): '예능돌'의 시초

2005년 데뷔한 SM엔터테인먼트 소속의 다인원 남성 그룹, 슈퍼주니어! '예능돌'이라는 수식어처럼 멤버들의 뛰어난 예능감과 친근한 매력으로 대중들에게 찰떡같이 어필했죠. 유닛 활동을 통해 다양한 장르와 콘셉트를 시도하면서 그룹의 유연성을 제대로 보여 줬답니다.

슈퍼주니어가 K-POP에 한 기여

'다인원 그룹' 성공의 초석: 당시로서는 완전 파격적인 다인원 그룹 형태를 성공적으로 안착시키면서, 이후 수많은 다인원 아이돌 그룹들이 등장할 수 있게 만들었어요.

'예능돌'의 시초: 멤버들이 예능 프로그램에서 미친 활약을 하면서 아이돌의 활동 영역을 음악 무대뿐 아니라 예능으로까지 확장하는 데 엄청난 영향을 미쳤답니다. 덕분에 아이돌들이 대중에게 더 친근하게 다가가고 팬덤도 넓어질 수 있었죠.

한류의 전 세계적 확산: 특히 남미, 중동 등 다양한 지역에서 팬덤을 구축하며 K-POP의 글로벌 확산에 크게 기여했어요. 'Sorry, Sorry' 같은 곡은 전 세계적인 챌린지를 유도하면서 K-POP의 바이럴 마케팅 효과를 제대로 보여 줬답니다.

슈퍼주니어의 유닛 시스템

다른 그룹에서도 멤버들끼리 협업하는 경우가 있었지만, 유닛 시스템을 본격적으로 정립하고 대중화하여 K-POP 업계의 중요한 전략으로 만든 건 단연 슈퍼주니어라고 이야기하죠. 그들이 진정한 선구자!

음악적, 콘셉트적 다양성 확보: 슈퍼주니어-K.R.Y.(보컬 중심 발라드)나 슈퍼주니어-T(트로트) 같은 유닛을 결성하며 그룹의 정체성은 유지하면서도 다양한 장르와 콘셉트을 시도할 수 있었습니다. 이를 통해 더 넓은 팬층에게 어필하고 멤버 각자의 특별한 재능을 보여 주었죠.

새로운 시장 개척: 이것이야말로 가장 혁신적인 공헌 중 하나였습니다. 'Mandarin'의 'M'을 딴 슈퍼주니어-M을 만들어 중화권 시장을 목표로 현지화된 음악과 활동을 선보였죠. 이 전략은 정말 획기적이었으며, 이후 EXO와 NCT 같은 그룹들이 맞춤형 콘텐츠로 해외 시장에 진출하는 데 중요한 청사진이 되었습니다.

그룹의 지속성과 콘텐츠 유지: 유닛 시스템 덕분에 일부 멤버가 솔로 활동이나 연기, 군 복무로 바쁜 와중에도 그룹이 대중의 관심에서 멀어지지 않고 새로운 음악을 계속해서 발표할 수 있었습니다. 덕분에 팬덤은 끊임없이 새로운 콘텐츠를 접할 수 있었고, 이는 빠르게 변화하는 K-POP 시장에서 그룹이 오랫동안 활동할 수 있는 핵심 요인이 되었습니다.

6. 카라(KARA, 데뷔 2007년): 일본 한류 개척의 선봉장

2007년 데뷔한 DSP미디어 소속의 여성 그룹, 카라! '엉덩이춤', '구하라 개미허리' 등으로 유명세를 타며 청순하고 귀여운 이미지와 중독성 있는 댄스곡으로 대중적 인기를 얻었죠. 특히 일본에서 K-POP 걸그룹으로서 독보적인 성공을 거두었답니다.

카라가 K-POP에 한 기여

K-POP 걸그룹의 일본 시장 개척 선봉장: 동방신기, 소녀시대와 함께 '한류 2세대'를 이끌며 일본에서 엄청난 인기를 얻었어요. 특히 도쿄돔 단독 콘서트 개최, NHK 홍백가합전 출연 등 일본 내 K-POP 걸그룹의 위상을 크게 높였답니다.

포인트 안무의 대중화: '미스터'의 엉덩이춤처럼 따라 하기 쉬우면서도 인상적인 포인트 안무를 유행시키면서 K-POP 댄스의 대중성을 강화했어요. 당시 엉덩이춤 모르면 간첩이었죠!

긍정적이고 밝은 에너지: 힘들고 지친 사회 분위기 속에서 밝고 긍정적인 에너지의 음악과 퍼포먼스를 통해 대중들에게 활력을 주었죠.

7. 방탄소년단(BTS, 데뷔 2013년): 'K-POP의 글로벌 대중화'의 주역

2013년 빅히트 엔터테인먼트(현 하이브) 소속으로 데뷔한 남성 그룹, 방탄소년단(BTS)! 데뷔 초부터 사회 비판적인 메시지와 '학교 3부작' 같은 진정성 있는 음악을 선보였죠. 멤버들이 직접 작사, 작곡에 참여하는 '자체 제작돌'이며, 뛰어난 퍼포먼스, 멤버들 간의 끈끈한 유대감, 그리고 팬덤 'ARMY'와의 강력한 소통을 통해 전 세계적인 신드롬을 일으켰답니다. 전 세계를 뒤흔든 월드스타죠!

방탄소년단이 K-POP에 한 기여

'K-POP의 글로벌 대중화'와 '넥스트 레벨' 개척: K-POP을 단순히 아시아를 넘어 북미, 유럽 등 서구 주류 음악 시장에 성공적으로 안착시킨 주역이에요. 빌보드 핫 100 1위, 그래미 어워드 노미네이트 등 전례 없는 기록들을 세우며 K-POP의 글로벌 위상을 독보적인 수준으로 끌어올렸죠.

'진정성'과 '서사'의 힘: 젊은 세대의 고민과 방황, 성장통을 담은 진솔한 음악과 세계관으로 전 세계 청춘들의 공감을 얻으며 팬덤과의 깊은 유대감을 형성했답니다.

강력한 팬덤 '아미'의 영향력: 팬덤 '아미'는 단순한 소비자를 넘어, 음악 홍보, 자선 활동, 사회적 메시지 확산 등 강력한 영향력을 행사하며 K-POP 팬덤 문화의 새로운 지평을 열었어요.

소셜 미디어 활용의 극대화: 트위터, 유튜브 등 소셜 미디어를 적극적으로 활용해서 팬들과 소통하고 콘텐츠를 확산시키며 K-POP의 팬 마케팅 방식을 혁신했답니다.

'선한 영향력'의 확산: 유니세프와의 'Love Myself' 캠페인 등 사회적 메시지를 꾸준히 전달하며 K-POP 아티스트가 사회에 긍정적인 영향을 미칠 수 있음을 보여 주었죠.

8. 레드벨벳(Red Velvet, 데뷔 2014년): 콘셉트 장인

2014년 데뷔한 SM엔터테인먼트 소속의 여성 그룹, 레드벨벳! **'Red'**와 **'Velvet'**이라는 두 가지 상반된 콘셉트(톡톡 튀고 강렬한 Red, 부드럽고 몽환적인 Velvet)를 오가며 다채로운 음악적 스펙트럼과 독특한 세계관을 선보이죠. '콘셉트 장인'이라는 별명처럼 매 앨범마다 신선한 시도를 하는 그룹이랍니다.

레드벨벳이 K-POP에 한 기여

'콘셉트'의 중요성 극대화: 단순히 노래와 퍼포먼스를 넘어, 매 앨범마다 독특한 세계관과 콘셉트를 부여해서 K-POP 콘텐츠의 깊이와 예술성을 높였어요. 이는 팬들에게 '해석하고 즐기는' 재미를 제대로 선사했죠.

음악적 실험성: 메이저 코드와 마이너 코드를 오가는 난해한 구성, 독특한 화성 진행, 복잡한 비트 등 음악적 실험을 꾸준히 시도하면서 K-POP 음악의 지평을 넓혔답니다. '빨간 맛', 'Psycho', 'Feel My Rhythm', 'Cosmic' 등 다양한 장르와 분위기의 히트곡을 보유하고 있죠.

대중성과 마니아층 동시 만족: 'Red' 콘셉트로 대중적 인기를 얻는 동시에, 'Velvet' 콘셉트로 음악적 깊이를 추구하며 마니아층 팬덤을 단단하게 만들었어요.

9. 트와이스(TWICE, 데뷔 2015년): 아시아 원톱 걸그룹

2015년 JYP엔터테인먼트 소속으로 데뷔한 다국적 여성 그룹, 트와이스! 'OOH-AHH하게'부터 'TT', 'SIGNAL' 등 중독성 있는 멜로디와 따라 하기 쉬운 포인트 안무, 밝고 건강한 에너지로 '국민 걸그룹'이라 불렸죠. 특히 일본인, 대만인 멤버를 포함해서 아시아 시장에서 압도적인 인기를 누렸답니다.

트와이스가 K-POP에 한 기여

'아시아 원톱 걸그룹' 입지 구축: 일본, 대만 등 아시아 시장에서 엄청난 팬덤을 구축하며 K-POP 걸그룹의 아시아 시장 성공 시대를 열었어요. 일본 돔 투어 성공 등 K-POP의 아시아 시장 확장 선봉장 역할을 톡톡히 했죠.

'흥행 불패' 히트곡 라인업: 데뷔 초부터 롱런 히트곡을 꾸준히 발매하면서 K-POP 음악 시장에 활력을 불어넣었답니다.

'글로벌 현지화'의 성공적인 초기 모델: 다양한 국적의 멤버를 통해 초기 K-POP의 글로벌 현지화 전략이 아시아 시장에서 얼마나 효과적인지 제대로 보여 주었어요.

10. 블랙핑크(BLACKPINK, 데뷔 2016년): 글로벌 걸그룹의 대명사

2016년 YG엔터테인먼트 소속으로 데뷔한 여성 그룹, 블랙핑크! '걸크러시' 콘셉트와 힙합 기반의 강렬하고 중독성 있는 음악, 멤버들의 뛰어난 비주얼과 패션 감각으로 전 세계적인 신드롬을 일으켰죠. 적은 곡수로도 폭발적인 파급력을 보여 주며 '글로벌 아이콘'이라 불린답니다.

블랙핑크가 K-POP에 한 기여

'글로벌 걸그룹'의 대명사: 유튜브 구독자 수 최다 기록, K-POP 그룹 최초 코첼라 헤드라이너 등 전 세계적인 팬덤을 구축하며 K-POP 걸그룹의 글로벌 위상을 독보적인 수준으로 끌어올렸어요.

'걸크러시' 콘셉트의 세계화: 강렬하고 자신감 넘치는 여성상을 세계적으로 성공시키며 K-POP 걸그룹의 이미지를 다양화했답니다.

음악 외적인 영향력: 패션, 뷰티 등 라이프스타일 전반에 걸쳐 멤버들이 글로벌 앰버서더로 활동하며 K-POP 아티스트의 영향력을 음악 산업을 넘어선 문화 아이콘으로 확장했어요.

11. 아이들(I-DLE, 데뷔 2018년): '자체 제작돌'의 선구자

2018년 큐브엔터테인먼트 소속으로 데뷔한 여성 그룹, 아이들! 리더 전소연을 중심으로 멤버들이 직접 작사, 작곡, 프로듀싱에 참여하며 '자체 제작돌'

의 면모를 제대로 보여 주죠. 매 앨범마다 파격적이고 독창적인 콘셉트와 메시지로 대중들에게 강렬한 인상을 남긴답니다.

아이들이 K-POP에 한 기여

'자체 제작돌'의 성공 모델: 멤버들이 직접 음악 작업에 참여해서 그룹의 음악적 정체성을 확립하고, 아티스트로서의 역량을 인정받는 새로운 성공 모델을 제시했어요. 이는 K-POP 아이돌의 '아티스트화' 트렌드를 가속화했죠.

파격적인 콘셉트와 사회적 메시지: 'TOMBOY', 'Nxde', 'Queencard' 등 여성의 주체성, 탈코르셋, 외모 지상주의 비판 등 다양한 사회적 메시지를 음악과 콘셉트에 담아 K-POP 콘텐츠의 깊이와 영향력을 확장했답니다.

독보적인 음악적 색깔: 라틴, 힙합, 록 등 다양한 장르를 넘나들며 매번 신선하고 예상치 못한 음악을 선보이며 '믿고 듣는 아이들'이라는 수식어를 얻었어요.

12. 있지(ITZY, 데뷔 2019년): '틴크러쉬' 장르 선도자

2019년 JYP엔터테인먼트 소속으로 데뷔한 여성 그룹, 있지! **'틴크러쉬(Teen Crush)'** 콘셉트를 내세워 '나 자신을 사랑하자'는 당당하고 주체적인 메시지를 전달하죠. 강렬한 퍼포먼스와 칼군무가 특징이랍니다.

있지가 K-POP에 한 기여

'틴크러쉬' 장르 선도: 10대 후반~20대 초반 여성들이 공감할 수 있는 메시지와 함께 강렬하고 자신감 넘치는 퍼포먼스를 선보이며 K-POP 걸그룹의 새로운 콘셉트 영역을 개척했어요.

긍정적인 자기애 메시지: 'DALLA DALLA', 'ICY', 'WANNABE', 'LOCO' 등 모든 타이틀곡에 '나 자신을 사랑하자'는 긍정적인 메시지를 담아 젊은 세대에

                    당신이 알아야 할 **케이팝의 거의 전부**

게 큰 영향력을 주었답니다.

퍼포먼스 강자: 파워풀하고 에너지 넘치는 퍼포먼스로 K-POP 댄스 퍼포먼스의 수준을 높였어요.

13. 에스파(aespa, 데뷔 2020년): 메타버스 아이돌의 개척자

2020년 데뷔한 SM엔터테인먼트 소속의 여성 그룹, 에스파! 자신들의 또 다른 자아인 아바타 æ(아이)를 만나 새로운 세계를 경험한다는 독특한 메타버스 세계관을 기반으로 하죠. AI 아바타와의 공존을 콘셉트로 내세워 K-POP에 새로운 기술적 시도를 접목했답니다. 진정한 미래형 아이돌이 아닐 수 없죠!

에스파가 K-POP에 한 기여

'메타버스 아이돌' 콘셉트의 선두 주자: AI 아바타, 가상 세계, 현실과의 연결 등 첨단 기술과 K-POP을 결합한 새로운 형태의 그룹을 제시하며 K-POP의 미래 지향성을 제대로 보여 줬어요.

음악과 세계관의 유기적 결합: 'Next Level', 'Savage', 'Drama' 등 음악 자체에 세계관의 스토리를 담아내면서 팬들이 콘텐츠를 더욱 깊이 있게 즐길 수 있도록 했답니다. 가사 하나하나가 떡밥입니다!

글로벌 팬덤 확대: 독특한 콘셉트와 강렬한 음악으로 MZ세대를 중심으로 빠르게 글로벌 팬덤을 구축했어요.

14. 아이브(IVE, 데뷔 2021년): 나르시시즘 콘셉트의 음원 강자

2021년 스타쉽엔터테인먼트 소속으로 데뷔한 여성 그룹, 아이브! '자신감 넘치는 주체적인 여성'이라는 콘셉트를 기반으로 하죠. '나르시시즘'을 테마로

한 'ELEVEN', 'LOVE DIVE', 'After LIKE' 등 우아하고 세련된 음악과 퍼포먼스를 선보이며 'MZ세대의 아이콘'이라 불린답니다.

아이브가 K-POP에 한 기여

'나르시시즘' 콘셉트의 성공: 자기애를 기반으로 한 독특한 콘셉트가 10대~20대 여성들의 큰 공감을 얻으며 K-POP 걸그룹의 새로운 테마를 제시했어요.

'음원 강자': 데뷔 초부터 발표하는 곡마다 음원 차트를 휩쓸며 K-POP 시장에 신선한 충격을 주었죠. 특히 연속 히트곡을 통해 대중성을 확실히 확보했답니다.

우아하고 세련된 비주얼: 멤버들의 뛰어난 비주얼과 함께 우아하면서드 트렌디한 스타일링으로 K-POP 비주얼 트렌드를 선도했어요.

15. 엔믹스(NMIXX, 데뷔 2022년): 'MIXX POP'의 개척자

2022년 JYP엔터테인먼트 소속으로 데뷔한 여성 그룹, 엔믹스! 'MIXX POP'이라는 독자적인 장르를 통해 여러 장르의 곡을 한 곡에 믹스하는 실험적인 음악을 선보이죠. 멤버 전원이 올라운더(All-rounder) 역량을 갖춘 것이 특징이랍니다.

엔믹스가 K-POP에 한 기여

'MIXX POP'이라는 새로운 음악적 시도: 곡의 중간에 갑작스럽게 장르오 분위기가 전환되는 독특한 음악 구성으로 K-POP 음악의 형식적 한계를 뛰어넘는 실험성을 보여 주었어요.

전원 올라운더 그룹: 멤버 전원이 보컬, 댄스, 비주얼 모두 뛰어난 '올라운더' 역량을 갖춰 퍼포먼스의 완성도를 높이고, 그룹의 다재다능함을 강조했어요.

새로운 세계관 구축: '어떤 분야든 최고의 조합을 이루고, 새로운 것을 섞어 더 좋은 하나를 만든다'는 그룹명처럼, 신선한 음악적 시도와 함께 독창적인 세계관을 구축해서 팬덤의 몰입을 유도했어요.

16. 르세라핌(LE SSERAFIM, 데뷔 2022년): '자기 확신' 메시지의 파워풀 퍼포머

2022년 쏘스뮤직(하이브 산하) 소속으로 데뷔한 여성 그룹, 르세라핌! 'FEARNOT(피어나, 두려움 없이)'이라는 메시지를 담아 '세상에 어떤 어려움에도 흔들리지 않고 나아가겠다'는 당당하고 주체적인 태도를 보여 주죠. 음악과 퍼포먼스에서 파워풀하고 에너제틱한 매력을 제대로 발산한답니다.

르세라핌이 K-POP에 한 기여

'자기 확신' 메시지의 선두 주자: 'FEARLESS', 'ANTIFRAGILE', 'UNFORGIVEN' 등 모든 곡에 자신감과 자기 확신이라는 일관된 메시지를 담아 K-POP 걸그룹의 서사에 깊이를 더했어요.

강도 높은 퍼포먼스: 높은 난이도의 퍼포먼스를 안정적인 라이브와 함께 소화하며 '퍼포먼스 강자'라는 수식어를 얻었죠. 이는 K-POP 걸그룹의 퍼포먼스 수준을 한 단계 끌어올렸답니다.

주체적인 여성 서사: 멤버들의 실제 경험과 고민을 음악과 콘셉트에 녹여 내며 진정성 있는 스토리를 전달해요.

17. 라이즈(RIIZE, 데뷔 2023년): '성장형 아이돌'의 새 지평

2023년 데뷔한 SM엔터테인먼트 소속의 남성 그룹, 라이즈! '리얼타임 오디세이(realtime odyssey)'라는 독자적인 팀 콘셉트를 통해 멤버들이 함께 성장하고 꿈을 실현해 나가는 과정을 실시간으로 보여 주죠. '이모셔널 팝(emotional pop)'이라는 장르를 추구하며 청량하고 감성적인 음악을 선보인답니다.

라이즈가 K-POP에 한 기여

'성장형 아이돌'의 새로운 방향 제시: 완성된 모습보다는 '성장' 과정을 팬들과 공유하며 공감대를 형성하는 새로운 방식의 아이돌 서사를 구축했어요. 이는 팬덤에게 더욱 깊은 유대감을 선사하죠.

'이모셔널 팝' 장르 개척: K-POP의 다양한 장르 중에서도 멤버들의 감성적이고 청량한 보컬을 강조한 이모셔널 팝이라는 독자적인 음악적 색깔을 제시했답니다.

MZ세대의 감성 저격: SNS를 적극적으로 활용하며 팬들과 소통하고, 자연스럽고 꾸밈없는 모습을 보여 주면서 MZ세대의 감성을 효과적으로 사로잡았어요.

18. 베이비몬스터(BABYMONSTER, 데뷔 2024년): 'YG표 힙합'의 괴물 신인

2023년 YG엔터테인먼트 소속으로 데뷔한 여성 그룹, 베이비몬스터! YG 특유의 힙합 기반 음악과 퍼포먼스에 '베이비'라는 그룹명처럼 틴에이저 감성을 더한 '힙합 틴크러쉬'를 지향하죠. 뛰어난 보컬과 랩 실력, 퍼포먼스 역량까지 겸비한 '괴물 신인'이라 불린답니다.

베이비몬스터가 K-POP에 한 기여

'YG표 힙합'의 계승과 진화: 블랙핑크 이후 YG의 정통 힙합 걸그룹 계보를 이어 가며, YG만의 독특한 음악적 색깔을 유지하고 발전시키고 있어요.

'괴물 신인'의 탄생: 데뷔 전부터 압도적인 실력과 잠재력으로 큰 기대를 모았으며, K-POP 시장에 새로운 '실력파' 걸그룹의 등장을 알렸답니다.

글로벌 시장의 높은 기대: 블랙핑크의 후배 그룹이라는 점에서 데뷔 전부터 글로벌 팬들의 높은 관심을 받으며 K-POP의 지속적인 글로벌 영향력을 보여 주고 있어요.

19. 올데이 프로젝트(데뷔 2025년): 경계를 허무는 혁신적인 혼성 '드림팀'

2025년 전설적인 프로듀서 테디의 지휘 아래 데뷔한 올데이 프로젝트! 재벌 상속녀, 세계적인 안무가, 그리고 대형 기획사의 실력파 연습생들이 모인 5인조 혼성 그룹이죠. 이들은 지난 20여 년간 보기 드물었던 혼성 그룹 포맷을 부활시키기 위한 야심 찬 프로젝트였죠. 그들의 데뷔는 혼성 그룹이 성공할 수 있을 뿐만 아니라, 독특하고 과감한 사운드로 음원 차트를 장악할 수 있다는 것을 증명했어요!

올데이 프로젝트가 K-POP에 한 기여

혼성 그룹의 부활: 한쪽 성별의 팬덤이 지배적인 시장에서 혼성 그룹도 성공할 수 있음을 증명하며 K-POP의 새로운 트렌드를 이끌고 있어요! 이들의 성공은 더욱 다양한 그룹 구성의 가능성을 열어 주었죠.

다양한 재능의 시너지: 안무부터 배틀 랩까지, 멤버들이 가진 폭넓은 배경과 재능이 강력한 시너지를 창출하며 멤버 각자가 빛을 발할 기회를 만들었어요.

새로운 사운드와 이미지: 'YG 스타일'의 힙합을 기반으로, 신선하고 대담하며 중성적인 콘셉트을 선보였죠. 최근의 '이지 리스닝' 트렌드에서 벗어나, 국내외 팬들에게 즉각적으로 깊은 인상을 남기는 강렬하고 파워풀한 사운드를 선사했답니다.

이렇게 K-POP의 역사를 쓴 우리 자랑스러운 아티스트들을 만나봤는데 어 떠셨나요? 여러분의 '최애'는 누구였나요?

숨듣명: 드림캐쳐

K-POP이 전 세계를 K-POP의 매력에 퐁당 빠뜨리는 다양한 음악과 콘셉트를 자랑하고 있잖아요? 그중에서도 우리 드림캐쳐는 진짜 독특한 음악 정체성과 강렬한 세계관으로 자신들만의 확고한 영역을 꽉 잡고 있는 그룹이랍니다. 기존 K-POP 걸그룹의 틀을 완전 깨부수고 정통 록 사운드를 기반으로 한 다크 판타지 콘셉트를 선보이면서 국내외 팬들의 시선을 제대로 사로잡았죠. 특히 한국에서는 '숨듣명'으로 시작해서 해외, 그중에서도 남미에서 폭발적인 인기를 얻으며 '역주행 신화'를 써 내려간, 정말 특별한 그룹이에요.

Q1. 그룹 이름부터 뭔가 특별한 드림캐쳐, 어떻게 만들어졌나요?

드림캐쳐는 사실 2014년에 데뷔했던 걸그룹 '밍스(MINX)'의 멤버 5명에 한동, 가현을 새롭게 영입해서 다시 태어난 그룹이에요. 2017년 1월 13일, '악몽(噩夢)'이라는 데뷔 싱글로 화려하게 재데뷔했답니다. 이는 진짜 실패를 딛고 새로운 콘셉트와 음악으로 다시 날아오른 드문 사례인데, 그룹의 스토리텔링에 엄청 중요한 한 축을 담당하고 있어요.

네, 맞아요. 드림캐쳐의 가장 큰 특징은 바로 정통 록 사운드를 기반으로 한 팝 메탈, 하드 록 장르의 음악을 걸그룹이 시도한다는 점이에요. 강렬한 기타 리프, 파워풀한 드럼 비트, 그리고 시원하게 뻥 뚫리는 고음이 특징인 보컬 라인이 환상적으로 조화를 이루죠. '악몽' 시리즈를 중심으로 다크하고 몽환적인 분위기, 때로는 비장하고 웅장한 사운드를 선보이면서 K-POP 걸그룹의 음악적 스펙트럼을 확장해 버렸답니다. 드림캐쳐의 음악은 K-POP의 퍼포먼스와 비주얼은 그대로 가져가면서도 록 음악의 에너지를 꽉 채워 넣었다는 평을 받아요.

Q3. 드림캐쳐 하면 세계관이 엄청 유명하다던데, 자세히 알려 주세요!

드림캐쳐는 데뷔 초부터 '악몽'이라는 일관된 세계관을 중심으로 앨범과 음악, 뮤직비디오, 스토리텔링을 쫙 펼쳐왔어요. 그 세계관은 크게 세 가지 시리즈로 나뉜답니다.

시리즈명	기간	주요 내용	대표곡
악몽 시리즈	2017 ~ 2018년	"악몽으로부터 당신을 지켜준다"는 슬로건처럼, 각 멤버들이 서로 다른 '악몽'을 상징하고, 이 악몽들이 현실 세계에 나타나 사람들을 괴롭히는 이야기를 다룸. 덕후라면 꼭 봐야 할 필름	Chase Me, Good Night, Fly High
디스토피아 시리즈	2020 ~ 2021년	악몽 시리즈의 연장선상에서 '악몽'을 단순히 물리치는 걸 넘어, 환경 문제, 소통의 부재, 가짜 뉴스 등 현대 사회의 어두운 단면과 '디스토피아'적인 상황을 은유적으로 표현함	Scream, BOCA, Odd Eye
최근 세계관 (Apocalypse Series)	2022년 ~ 현재	인류의 생존과 환경 보호를 다루는 'Apocalypse' 시리즈로 확장되면서, 묵직한 메시지를 계속 이어 가고 있음	MAISON, VISION, BONVOYAGE

이렇게 일관되고 심층적인 세계관은 팬덤의 몰입도를 확 높여 주고, 앨범을 그냥 노래 모음이 아니라 하나의 거대한 서사로 즐길 수 있게 해 준답니다.

Q4. 드림캐쳐의 주요 앨범과 노래는 어떤 것들이 있나요?

드림캐쳐의 명곡들이 너무 많지만, 꼭 들어 봐야 할 앨범과 노래들을 소개해 드릴게요!

앨범/싱글명	발매일	타이틀곡
데뷔 싱글 『악몽』	2017.1.13	Chase Me (시작은 달콤하게 평범하게 드림캐쳐처럼!)
첫 번째 미니앨범 『악몽 · Fall asleep in the mirror』	2017.4.5	Good Night (굿나잇하고 악몽 꾸고 싶다)
두 번째 미니앨범 『악몽 · Escape the ERA』	2018.5.10	YOU AND I (너와 나, 그리고 드림캐쳐)
세 번째 미니앨범 『The End of Nightmare』	2019.2.13	PIRI (피리 불면 나에게 오렴)
첫 번째 정규앨범 『Dystopia : The Tree of	2020.2.18	Scream (강렬한 록 사운드로 큰 사랑을 받은 곡)
다섯 번째 미니앨범 『Dystopia : Lose Myself』	2020.8.17	BOCA (내 입 좀 막아줘!)
여섯 번째 미니앨범 『Dystopia : Road to Utopia』	2021.1.26	Odd Eye (오드아이 보는 순간 입덕 완료!)
두 번째 정규앨범 『Apocalypse : Save us』	2022.4.12	MAISON (환경을 지키는 드림캐쳐!)
일곱 번째 미니앨범 『Apocalypse : Follow us』	2022.10.11	VISION (미래가 보인다!)
여덟 번째 미니앨범 『Apocalypse : From us』	2023.5.24	BONVOYAGE (드림캐쳐 덕분에 행복해!)

네, 맞아요. 드림캐쳐는 한국에서 데뷔 초에 "걸그룹인데 록?"이라는 다소 낯선 음악 정체성 때문에 대중적인 인기를 얻기 좀 힘들었어요. 하지만 몇몇 팬들과 음악 전문가들 사이에서는 "독특한 콘셉트와 높은 음악적 완성도" 덕분에 '숨어서 듣는 명곡(숨듣명)' 그룹으로 불리면서 슬금슬금 입소문이 퍼지기 시작했죠. 꾸준히 팬덤은 생겼지만, 주류 차트에서 엄청난 성공을 거두지는 못했답니다.

근데 이 상황이 해외, 특히 남미와 유럽 지역에서 완전 대박이 터졌어요! 그들의 록 기반 사운드와 다크 판타지 세계관이 서구권 리스너들에게 제대로 먹힌 거죠. 남미는 록 음악을 대중적으로 엄청 좋아하고, K-POP의 다양한 시도에도 열려 있는 시장이거든요. 드림캐쳐는 이런 시장 특성과 찰떡같이 맞물려서 유튜브 같은 온라인 플랫폼을 통해 팬덤이 크게 확장됐답니다. 이게 바로 글로벌 입소문의 힘이 아니겠어요?

해외 팬덤이 폭발적으로 늘어난 이유

남미 팬덤의 폭발적 성장: 2017년부터 해외 투어를 시작했는데, 특히 남미(브라질, 아르헨티나, 칠레 등)에서의 공연은 매진 또 매진을 기록하면서 뜨거운 반응을 얻었어요. 록 페스티벌 뺨치는 무대와 강렬한 사운드는 남미 팬들의 취향을 완전히 저격해 버렸죠.

유튜브 등 온라인 플랫폼의 역할: 공식 뮤직비디오는 물론, 팬들이 만든 리액션 영상, 퍼포먼스 영상 등이 급속도로 퍼지면서 '숨듣명'을 '찾아 듣는 명곡'으로 바꿔 버렸답니다.

일관된 콘셉트와 세계관의 힘: 해외 팬들은 드림캐쳐의 독특하고 심도 깊은 세계관에 제대로 매료돼서, 그냥 음악을 듣는 걸 넘어 그룹의 스토리를 파헤치고 해석하는 데 적극적으로 참여했어요.

성공적인 해외 투어와 팬 소통: 꾸준한 해외 투어를 통해 팬들과 직접 소통하면서 팬덤을 더욱 단단하게 만들었죠. 이건 드림캐쳐가 특정 지역에서 '역주행'하는 핵심 원동력이 되었답니다.

이렇기 해외 팬덤이 크게 성장한 덕분에 오히려 국내 팬들에게도 다시 주목받는 계기가 되었고, 드림캐쳐는 '해외에서 더 유명한 K-POP 그룹'이라는 타이틀을 얻으며 한국에서도 다시금 스포트라이트를 받게 되었어요. 역시 명곡은 결국 빛을 보는 법이죠.

Q6. 팬이 본 드림캐쳐의 매력 포인트는 무엇인가요?

제가 드림캐쳐 팬으로서 이 그룹의 매력 포인트를 지금 바로 공개할게요.

K-POP의 틀을 깬, 유일무이한 걸그룹 록 밴드

대부븐의 K-POP 걸그룹과는 차원이 다르게, 드림캐쳐는 정통 록 사운드를 기반으로 한 강렬한 음악을 선보여요. 귀를 뻥 뚫는 시원한 고음과 폭발적인 기타 리프는 K-POP에서는 쉽게 경험하기 힘든 짜릿함을 선사할 거예요. '걸그룹은 록을 안 한다'는 편견을 깨고 자신들만의 길을 개척하는 당당한 모습은 그 자쳬로 이미 매력 터진답니다.

눈과 귀가 즐거운 '다크 판타지' 세계관 속으로!

드림캐쳐는 단순히 노래만 부르는 그룹이 아니에요. 데뷔 때부터 '악몽'이라는 독특한 세계관을 구축하고, 매 앨범마다 그 스토리를 계속 이어 간답니다. 몽환적이면서도 때로는 소름 돋는 뮤직비디오, 멤버들의 표정 연기, 그리고 노래 가사 속에 숨겨진 단서들을 찾아보는 재미는 마치 한 편의 드라마나 영화를 보는 듯한 몰입감을 선물할 거예요. 악몽으로부터 사람들을 지켜준다는 메시지는 바쁘고 지친 현대인들에게 위로와 공감을 선사할 겁니다.

파워풀한 퍼포먼스 속 숨겨진 '칼군무'의 정점

강렬한 록 음악에 찰떡같이 어울리게 드림캐쳐의 무대는 압도적인 퍼포먼스로 가득해요. 멤버들의 파워풀한 춤선과 완벽한 칼군무는 보는 이들에게 엄청난 에너지를 선사하죠. 특히 라이브 무대에서의 시원한 가창력과 흔들림 없는 퍼포먼스는 '실력파 아이돌'의 진면모를 제대로 보여 준답니다.

해외를 먼저 사로잡은 '숨겨진 보석', 이제 당신이 발견할 차례

한국에서는 처음에 '숨듣명'으로 불렸지만, 해외, 특히 남미에서는 이미 엄청난 팬덤을 자랑하는 글로벌 그룹이에요. 전 세계 팬들이 왜 드림캐쳐에 열광하는지 직접 경험해 보세요. 주류 트렌드를 쫓기보다 자신들만의 독특한 음악과 세계관을 고수하는 진정성은 분명 여러분의 마음을 사로잡을 거랍니다.

추천곡

'Chase Me', 'Good Night', 'YOU AND I'로 이어지는 초기 악몽 시리즈를 통해 독특한 시작을 경험하거나, 'Scream', 'BOCA', 'MAISON' 같은 최신곡으로 변화된 음악과 퍼포먼스를 맛보는 것을 추천해요. 여러분의 K-POP 플레이리스트에 새로운 색깔을 더해 줄 그룹, 바로 드림캐쳐입니다.

감사한 안무가 여러분,
특히 왁킹 여제 립제이

K-POP이 전 세계를 뒤흔드는 메가 히트 콘텐츠가 된 데에는 그냥 좋은 노래와 멋진 아티스트만 있었던 게 아니라는 거, 다들 아시죠? 바로바로! 화려하고 파워풀하고 때로는 예술의 경지에 이른 '안무'의 역할이 진짜 어마어마했답니다. 안무 덕분에 K-POP은 단순히 '듣는 음악'을 넘어서 '보는 음악'으로 진화했고, 아티스트의 콘셉트와 메시지를 눈으로 확 전달해 주는 핵심 요소가 되었죠.

수많은 안무가들이 K-POP 퍼포먼스 수준을 끝없이 끌어올리고 전 세계 팬들을 헤어 나올 수 없게 만드는 데 진짜 헌신적인 노력을 해 왔어요. 이분들께 진심으로 감사드리는 마음을 갖는 게 K-POP의 진정한 가치를 이해하는 데 필수라고 생각합니다! 특히 세계적인 왁킹(waacking) 댄서이자 안무가인 립제이(Lip J)는 K-POP 안무 씬과 한국 댄스계에 독보적인 존재감을 뿜어내고 있답니다.

Q1. 립제이가 누구예요? 어디서 많이 들어본 것 같은데?

본명은 조효원! 예명은 우리 모두가 사랑하는 립제이! 대한민국을 대표하는 세계적인 왁킹 댄서이자 안무가예요. 1990년대 후반부터 댄스 씬에서 활동하며 대한민국 스트릿 댄스계의 살아 있는 '레전드'로 불리죠. 특히 왁킹 장르에서는 진짜 넘사벽 전문가라서, 수많은 국제 댄스 배틀에서 우승하면서 대한민국 스트릿 댄스의 위상을 전 세계에 드높였답니다. 2021년 Mnet '스트릿 우먼 파이터'에 나와서 대중적인 인기를 폭발시켰고, 그 이후로는 K-POP 안무 작업과 방송 활동까지 하면서 대중들과 더 가까워졌어요.

Q2. 와, 립제이는 세계 무대에서도 엄청 활약했다면서요?

그럼요! 립제이는 한국을 넘어 세계적인 댄스 씬에서 활발하게 활동하며 대한민국을 빛냈답니다.

국제 댄스 배틀 우승

'Juste Debout(저스트 데뷔)'(프랑스), 'R16 Korea'(한국), 'Summer Dance Forever'(네덜란드) 등 세계적으로 권위 있는 스트릿 댄스 대회에서 몇 번이나 우승하거나 상위권에 입상하면서 왁킹 댄서로서의 실력을 인정받았어요. 특히 'Juste Debout'은 스트릿 댄스계의 '올림픽'이라고 불릴 만큼 엄청난 대회인데, 여기서 우승한 게 립제이의 세계적인 명성을 확고히 하는 계기가 되었죠.

워크숍 및 심사 활동

전 세계 각지에서 댄스 워크숍을 진행하고 국제 댄스 대회의 심사위원으로 위촉되면서, 한국 스트릿 댄스의 기술력과 예술성을 전 세계에 알리는 데 크게 기여했답니다. 이는 개인의 영광을 넘어서 K-POP과 함께 한국 댄스 콘텐츠의 위상을 높이는 데 큰 역할을 했다는 말씀! 2017년에 심사위원으로 보여 준 춤은 거의 전설이에요. 영상 꼭 보세요, 두 번 보세요!

Q3. 립제이가 K-POP 안무 업계에는 어떤 기여를 했나요?

립제이는 K-POP과 한국 안무 업계에 정말 중요한 역할을 했어요.

'스우파'를 통한 스트릿 댄스의 대중화

Mnet '스트릿 우먼 파이터'에 출연한 건 립제이뿐 아니라 스트릿 댄스 장르 자체를 대중들에게 제대로 각인한 결정적인 사건이었어요! '스우파' 전에는 주로 댄스 덕후들만 알던 스트릿 댄스가 방송을 통해 엄청난 대중적 관심을 받게 되면서, 립제이의 뛰어난 실력과 진솔한 모습이 많은 사람들에게 깊은 감동을 주었죠. 이건 K-POP 퍼포먼스의 근본인 스트릿 댄스에 대한 이해를 높이는 데 크게 기여했답니다.

K-POP 안무의 전문성 강화 및 장르 다양성 확장

선배 안무가로서의 영향: 립제이는 직접 K-POP 아이돌 안무를 만들거나 디렉팅하는 주류 안무가는 아니었지만, 그녀가 가진 '스트릿 댄스'에 대한 깊은 이해와 세계적인 전문성은 K-POP 안무 업계에 긍정적인 자극을 줬어요. K-POP 아이돌들이 스트릿 댄스의 다양한 장르(왁킹, 힙합, 팝핑 등)를 퍼포먼스에 적극적으로 도입하게 만드는 데 간접적으로 영향을 미쳤죠.

댄서들의 위상 제고: '스우파'를 통해 K-POP 아티스트 뒤에 가려져 있던 댄서들의 존재감과 역량을 대중에게 보여 주면서, K-POP 산업 내에서 안무가와 댄서의 위상을 한 단계 높이는 데 기여했답니다. 덕분에 댄서들이 단순한 '백댄서'가 아니라 K-POP 퍼포먼스의 공동 창작자임을 인정받는 분위기가 생기는 데 큰 도움이 되었죠.

'왁킹' 장르의 저변 확대: 립제이의 대단한 활약 덕분에 '왁킹'이라는 다소 생소했던 스트릿 댄스 장르가 대중에게 널리 알려지고 많은 사람들이 관심을 가지게 되었어요. 립제이의 독보적인 왁킹 실력은 후배 댄서들에게 엄청난 영감을 주었고, 한국 왁킹 씬의 성장을 이끄는 데 크게 기여했답니다.

멘토십과 교육 활동: 다양한 방송 출연과 인터뷰를 통해 댄서 지망생 및 대중에게 춤에 대한 철학과 댄서로서의 삶에 대한 진술한 이야기를 전달하면서 멘토 역할을 톡톡히 하고 있어요. 이건 한국 댄스계의 인재 양성에도 긍정적인 영향을 미친답니다.

Q4. 다른 K-POP 안무가들은 K-POP 성공에 어떤 기여를 했나요?

립제이처럼 뛰어난 안무가들을 포함해서, K-POP 성공에 기여한 수많은 안무가분들께 다시 한번 머리 숙여 감사드립니다! 이분들이 없었다면 지금의 K-POP은 상상도 할 수 없었을 거예요!

K-POP의 시각적 매력 극대화

그냥 노래만 잘 부르는 걸 넘어서, 곡의 메시지와 분위기를 눈으로 가장 효과적으로 전달할 수 있는 안무를 만들어 냈죠. 이건 K-POP이 '보는 음악'으로서 전 세계적인 인기를 얻는 데 결정적인 역할을 했답니다.

퍼포먼스 퀄리티의 상향 평준화

고난도 안무를 개발하고 아티스트들을 열심히 트레이닝해서 K-POP 그룹들의 퍼포먼스 수준을 전반적으로 끌어올리는 데 기여했어요. '칼군무'라는 단어가 K-POP을 대표하는 수식어가 된 것도 안무가들의 피나는 노력 덕분이라는 거죠!

새로운 춤 장르의 도입과 융합

힙합, 왁킹, 팝핑, 현대무용, 발레 등 다양한 춤 장르를 K-POP에 접목하고 섞어서 K-POP 퍼포먼스의 스펙트럼을 끊임없이 확장해 왔답니다. 진정한 장르 파괴자들 아니겠어요!

K-POP의 글로벌 유행 주도

'포인트 안무'를 통해서 전 세계 팬들이 쉽게 따라 하고 즐길 수 있는 댄스 챌린지를 유도하면서 K-POP의 바이럴 마케팅과 팬덤 확산에 엄청 중요한 역할을 했어요. 틱톡 챌린지도 다 안무가들 덕분에 유행한 거죠.

아티스트의 정체성 확립

각 그룹과 멤버의 특성을 고려한 맞춤형 안무를 통해 아티스트의 개성과 매력을 돋보이게 하고, 그룹의 독자적인 콘셉트를 구축하는 데 크게 기여했죠.

이렇게 안무가들은 K-POP이라는 거대한 문화 현상의 보이지 않는 곳에서 빛나는 땀과 열정으로 혁신을 이끌어 온 진정한 아티스트들이랍니다. 그들의 창의성과 헌신이 없었다면 지금의 K-POP은 존재할 수 없었을 거예요.

여러분은 K-POP 안무 중에 어떤 게 가장 인상 깊었나요? 함께 이야기해 볼까요?

K-POP 팬 용어(가나다순)

1. **덕질:** 자신이 좋아하는 분야에 열성적으로 빠져들거나 그와 관련된 활동을 하는 행위임.

2. **덕후:** 어떤 한 분야에 대해 깊은 지식과 열정을 가진 사람을 뜻함.

3. **사생팬:** 아이돌, 배우 등 연예인을 쫓아다니는 극성팬임.

4. **성덕:** '성공한 덕후'의 줄임말로, 좋아하는 대상을 직접 만나거나 그 분야의 전문가가 되어 성공한 사람을 뜻함.

5. **세계관:** 앨범, 뮤직비디오, 공연 등에서 보여 주는 그룹 고유의 서사나 세계관임.

6. **스밍:** '스트리밍'의 줄임말로, 온라인 음원 사이트에서 노래를 실시간으로 듣는 행위임.

7. **역조공:** 팬들이 스타에게 선물하는 '조공'과는 반대로, 스타가 팬들에게 선물하는 것을 뜻함.

8. **연습생:** 연예 기획사와 계약을 맺고 가수 데뷔를 위해 전문적인 훈련을 받는 가수 후보생임.

9. **올킬:** '싹쓸이'의 의미로, 특정 차트의 1위부터 여러 순위를 독점하는 것임.

10. **응원구호:** 콘서트나 행사에서 팬들이 좋아하는 아티스트를 응원하기 위해 함께 외치는 구호임.

11. **응원봉:** 발광체를 탑재한 봉 형태의 응원 도구로, 각 아이돌 그룹의 상징적인 디자인임.

12. **입덕:** 어떤 인물이나 분야의 팬이 되기 시작하는 것임.

13. **조공:** 팬들이 좋아하는 연예인에게 돈이나 선물을 하는 행위임.

14. **직캠:** '직접 찍은 카메라'의 줄임말로, 팬이 직접 촬영한 아이돌의 무대 영상이나 모습을 뜻함.

15. **차애:** '두 번째로 사랑하는' 대상이라는 뜻으로, '최애' 다음으로 좋아하는 멤버나 대상을 지칭함.

16. **총공:** '총공격'의 줄임말로, 팬덤이 조직적으로 특정 온라인 활동(예: 음원 스트리밍, 투표)을 하는 행위임.

17. **최애:** '가장 사랑하는' 대상이라는 뜻으로, 가장 좋아하는 멤버나 대상을 지칭함.

18. **탈덕:** 좋아하던 인물이나 분야에 대한 관심과 애정을 끊는 것임.

19. **팬싸:** '팬 사인회'의 줄임말로, 팬들이 좋아하는 연예인을 직접 만나 사인을 받고 소통하는 행사임.

20. **휴덕:** 좋아하던 분야에 대한 관심과 활동을 일시적으로 중단하는 것임.

작가 인터뷰

이 책을 쓰게 된 계기는 무엇인가요?

크게 세 가지 이유가 있는데요. 첫째는 K-POP 덕분에 외국에 나가서 받는 대우가 완전히 달라졌기 때문이에요. 제가 90년대 초반부터 해외 출장을 다녔거든요. 옛날에는 독일이나 프랑스에 가면, 제가 글로벌 기업의 임원이라고 해도 믿질 않고 의심부터 했어요. 그런데 어느 순간부터 대우가 달라지더라고요. 한번은 뉴욕 공항에 갔는데, 제가 워낙 출장이 잦다 보니 비행기표에 요주의 인물을 뜻하는 'SSS'가 찍힌 거예요. 따로 조사를 받으러 갔더니, 조사하는 분이 BTS 팬인 게 딱 보였어요. 그래서 "아미(ARMY)냐?"라고 물었는데, 거기서 그냥 얘기가 끝났죠. 요즘은 동남아 어디를 가도 현지 경영진들이, 한국 사람이라고 하면 호감을 보이면서 먼저 K-POP에 대해 물어봐요.

두 번째 이유는, K-POP이 이렇게 성공했는데도 포괄적으로 K-POP을 다룬 책이 없었기 때문인데요. 관련 학술 논문들은 어쩔 수 없이 좁은 주제를 다뤄야 해서 단편적이고, 무엇보다 '팬심'이 빠져 있어서 진짜 K-POP의 속살은 알지 못한다고 느꼈어요. 저에게는 30년 동안 누가 시키지도 않은 덕질을 열렬히 하면서 쌓아온 애정 어린 정보뿐만 아니라 컨설턴트로서의 분석력이 있었죠. 앞서 두 권의 책을 출간했지만, 이번 책을 쓰면서 가장 행복했어요. 좋아하는 마음을 어떻게 이길 수 있겠어요.

마지막으로 경영학 박사 과정을 밟으면서 연구했던 내용을 대중과 나누고 싶었어요. 경영학에는 '타이트한 문화(Tight Culture, 엄격한 문화)에서는 창의력이 떨어진다'라는 이론이 있는데요. 한국은 대표적인 타이트한 문화인데, K-POP이라는 가장 창의적인 결과물이 나온 게 설명이 안 되잖아요? 20년간의 빌보드, 스포티파이 데이터를 모아서 검증해 보니 타이트한 문화권이라도 '다문화 프로덕션 팀'이 결합하면 창의력이 폭발한다는 결과가 나왔죠. 이 연구 결과를 덕질의 경험과 엮어 K-POP의 성공 비결을 총정리해 보고 싶었어요.

30여 년간 쌓아온 글로벌 컨설턴트로서의 이력이 '덕질'과 'K-POP 분석'에 어떤 차별화된 시각을 제공했다고 생각하시나요?

컨설턴트와 기업 임원을 했던 경험이 있다 보니 아무래도 더 분석적으로 보고, 체계적으로 정리하고, 모르는 부분은 배우려 하는 습관이 몸에 배어 있었어요. 단순히 좋다는 팬심을 넘은 '호기심'이 저를 움직이게 했죠.

예를 들어 제가 완전 초창기부터 BTS를 좋아했는데, BTS가 데뷔 초 힙합신에서 아이돌이라고 무시당하고, 화장한다고 욕을 많이 먹었거든요. 'IDOL' 뮤직비디오를 보면, 그 서러움과 트라우마가 상어와 철창 같은 상징에 담겨 있어요. 가사, 춤, 뮤직비디오에 아티스트의 고민이 녹아 있다는 사실이 흥미로웠어요. 그러다 보니 앨범이 나올 때마다 철학적 기조가 어떻게 바뀌는지, 뮤직비디오에 나오는 상징들이 멤버들의 실제 고민과 어떻게 연결되는지가 막 궁금해지죠. 현상을 보고 구조화하고, 앨범의 콘셉트나 세계관이 어떻게 기획되어 서사로 풀리는지 파고들다 보니 어느새 책까지 쓰게 되었네요.

'K-POP 덕질 가이드북'을 통해 독자들에게 어떤 경험을 선사하고 싶으셨나요?

다 읽고 났을 때, K-POP을 더 깊이 사랑하게 되는 경험을 선사하고 싶었어요. 그러려면 K-POP의 성공 요인을 총체적으로 이해하는 게 핵심이라고 생각했죠. 관련 학술 논문은 많지만, 대중들이 읽기에는 너무 어렵고 재미가 없거든요. 그래서 200편이 넘는 논문을 읽고 분석한 내용을 바탕으로 K-POP의 역사부터 시스템, 정부 지원, 팬덤의 역할까지 하나의 흐름으로 꿰었어요. 사실 첫 원고는 좀 딱딱하게 썼었는데요. 편집부에서 진입 장벽이 너무 높아서 잘 안 팔릴 것 같다고 논문 인용은 빼고, 진짜 덕후가 옆에서 말해주듯이 써달라고 하더군요. 그래서 초고를 다 엎고, 질의응답 형식으로 바꿔서 독자들이 호기심을 가지고 쉽게 읽을 수 있도록 구성했죠. 학술적 근거는 탄탄하게 갖추면서도, 재밌는 수다처럼 읽혔으면 했어요.

전문가의 분석과 덕후의 팬심 사이에서 균형을 잡기 위해 가장 고심했던 부분은 무엇인가요?

학술적인 엄밀함과 데이터 검증을 내용의 뼈대로 삼되, 표현 방식은 대중과 덕후의 눈높이에 맞추려고 노력했어요. 어려운 논문 인용은 과감히 뺐고요. 문체는 구어체로 바꾸고, 팬들이 쓰는 용어를 적극적으로 사용했죠. 전문가의 식견으로 분석하되, 전달은 옆집 덕후 형이 신나서 이야기하는 것처럼 써서 균형을 잡으려고 했어요. 덕후 팬심 입장에서 쓴 건 맞지만, 그 뒤에는 다양한 학술 논문을 참고한 배경이 있는 거죠.

K-POP의 매력을 딱 하나만 꼽아주신다면요.

팬들에게 지루할 틈을 주지 않고 덕질을 쉬지 못하게 만드는 것, 그게 가장 큰 매력이라고 생각하는데요. 미국은 록이면 록, 힙합이면 힙합만 하지만, 우리는 비빔밥의 민족답게 장르에 얽매이지 않고 다 섞어서 새로운 걸 만들어내요. 게다가 팬들이 그냥 구경만 하는 게 아니라 커버 댄스를 추고, 숏폼을 만들며 함께 놀 수 있는 '열린 플랫폼'이라는 점이 가장 큰 매력이에요. K-POP은 단순히 듣는 음악이 아니에요. 팬들이 직접 참여하면서 즐거움을 누릴 수 있는 문화죠. 동경의 대상인 아이돌, 듣는 즐거움을 주는 리듬과 가사, 보는 즐거움을 주는 춤과 뮤직비디오, 그리고 그 안에 담긴 거대한 서사와 세계관까지 모두 합쳐진 '총체적인 예술'이에요!

K-POP의 성공 비결로 '시스템, 정부 지원, 팬'을 꼽으신 배경이 궁금합니다.

수년간의 덕질과 연구를 통해 머릿속에서 자연스럽게 정리된 결론이었어요. 첫 번째는 '시스템'인데요. 이수만, 박진영 같은 위대한 리더뿐만 아니라, 갓켄지나 테디, 최정민 이사님 같은 수많은 조력자가 만들어낸 체계적인 육성 및 제작 시스템이 있었기에 지금의 K-POP이 가능했어요. 두 번째 '정부 지원'의 경우, 정부가 직접 개입하기보다 사전 검열 철폐, 인터넷망 구축, 표준 계약서

                                      당신이 알아야 할 **케이팝의 거의 전부**

도입 등 '판을 깔아주고 규제를 없애준 것'이 결정적이었고요. 마지막으로 '팬'이 가장 중요한데요. 우리 민족은 마당놀이 때부터 추임새를 넣고 같이 노는 '떼창의 민족'이죠. 이런 문화가 K-POP 응원법으로 발전했고요. 특히 팬들이 응원 구호와 해석 비디오를 만들고, 커버 댄스로 숏폼을 만들고, 스밍도 돌리고… 아티스트에게 끊임없이 에너지를 불어 넣어 주는 활동들이 K-POP을 세계로 띄워 올려주었어요. 이 세 가지 축이 맞물려 폭발적인 시너지를 냈다고 봐요. 하나라도 0이 되면 전체가 0이 되는 관계죠.

학자들이 논문을 통해 분석한 K-POP 성공 요인 중 가장 공감되는 것과 반대로 학자들이 놓치고 있다고 생각하는 요인이 있다면요.

K-POP 관련 논문이 3만 개가 넘어요. 그중 '하이브리디티(융합)', '디지털 미디어 활용', '남성성의 균형(기존의 마초적 남성성이 아닌, 부드러우면서도 강인한 새로운 남성상 제시)', '문화적 메타인지' 등 매우 공감되는 요인들이 많았어요. 특히 '문화적 메타인지'를 통해 한국적인 것을 잃지 않으면서도 인류 보편적인 정서를 건드렸다는 점에서 예리한 분석이라고 생각했어요.

반면에 논문에서는 '세계관'에 대한 분석이 없더라고요. 아무래도 논문은 현상을 분석하는 것이라 그런지, 덕후가 되어 깊이 파고들어야만 보이는 세계관의 디테일은 잘 다루지 않더라고요. 에스파의 광야나 아이브의 나르시시즘 같은 세계관은 팬덤을 결속시키는 핵심 기제인데, 외부 관찰자 시점인 학술적 접근에서는 이 부분이 간과되는 경향이 있었어요.

BTS의 Map of the Soul 앨범에 담긴 '칼 융의 철학', 제니의 ZEN에 담긴 '선(禪) 불교 사상' 등, K-POP이 깊이 있는 철학적 메시지를 담게 된 이유가 무엇일까요?

인간은 본래 '이야기의 동물'이에요. 세계관은 원래 독일어 'Weltanschauung'에서 온 것인데, 기승전결의 서사 속에서 수많은 도전과 갈등, 선택을 다루죠. "우리가 만든 것이 우리를 정의한다"라는 말처럼요. 과거의 미디어는 기술적 한계로 인해 이야기를 단순화하고 순차적으로 보여줄 수밖에 없었어요. 하지만 기술의 발달로 쌍방향 소통이 가능해지고, 누구나 동영상을 만들어 올릴 수 있게 되면서 이제는 다양한 세계관이 공존하는 복합적인 서사가 가능해졌어요.

특히 K-POP은 초기에 주류 미디어를 뚫지 못해 소셜 미디어로 우회해서 성장했잖아요? 소통이 가능한 플랫폼에서 팬들을 사로잡으려면 강력한 '서사'가 필요했죠. 이때 BTS가 데뷔 초 겪었던 무시와 고뇌, 성장통 같은 진정성 있는 이야기들이 음악과 뮤직비디오에 철학적으로 녹아들었고, 그것이 팬들에게 깊은 울림을 준 거예요. 단순히 멋져 보이려고 넣은 게 아니에요. 아티스트의 고민을 담아내고, 팬들과 깊이 교감하는 과정에서 철학적 깊이가 더해진 것이죠. 마치 관객들이 마블이나 스타워즈가 구축한 방대한 유니버스의 맥락을 이해하며 즐기는 것과 비슷해요.

중요한 건 세계관은 강요될 수 없고, 확정적이어서도 안 된다는 점이에요. 인터넷 밈처럼 팬들이 해석하고 확대 재생산할 수 있는 여지를 남겨두어야 그들이 함께 참여할 수 있거든요. 우리가 사는 세계와 비슷해 이해할 수 있으면서도 어딘가 낯선 새로움을 주는 것, 이것이 팬들이 K-POP에 담긴 철학적 서사를 즐길 수 있는 이유예요.

사생팬이나 악성 댓글 같은 역기능도 다루셨는데요. K-POP 팬덤이 선한 영향력은 키우고 부정적인 면은 줄여나가려면 어떠한 노력이 필요하다고 보시나요?

우선 대중의 인식 개선이 필요해요. "K-POP은 공장에서 찍어낸다"라는 편견을 버려야 해요. 김연아 선수가 수만 번 점프해서 금메달을 딴 것처럼, 아이돌도 피나는 노력으로 완성된 아티스트라는 존중이 있어야 하죠. 악플에 대해서는 지금보다 더 강력한 법적 제재와 아티스트 보호 장치가 필요하고요.

정부나 지자체 사업에 아쉬운 점이 있다면요.

K-POP의 영향력에 비하면 아직 갖춰져야 할 게 참 많은데요. K-POP 종주국

 당신이 알아야 할 **케이팝의 거의 전부**

에 제대로 된 전용 공연장 하나 없어서 체육관을 빌려 쓰느라 많은 시간과 돈을 낭비하는 게 현실이거든요. 또 지방에 'K-POP 성지'라고 홍보만 해놓고, 정작 인도네시아 팬들이 와서 먹을 할랄 푸드 식당 하나가 없는 식이죠. 팬들이 쾌적하게 즐길 수 있는 공연 인프라뿐만 아니라 해외 팬들을 배려한 세심한 관광 시스템이 갖춰졌으면 좋겠어요.

집필하면서 가장 즐거웠던 챕터는 무엇이며, 아쉬움이 남는 부분이 있다면요.

가장 즐거웠던 건 역시 마지막 8장 '작가의 덕심 폭발' 챕터였습니다. 20년간 덕질하면서 정말 감사했던 분들, 갓켄지 님이나 최정민 이사님처럼 대중은 잘 모르지만 K-POP을 만든 숨은 주역들에게 공개적으로 감사하다고 말할 수 있어서 정말 좋았어요.

　아쉬운 점은 공개된 정보만으로 글을 쓰다 보니 교차 검증에 한계가 있을 수 있다는 것과, 뮤직비디오의 이미지를 첨부해 설명하면 훨씬 이해가 빠른데 저작권 때문에 쓰지 못한 점, 보다 신랄하게 비평하고 싶은 부분이 많으나 아무래도 공개적인 책이다 보니 그러지 못한 것 등이에요. 그리고 모든 아티스트를 다 다룰 순 없어서 빠진 분이나 내용에 오류가 있을까 봐 걱정되네요. 독자분들이 피드백을 주시면, 개정판을 낼 때 꼭 보완할게요!

작가님에게 덕질이란 어떤 의미인가요? 엄청 바쁜 삶을 살고 있는데 덕질이 작가님의 삶과 일상에 미치는 영향이 궁금해요.

사람이 좋아하는 걸 하면 지치지 않잖아요? 피곤하고 머리가 복잡할 때, 가장 저를 편안하고 행복하게 해주는 게 바로 덕질이에요. 1년에 3~4번은 꼭 콘서트에 가는데, 좋아하는 아티스트를 직접 보고 라이브를 듣는 순간이 참 행복해요. 2023년 자카르타 SM Town과 동방신기 20주년 콘서트, 태연 싱가포르 콘서트부터 2024년 에스파 싱가포르 콘서트, 레드벨벳 10주년 콘서트까지 하나하나가 다 소중하고 즐거운 추억으로 남아 제 삶을 지탱해 주고 있어요.

지금 이 순간 가장 좋아하는 Top of mind K-POP 스타는 누구인가요?

아… 정말 어려운 질문이네요! 꼭 "짬뽕만 먹어. 짜장면은 안 돼." 하는 것 같은데요. 그럼에도 저에게 BTS는 비교 대상이 아닌 '신의 영역'이자 절대적인 존재예요. 요즘은 블랙핑크, 에스파, 엔믹스, 있지, 르세라핌, 미야오, 올데이 프로젝트 등을 거의 매일 들어요. 특히 엔믹스가 장기간 노력 끝에 처음으로 차트 올킬을 했을 때 너무 감동적이었어요. 핸드 마이크를 들고 라이브를 하면서 그 어려운 춤을 다 소화하는, '믿고 보는 엔믹스'잖아요. 자기 정체성을 포기하지 않으면서 대중성을 잘 맞췄어요. 또 실력과 인성을 겸비한 있지도 더 큰 파급력을 갖게 되길 응원하고 있고요. 르세라핌이 코첼라 논란 등을 피눈물 나는 노력으로 극복하고 다시 정상에 선 서사도 정말 좋아해요. 실은 어느 한 팀도 빼놓을 수가 없답니다!

새롭게 계획 중이거나 도전하고 싶은 일이 있으신가요?

지금은 회사를 다니면서 개인 자문 회사를 운영하고 있고, 동시에 싱가포르의 세 군데 대학에서 디지털 트랜스포메이션, 인공지능, 전략을 강의하고 있는데요. 현재 싱가포르 몇몇 대학과는 K-POP을 중심으로 문화, 창의성 등의 주제로 강의 개설을 논의 중이에요. SM이 싱가포르에 만드는 아카데미 쪽에서도 강의 요청이 왔고요.

출판 계획으로는 이 책을 영어와 인도네시아어로 번역해 출간할 예정이에요. 싱가포르에서 발간될 영문판에는 해외 팬들이 잘 모를 수 있는 김완선, 박남정 같은 1세대 아티스트나 팬덤 용어에 대한 설명을 추가했어요. 반면 아시아에서 공식적으로 가장 많은 팬 기반을 보유한 인도네시아 버전은, 팬들이 굳이 알 필요 없는 정책적 지원이나 학술적인 부분은 제외하고 내용을 더 단순화시켜서 내려고 해요. 책이 나오면 국내외에서 K-POP 관련 강연이나 콘퍼런스 등을 통해 더 많은 분과 소통하고 싶어요.

마지막으로 K-POP을 사랑하는 팬들, 그리고 독자들에게 한 마디 부탁드립니다.

저 역시 여러분과 똑같은 수많은 팬 중 한 명일 뿐이에요. 운 좋게 덕질을 오래 했고, 박사 논문을 쓰며 배운 내용을 정리할 기회가 있었을 뿐이죠. 이 책은 오늘날의 K-POP을 있게 해 준 아티스트, 기획사, 그리고 보이지 않는 곳에서 헌신한 스태프들과 정부 관계자들, 무엇보다 쉼 없이 응원해 준 전 세계 팬클럽 여러분께 바치는 감사의 헌정이에요.

K-POP의 성공은 '실버불렛' 한 방으로 된 게 아니에요. 다양한 배경을 가진 수많은 사람의 노력이 단계별로 쌓이고 곱하기로 연결되어 만들어진 총체적인 합작품이죠. 이 점에 대해 만능열쇠 같은 단답형 해답을 찾는 해외 독자들에게도 꼭 알리고 싶었어요. 아무쪼록 이 책이 여러 팬분에게 즐거움과 자긍심이 되었으면 해요. 혹시 잘못된 점이나 빠진 부분은 함께 보완해 주셔서 더 좋은 책으로 발전할 수 있기를 바랍니다.

앞으로도 우리 모두 신나게 덕질합시다!

작가 홈페이지

당신이 알아야 할 게이팝의 거의 전부

본격 K-POP 덕질 가이드북

발행일 2025년 12월 15일

지은이 최정규
펴낸이 마형민
기획 페스트북 편집부
편집 곽하늘 강채영 김예은
디자인 김안석 표진아
펴낸곳 주식회사 페스트북
주소 경기도 안양시 동안구 관악대로 488
홈페이지 festbook.co.kr

© 최정규 2025

ISBN 979-11-6929-948-0 03670
값 22,000원